徳本 穰 編

スタンダード
商法 IV

金融商品
取引法

法律文化社

スタンダード商法シリーズの刊行にあたって

　近年、商法をめぐる環境には、大きな変化がみられる。そうした変化には、例えば、ここ数年間だけでも、平成26年の会社法の改正、平成26年、27年、29年の金融商品取引法の改正、平成29年の民法（債権関係）の改正、平成30年の商法（運送・海商関係）等の改正等、大きな改正が続いていることがあげられる。

　いうまでもなく、商法の対象とする範囲は広く、実質的には、商法総則、商行為法、会社法、手形法、小切手法、保険法、金融商品取引法等の諸法が含まれ、法改正だけではなく、新たな裁判例の蓄積等も目覚ましく、その範囲は、拡大の一途をたどっている。

　そこで、こうした状況に鑑み、基本的に商法の全範囲についてカバーしながら、しかも、直近の法改正や新たな裁判例の蓄積等についても対応した、新しい教科書シリーズの刊行が、強く望まれてきたところである。本『スタンダード商法』シリーズ（全5巻）は、こうした期待に応えるべく、刊行されるものである。

　本シリーズは、その『スタンダード商法』という名称が示すように、基本となる幹の部分を丁寧に概説することにより、主として、法学部生をはじめ、経済学部、商学部、経営学部等の学生の皆さんが、商法の全体像をしっかりと修得しながら、リーガルマインドを養成することができるように、標準的な内容を提供することをコンセプトとしている。

　このような本シリーズが、これまでに刊行されてきた優れた教科書と並び、広く世の中に歓迎され、永きに亘って愛されることを心より祈念してやまない。

　末筆ながら、本シリーズの刊行に向けて鋭意取り組んで下さった執筆者各位に心より敬意を表するものである。また、本シリーズの刊行にあたっては、法律文化社の皆様、特に、小西英央氏と梶原有美子氏に大変お世話になった。ここに記して、心より感謝申し上げる次第である。

　2018年11月

徳本穣・北村雅史・山下典孝・高橋英治

はしがき

　金融商品取引法は、もともと、昭和23年に、証券取引法として制定されたものが、その後、多くの改正を経ながら、関連する様々な法律（例えば、外国証券業者に関する法律、有価証券に係る投資顧問業の規制等に関する法律、抵当証券業の規制等に関する法律、金融先物取引法、投資信託及び投資法人に関する法律等）を統合したり、その一部を吸収する形で、平成18年の改正により、資本市場を規律する総合的な法律として、その名称が金融商品取引法に改められ、その後も、度々の改正を経て、現在へと至っている。

　また、関連する法律についても、ここ数年間だけでも、平成26年の会社法の改正、平成29年の民法（債権関係）の改正、平成30年の商法（運送・海商関係）、の改正、令和元年の会社法等の改正等、大きな改正が続いている。

　また、こうした法改正だけではなく、商法が実質的に対象とする範囲の中でも、とりわけ、金融商品取引法においては、会社法と並び、新たな裁判例の蓄積等が目覚ましく、その範囲は、拡大の一途をたどっている。

　そこで、こうした大きな変化について対応した、新しい金融商品取引法の教科書の刊行が、強く望まれてきたところである。

　本教科書は、本『スタンダード商法』シリーズの第4巻にあたるが、本シリーズのコンセプトに沿って、基本となる幹の部分を丁寧に概説することにより、主として、法学部生をはじめ、経済学部、商学部、経営学部等の学生の皆さんが、金融商品取引法の全体像をしっかりと修得しながら、リーガルマインドを養成することができるように、標準的な内容を提供すべく、執筆されている。

　金融商品取引法は、会社法と並び、ダイナミックで生き生きとした企業活動に直結している法律であるが、商法の中でも特に細かく技術的な制度も多いことから、ややもすると、学生の皆さんにとって、何となく近づきにくい印象を与えてしまいがちな法律でもある。そこで、本教科書の執筆にあたっては、初めて金融商品取引法を学ぶ学生の皆さんが、興味関心をもって、わかりやすく、金融商品取引法を学べるように、特に配慮と工夫を重ねた。そのため、本

教科書では、本シリーズの他の教科書ともある程度共通しているが、本文をできる限りわかりやすく記述するとともに、本文とは別にスペースを設けて、理解を容易にし興味関心を抱きやすくするように、「論点」、「コラム」、「図表」をできる限り多く配置する等の工夫を行った。

　このような本教科書が、これまでに刊行されてきた優れた教科書と並び、広く世の中に歓迎され、永きに亘って愛されることを心より祈念してやまない。

　本教科書の執筆にあたっては、金融商品取引法の研究・教育において、顕著な業績を有する先生方に大変お世話になった。特に、本教科書は、上記の関連する大きな改正を反映した内容からなるが、執筆者の先生方の御尽力は並々ならぬものであったと思われる。末筆ながら、本教科書の刊行に向けて鋭意取り組んで下さった執筆者各位に心より敬意を表するものである。

　また、本教科書の刊行にあたっては、法律文化社の皆様、特に、小西英央氏と梶原有美子氏に大変お世話になった。ここに記して、心より感謝申し上げる次第である。

　2020年1月

德本　穣

目　　次

スタンダード商法シリーズの刊行にあたって

はしがき

1章　総　　論……………………………………………………1

  1　金融商品取引法とは　　1

  2　金融商品取引法の対象　　7

2章　開示規制……………………………………………………24

  1　情報開示制度　　24

  2　発行開示規制　　27

  3　継続開示規制　　41

  4　開示情報の正確性の確保　　48

  5　委任状勧誘に対する規制　　59

  6　公開買付けに関する開示、株券等の大量保有の状況に関する
　　　開示　　60

3章　金融商品取引業者等の業規制……………………… 85

  1　金融商品取引業の区分　　85

  2　参入規制　　89

  3　財務規制　　94

  4　金融商品取引業者の組織規制　　96

  5　特定の業に対する行為規制　　97

  6　金融商品取引業者に対する監督（行政処分及び業務改善命令）　　100

  7　特別金融商品取引業者等に関する特則　　101

  8　外国証券業者の規制　　106

  9　金融商品仲介業者の規制　　106

  10　信用格付業者にかかる規制　　108

  11　高速取引行為者にかかる規制　　110

4章　金融商品取引業者等に対する行為規制 ················· 113

1　誠実・公正の原則　113

2　投資勧誘に対する規制　113

3　取引に関する行為規制　119

4　行為規制の特則　124

5　特定投資家　129

6　集団投資スキームを対象とする規制　131

7　外　務　員　133

5章　有価証券の取引等に関する規制 ·················· 136

1　取引所金融商品市場における有価証券の売買等　136

2　店頭市場等における取引　148

3　不公正取引等の規制①──インサイダー取引規制　151

4　不公正取引等の規制②──相場操縦規制　165

5　不公正取引等の規制③──風説の流布・偽計規制　170

6　不公正取引等の規制④──それ以外の不公正取引に対する規制　174

6章　金融商品取引にかかわる機構 ·················· 177

1　金融商品取引所　177

2　金融商品取引業協会　188

3　金融 ADR　192

4　投資者保護基金　195

5　金融庁・証券取引等監視委員会と法執行（エンフォースメント）　196

参考文献一覧

事項索引

判例索引

■論点目次

2-1　有価証券届出書の財務計算部分と元引受金融商品取引業者等の責任　56

2-2　虚偽記載等と因果関係のある損害・損害額　58

3-1　AIJ 事件──金銭詐取被害による年金基金の解散　88

3-2　投資ジャーナル事件──株式買付金の融資仮装と金員の騙取　99

■コラム目次

1-1　望ましい規制のあり方とは　3

1-2　金融商品取引法の目的の趣旨をめぐる様々な学説　6

1-3　金融理論の発見とコンピュータ技術の成果としての金融自由化　9

1-4　セキュリタイゼーション（証券化・資産流動化）　16

1-5　先物取引の発展　19

1-6　天候デリバティブ　21

2-1　株式の新規公開（IPO）にかかわる問題　29

2-2　ガン・ジャンピング　35

2-3　クラウドファンディング　39

3-1　特別金融商品取引業者　102

3-2　指定親会社　104

3-3　信用格付業者　108

5-1　NEC エレクトロニクス事件（最判平28・11・28刑集70・7・609）　158

5-2　インサイダー取引を行った者に対する民事責任の追及？　162

5-3　一般条項は好まれない？　175

6-1　上場審査・引受審査・会計監査と粉飾決算企業の上場　180

6-2　グローバルな市場間競争　181

6-3　コーポレートガバナンス・コードとスチュワードシップ・コード　185

6-4　世界各国の金融規制システム　199

■図表目次

1-1　第一項有価証券と第二項有価証券　12

1-2　セキュリタイゼーション（証券化・資産流動化）　16

1-3　先物取引　17

1-4　オプション取引　18

2-1　情報開示制度の概要　26

2-2　開示制度の適用範囲　49

2-3　開示の頻度・時期　49

3-1　金融商品取引業等の区分と内容　86

3-2　証券業務別による登録必要の有無　89

3-3 登録拒否要件の比較 92

3-4 財務規制の適用比較 95

5-1 上場基準 140

5-2 取引所金融商品市場概念図 145

6-1 日本取引所グループの子会社及び関連会社の役割 179

6-2 各金融商品取引業協会の主な目的・事業 189

6-3 相談・苦情・あっせんの受付件数 194

6-4 日本投資者保護基金の補償対象となるもの／ならないもの 196

6-5 金商法上の課徴金の対象となる違反行為と課徴金の額（概要） 201

6-6 金商法上の主な刑事罰（概要） 203

凡　例

1　法令の略語

会社	会社法
外為	外国為替及び外国貿易法
金商または法	金融商品取引法
金販	金融商品の販売等に関する法律
銀行	銀行法
金融庁設置	金融庁設置法
憲	日本国憲法
公認会計士	公認会計士法
社債株式振替	社債、株式等の振替に関する法律
商	商法
消費契約	消費契約法
電子債権	電子記録債権法
内閣府設置	内閣府設置法
保険	保険法
民	民法
財務諸表規則	財務諸表等の用語、様式及び作成方法に関する規則
金商法施行令または令	金融商品取引法施行令
委任状勧誘府令	上場株式の議決権の代理行使の勧誘に関する内閣府令
課徴金府令	金融商品取引法第六章の二の規定による課徴金に関する内閣府令
監査証明府令	財務諸表等の監査証明に関する内閣府令
企業開示府令	企業内容等の開示に関する内閣府令
金商業府令	金融商品取引業等に関する内閣府令
自社株買付府令	発行者による上場株券等の公開買付けの開示に関する内閣府令
重要情報公表府令	金融商品取引法第二章の六の規定による重要情報の公表に関する内閣府令
大量保有開示府令	株券等の大量保有の状況の開示に関する内閣府令
他社株買付府令	発行者以外の者による株券等の公開買付けの開示に関する内閣府令
取引規制府令	有価証券の取引等の規制に関する内閣府令
取引所府令	金融商品取引所等に関する内閣府令
定義府令	金融商品取引法第二条に規定する定義に関する内閣府令
内部統制府令	財務計算に関する書類その他の情報の適正性を確保するための体制に関する内閣府令

2 裁判関係

最判（決）	最高裁判所法廷判決（決定）
高［支］判（決）	高等裁判所［支部］判決（決定）
地［支］判（決）	地方裁判所［支部］判決（決定）
金判	金融・商事判例
金法	金融法務事情
刑集	最高裁判所刑事判例集
裁判集刑	最高裁判所裁判集刑事
裁判集民	最高裁判所裁判集民事
東高刑事報	東京高等裁判判決時報
判時	判例時報
判タ	判例タイムズ
民集	最高裁判所民事判例集
民録	大審院民事判決録

3 文書略語

公開買付制度等 WG 報告	金融審議会金融分科会第一部会公開買付制度等ワーキング・グループ報告「公開買付制度等のあり方について」（平成17年12月22日）
金融庁・公開買付け Q&A	金融庁総務企画局『株券等の公開買付けに関する Q&A』（平成24年8月3日最終追加）

1章 総論

I 金融商品取引法とは

1 資本市場の機能と規制

　金融商品取引法（以下、金商法とする）とは、どのような法律なのであろうか。金商法とは、しばしば、企業の資金調達や国民の資産形成と運用に資するために、資本市場を規律する法律であるといわれる。

　ここに資本市場とは、一般的に、資金調達や投資活動が行われる場のことをいい、それは**発行市場**と**流通市場**に分けられる。

　発行市場とは、大要、国や企業が有価証券を発行して、国民から資金を直接的に調達する（これを直接金融という）場のことであり、国債、株式、社債等がその典型例であるが、例えば、組合の持分のように、有価証券の形態をとらない権利を発行する場合も、ここに含まれている。これに対して、流通市場とは、既に発行された証券を投資者が売買する場のことであり、投資者は、特定の企業等が発行する証券を購入することにより、その企業の経営成果に参加することができるし、証券を組み合わせて購入することにより、リスクとリターンを生じる**ポートフォリオ**（金融資産の組合せのこと）を保有することもできる。

　このように、発行市場は、**直接金融**の場といえるが、企業が外部から資金調達をする方法としては、他に、銀行からの借入れ等による**間接金融**も存在する。銀行からの借入れの場合には、資金をその企業に貸付けるのが適当かどうかを判断するのは銀行であるが、発行市場においては、そのような選別は市場が行うことになる。そこで、発行市場は、企業の資金調達の可否やそのコスト

を決定して選別することにより、いわば限りある金融資源を効率的に配分するという重要な機能を担っているといえる。また、流通市場においては、証券の市場価格は、企業の経営見通しを反映するため、経営者に企業経営のシグナルを与えることになる。例えば、株式を例にとると、株式は、一般的に、発行者の企業価値をよく反映する証券といわれるが、株式が流通市場で取引されることにより、資金調達に対する評価が流通市場で決定される株価を通じて、投資者に広められることになる。そこで、業績のよくない企業の株価は、一般的には、下落し、企業買収の対象となるため、株式の流通市場は、経営者に対して経営を改善するインセンティブを与えることにもつながる。このように、流通市場は、資金調達を円滑に行うための媒介となるとともに、国や企業に対して経済や経営の運営上のシグナルを与える重要な機能を担っているといえる。

　なお、金商法が採用している**投資者保護**については、投資者が自分の判断で金融商品の売買を行い、その結果を負担するという自己責任原則が前提となっている。それは、直接的には、投資者が開示された情報に基づいて投資判断を行うように促すためであり、究極的には、後述するディスクロージャー制度と相まって、金融商品の価格形成を適正にし、金融商品への投資の適否を市場原理に基づいて決定するためであり、そのことは、資源の効率的配分という資本市場の機能を維持することにもつながっている。

　それでは、このような証券の発行市場や流通市場に、その機能を十分に発揮させるためには、どのような規制が必要となるのであろうか。

　この点について、一般的には、**ディスクロージャー制度、不公正取引等の禁止、業者等の規制**が必要であるといわれている。すなわち、まず、ディスクロージャー制度については、上述したように、投資者が情報に基づいた投資決定を行うにあたり、もしも、情報が不足していたり、情報に基づいた投資決定がなされないとすれば、市場原理に基づいた企業の資金調達が行われなくなり、そうすると、市場は、限りある金融資源を効率的に配分することができなくなってしまうからである。次に、不公正取引等の禁止については、多くの投資家が安心して資本市場での取引に参加するにあたり、もしも、不公正取引等が横行している市場であれば、一般投資家は、そのような市場には参加しないであろうと考えられるからである。次に、業者等の規制については、多くの投

> **コラム1-1**　**望ましい規制のあり方とは**
>
> 　証券の発行市場や流通市場に、その機能を十分に発揮させるためには、どのような規制が必要であるのかについては、本文中で述べたように、一般的には、ディスクロージャー制度、不公正取引等の禁止、業者等の規制が必要であるといわれている。そして、このことは、言い換えれば、市場だけに委ねるのではなく、行政や司法等の国家による関与がある程度必要であるということを意味している。
>
> 　それでは、このような国家による関与は、どの程度の関与があれば、最も望ましいといえるのであろうか。この点について、市場の成熟度というものは、国によって差異があるという現実的課題のほかに、市場と国家の関与のあり方をめぐっては、法と経済学の理論も相まって、いわゆる**効率的資本市場仮説**（大要、証券市場が十分に発達しており、効率的であるならば、株価はすべての新たな公表情報を迅速に反映するという仮説のことをいう）等との関係等、理論的にも興味深い議論がなされている（なお、効率的資本市場仮説については、例えば、その提唱者であるファーマ教授によるFama, 1970：383の文献や若杉，1988：50以下を参照）。

資者を市場取引に参加させるにあたり、市場の運営者としての金融商品取引所や仲介を行う金融商品取引業者等の関係機関の規制は不可欠であると考えられるからである。

2　金融商品取引法の特色

　金商法は、上述したように、企業の資金調達や国民の資産形成と運用に資するために、資本市場を規律する法律である。金商法は、もともと、昭和23年に、米国の連邦法で、証券の発行市場を規制するいわゆる「1933年証券法（Securities Act of 1933）」と証券の流通市場を規制するいわゆる「1934年証券取引所法（Securities Exchange Act of 1934）」を参考にしながら、証券取引法（以下、証取法とする）として制定されたものである。

　その後、証取法は、多くの改正を経てきたが、関連する様々な法律（例えば、外国証券業者に関する法律、有価証券に係る投資顧問業の規制等に関する法律、抵当証券業の規制等に関する法律、金融先物取引法、投資信託及び投資法人に関する法律等）を統合したり、その一部を吸収する形で、平成18年の改正により、資本市場を規律する総合的な法律として、その名称が金商法に改められた。そして、

その後も、度々の改正を経て、現在へと至っている。

　このような金商法による規制の手法としては、大要、行政規制、刑罰規定、私法的規制が、分野に応じて、または、組み合わされて用いられており、金商法は、いわば公法、刑事法、私法の総合的立法といえる。

　まず、行政規制については、金融商品取引に関与する業者を対象とする規制だけではなく、上場会社等の発行者や投資者も規制の対象となることがある。また、このような行政規制の中には、いわゆる**課徴金**が課せられることも含まれている（課徴金の制度は、違反者に金銭的な負担を課すものではあるが、それは、行為者個人による行為の悪質性に着目して、これに制裁を加えるという刑罰規定とは異なり、行政規制とされている）。次に、刑罰規定については、金融商品取引法の重要な規制の違反に対して科せられ、それらの規制の実効性を確保するためのものである。刑事罰としては、個々の規定に応じた懲役、罰金、没収、追徴が定められている。次に、私法的規制については、明文の規定により、特定の契約を無効としたり、規制違反に対して損害賠償責任を定めたりすることのほか、明文の規定がない場合であっても、金商法の趣旨から、解釈によって、金商法に違反する契約について、これを無効としたり、損害賠償請求権を生じさせたりする場合もある。

　そして、金商法の内容については、上述したように、大要、ディスクロージャー制度、不公正取引等の禁止、業者等の規制から成り立っている。

　まず、ディスクロージャー制度については、発行者や上場会社等の一定の者に、有価証券の価値に関する情報を強制的に開示させる制度のことであり、これは、発行市場における開示、流通市場における開示、公開買付け（公開買付けとは、有価証券の流通市場の外で、買付者が、株主等の証券の保有者を一斉に勧誘して、有価証券を買い付ける行為のことをいう）等における開示に、大きく分けられる。このような情報開示の制度が設けられているのは、発行市場や流通市場においては、投資者に投資判断の資料を提供したり、証券の保有者の投資判断を充実させるために、情報開示が求められるためである。次に、不公正取引等の禁止については、もしも、市場において不公正な取引等が行われると、市場は公正な価格を形成するという機能を適切に営むことができなくなり、市場での取引に投資者が参加しなくなってしまう虞があることから、市場における不公

正な取引等が禁止されている。例えば、相場操縦の禁止、内部者取引の禁止、損失補てんの禁止等がこれにあたる。次に、業者等の規制については、金商法は、金融商品取引業者、登録金融機関、金融商品仲介業者、信用格付業者等の業者の行為を適切に行わせるべく規制を行っているほか、金融商品取引所、外国金融商品取引所、金融商品取引清算機関、証券金融会社、取引情報蓄積機関等の組織についても定め、その業務の規制も行っている。また、業者の自主規制に関連する金融商品取引業協会、投資者保護基金、指定紛争解決機関等についても規制を行っている。

3　金融商品取引法の目的

　それでは、このような金商法の目的とは、どのようなものなのであろうか。

　この点について、制定当時の証取法は、その第１条において、その目的について、「この法律は、国民経済の適切な運営及び投資者の保護に資するため、有価証券の発行及び売買その他の取引を公正ならしめ、且つ、有価証券の流通を円滑ならしめることを目的とする。」と規定していた。

　ところが、平成18年の改正により、証取法が金商法に改められた際、この第１条も改正され、金商法の目的については、「この法律は、企業内容等の開示の制度を整備するとともに、金融商品取引業を行う者に関し必要な事項を定め、金融商品取引所の適切な運営を確保すること等により、有価証券の発行及び金融商品等の取引等を公正にし、有価証券の流通を円滑にするほか、資本市場の機能の十全な発揮による金融商品等の公正な価格形成等を図り、もって国民経済の健全な発展及び投資者の保護に資することを目的とする。」と規定されるに至った。

　そこで、このような改正について、どのように捉えるべきかが、問題となってくる。この点について、証取法における規定ぶりと比較して、金商法においては、「資本市場の機能の十全な発揮による金融商品等の公正な価格形成等を図り」という目的が追加されているが、このことは、一般的に、金商法が市場法としての性格を有することを明らかにするためであると説かれている。また、金商法において、「もって国民経済の健全な発展及び投資者の保護に資することを目的とする」と規定されている点については、その目的の趣旨をめぐ

　本文中で述べたように、金商法において、「もって国民経済の健全な発展及び投資者の保護に資することを目的とする」と規定されている点については、その目的の趣旨をめぐり、様々な学説が展開されている。

　まず、ある学説（河本一郎教授）は、大要、証取法でいわれる「国民経済の適切な運営」について、それは、「投資者の保護」と無関係なものではなく、「国民経済の適切な運営」は「投資者の保護」の間接的な効果であり、法が直接的に意図するものは、「投資者の保護である旨を説いている（投資者保護説とよばれる。例えば、鈴木＝河本，1984：41を参照）。また、ある学説（神崎克郎教授）は、「国民経済の適切な運営」と「投資者の保護」は、いずれも達成されるべき証券取引法の目的であり、必ずしも、その一方が他方の手段となるものではない旨を説いている（二元説とよばれる。例えば、神崎，1987：33を参照）。また、ある学説（川村正幸教授）は、この二元説から出発しながら、金商法においては、パラダイムの転換があった旨を説いている（例えば、川村，2014：75-76を参照）。また、ある学説（上村達男教授）は、証取法の目的は、公正な価格形成の確保を通じた証券市場の機能の確保にあり、投資者保護は、証券市場の成立条件である旨を説いている（市場法説とよばれる。例えば、上村，20000：135を参照）。また、ある学説（松尾直彦教授）は、基本的に、この市場法説に立ちながら、金商法の目的は、投資者の保護と資本市場の健全性の確保である旨を説いている（新二元説とよばれる。例えば、松尾，2016：4を参照）。また、ある学説（黒沼悦郎教授）は、金商法において、「国民経済の健全な発展」と「投資者の保護」は、いずれも法の目的であり、両者は異なる目的ではなく、資源の効率的な配分の達成という点で一致する旨を説いている（統合説とよばれる。例えば、黒沼，1992：40、近藤＝吉原＝黒沼，2015：8を参照）。なお、以上の学説の分類については、ここでは、黒沼，2016：13-18や近藤＝吉原＝黒沼，2015：6-9の文献によっている。

り、様々な学説が展開され、議論が行われている（なお、本章の内容については、後掲の参考文献の中でも、特に、黒沼，2016、近藤＝吉原＝黒沼，2015、川村，2014等の文献を参照した）。

2　金融商品取引法の対象

1　総　　説

(1) 「有価証券」と「デリバティブ取引」　　金商法は、「有価証券」（2条1項・2項）及び「デリバティブ取引」（2条20項）という2つの用語を定義し、条項中に金融商品の名称・種類を列挙することで法の適用範囲を定めている。ある金融商品が「有価証券」又は「デリバティブ取引」のいずれかに該当することで、この金融商品に対して金商法が適用される。同法の適用により、当該金融商品には、金融庁の行政権限が及ぶことになる。なお、金融庁は、同法の授権の範囲内で、内閣府令（行政規則）を定める権限をもつ。したがって、金融庁は、同法の授権に基づき、より具体的なルールである内閣府令を定めることができる。

　金融庁のこのような規則制定権は、金融商品の範囲に関しても同様である。例えば、規制すべき金融商品があれば、金融庁は、金商法に規定された要件の範囲において、内閣府令を定めることができる（2条1項21号・2項7号）。金融自由化を背景に、新しい金融商品が開発され、売り出される。この新しい金融商品が金商法の定義規定の中に含まれていなかった場合、金商法を適用することができない。しかし、金商法に授権規定があれば、金商法を改正しなくても、金融庁は、内閣の承認によって、迅速に政令指定を行うことで、この新しい金融商品に対して、金商法を適用することができる。もっとも、そうはいっても政令指定の数は実際には多くない。また閣内での省庁間の調整問題があるため機動的な運用には実際上困難がある。そこで、金商法では、**集団投資スキーム持分**（2条2項5号）を有価証券として定めることで、投資性をもった金融商品に対して広く金商法を適用できるようにしている。

　以上のように金商法において「有価証券」及び「デリバティブ取引」が定義されているが、列挙されている金融商品の名称・種類は、限定列挙と解釈されている。限定列挙と解釈することで、金商法の適用範囲を明確にすることができるからである。我が国において罪刑法定主義が、憲法上、刑事法規上の原則として強調される。金商法の中には、刑罰法規があり、処罰の対象となる行為

を明確にしなければならないというのである。

(2) **民商法上の有価証券との関係**　有価証券という言葉は、一般には、「民商法上の有価証券」（民520条の2以下）を意味するものとして用いられることが多い。民商法上の有価証券とは、私法上の権利（例えば、金銭債権、株主権等）を紙片（証券）と一体のものとして取扱うことで、私法上の権利を安全かつ簡単に移転させることができる法的技術である。権利と証券が一体なのであるから、証券の授受によって債権の二重譲渡を恐れることなく、簡単に権利の譲り渡しや権利行使を行うことができる。

　民商法上の有価証券の代表として、株券が挙げられる。昭和23年に証取法が制定された当時、証券市場で取引される有価証券とは、紙媒体の株券や国債であった。したがって、証取法において、その規制の対象となる証券は、紙媒体の有価証券であった。そのため同法は、「有価証券」という用語で、証取法の規制対象となる金融商品を表現した。しかし、今日、紙媒体ではない金融商品が一般的なものとなっている。その代表は、やはり株券である。平成17年会社法制定によって、株券の発行は、株券発行会社における例外として位置付けられている（会社214条）。定款において株券を発行する定めを置かない限り、株券は発行されない。つまり、実際上、株式は紙媒体の株券としては存在していない。なお、今日、株券ばかりでなく国債や社債も紙媒体の有価証券ではない。株式とは、株式会社の社員権（社員としての地位）をその内容とする金融商品であり、紙媒体の株券として存在することは、株式の必要条件ではない。民商法上の有価証券は、紙媒体である。一方、金商法上の有価証券とは、紙媒体の有価証券（2条1項）であることはあっても、必ずしも紙媒体である必要はない（2条2項）。

(3) **平成18年金融商品取引法制定による規制範囲の拡大**　我が国では1970年代後半から徐々に金融自由化が進められてきたが、1999年（平成10年）「金融システム改革法」制定によって、抜本的な金融自由化が実施された。このような規制緩和が進行する中で、様々な金融商品が売り出されるようになった。しかし、これら金融商品ごとに規制する法律や規制権限をもつ省庁が異なることで、いわゆる縦割り行政の弊害が指摘されるようになった。また、投資詐欺に関する悪徳商法も、たとえその1つが摘発されたとしても、すぐに商品を変え

コラム1-3 金融理論の発見とコンピュータ技術の成果としての金融自由化

　銀行、保険、証券のいわゆる金融業界は、国家による規制産業であった。金融業界は、実体経済のインフラとして、政府による規制の下、競争が制限された領域であった。しかし、1970年以降、金融の自由化が進み、アメリカ合衆国やイギリスでは、1980年代に本格的な金融自由化が推し進められた。

　1990年ノーベル経済学賞を受賞したハリー・マーコピッツは、1952年に発表した博士論文「ポートフォリオ・セレクション：分散投資の理論」において、「1つのバスケットにすべての卵を入れて運ぶな」という投資をする上での格言に、科学的な裏付けを与えた。様々な会社に広く分散して投資することは、賢明な投資家の経験則であった。しかし、その理論的根拠は明らかでなかった。投資家は、リターンばかりでなく、リスクにも着目して投資を行っている。その後、ウィリアム・シャープが、分散投資の理論につき簡単に計算できる方法を考案した。これにより、投資者は、リスクを最小にする資産構成を割り出すプログラムをコンピュータに導入して、金融商品の売買を行うようになった。

　リスク管理の科学的な方法が発見され、コンピュータによって管理できるようになった。これによって、金融業界は、政府による画一的な規制の時代から、「誰が最もうまくリスク管理を行えるのか？」という金融三業界を横断しての自由競争の時代を迎えることになった［相田＝茂田，1999：106以下、123以下］。

　ることで、手を変え品を変え、絶えることがない。和牛の養育事業への投資について、牛の養育事業に関するゆえに農林水産省の管轄とし、あるいは預託証券を利用した金への投資の場合には、金であることを理由として経済産業省の管轄とすることは、投資者保護という観点からは疑問がある。

　このような縦割り行政の弊害を回避し、投資者保護を進めるため、平成18年、証取法が改正されるとともに金商法と名称を改めた。改正の狙いの1つは、投資性をもった金融商品に対して、金商法によって包括的かつ横断的な規制を行い、金融庁による一元的な規制を実現することであった。このような目的を達成するため、有価証券及びデリバティブ取引の定義規定に関し大きな改正がなされた。定義規定の改正によって、規制対象となる金融商品の範囲は、大幅に拡大された。

　内閣総理大臣又は財務大臣は、金商法で規制される金融商品について、金商

法若しくは同法に基づく命令に違反する行為等につき、これら行為に対する禁止・停止を裁判所に対して申立てることができる（192条）。金融庁に対して、金融商品詐欺にかかる悪徳商法の禁止申立てを授権する規定である（東京地決平22・11・26判時2104・130、札幌地判平23・5・13判タ1362・203）。

平成18年金商法において規制の対象とされた金融商品は、「投資性のある金融商品」である。金商法上の有価証券とは何か、あるいは金融商品取引法の規制対象である金融商品とは何か、という問題は、後述する（**2 4** 参照）。

(4) **その他の金融商品に対する規制**　金商法は、投資性のある金融商品を規制対象とする。しかし、投資性のある金融商品のすべてを同法によって規制するものではない。例えば、商品先物取引は、商品先物取引法（昭和25年法律239号）によって規制されている。また、投資性のない一般の金融商品に関して、預金は、銀行法（昭和56年法律59号）によって、保険契約は、保険業法（平成7年法律105号）によって規制されている。

なお、投資性のある預金及び投資性のある保険契約に対しては、投資性のある金融商品に対するルールを適用するべきであるため、これら預金・保険契約に対しては、金商法のルールが準用されている（銀行13条の4、保険300条の2）。金商法のルールが準用されるこのような預金を「特定預金等契約」という。また、同様の保険契約を「特定保険契約」という。

一方、金融商品の販売等に関する法律（平成12年法律101号）は、金融商品販売業者等に対して、顧客に対する説明等を義務付ける。すなわち、業者等には、金融商品の仕組みやリスク等に関する重要事項を、顧客に対して説明する義務等が課される（金販3条・4条）。同法は、金融商品販売業者等（金販2条3項）を定義するため、「**金融商品の販売**」を定義する（金販2条1項）。この「金融商品の販売」には、投資性のある金融商品（「有価証券」「デリバティブ取引」）ばかりでなく（金販2条5号・6号イ・8号・9号）、投資性のない一般の金融商品（例えば、銀行預金や保険契約）も、含まれている（金販2条1項1号・4号）。「金融商品の販売」は、このように「**投資性のない金融**」（銀行預金・保険契約）もその規制の対象とする。したがって、金融商品の販売等に関する法律が規制する金融商品の範囲は、その規制が投資勧誘に限定されているとしても、金商法が規制する「有価証券」及び「デリバティブ取引」よりも広いものとなって

いる。

2　有価証券の定義

(1)　**第一項有価証券**　　金商法2条1項は、①1号から21号にわたって、限定列挙として「有価証券」を定義する。なお、21号は、流通その他の事情を勘案し、公益又は投資者の保護を確保することが必要と認められるものを要件として、政令によって定められた証券又は証書と定める。21号は、内閣府令を制定するための授権規定である。これらはいずれも、証券又は証書として存在する民商法上の有価証券である。

　この他、②第1項で掲げられた証券が、民商法上の有価証券として発行されていない場合であっても、有価証券とみなされる（2条2項前段）。民商法上の有価証券に化体されていない権利を「**有価証券表示権利**」と言い、有価証券表示権利自体で、有価証券とする趣旨である。更に、③電子記録債権（電子債権2条1項）のうち、流通性その他の事情を勘案し、社債券その他2条第1項各号に掲げられたもので、有価証券とみなすことが必要と認められるものとして政令指定されたものも、有価証券である（2条2項中段）。これを「**特定電子記録債権**」という。上記②及び③は、第2項中に規定されている。しかし、第1項で規定された①の証券・証書とともに「**第一項有価証券**」に位置付けられる（2条3項柱書）。流通性が高い金融商品の類型として、第一項有価証券が意義付けられることで、1つにまとめて理解されるからである。

(2)　**第一項有価証券の内容**　　有価証券にどのような金融商品が含まれるかに関して、ここでは、大きく4つに分けて、その概略を述べる。なお、有価証券に含まれる金融商品取引の全体像に関しては、**図表1-1**に示した。

　第1に、国債・地方債である（2条1項1号）。それぞれ、我が国及び我が国地方公共団体によって発行される債券である。信用度が高い金融商品として、金商法では、情報開示規制の適用除外の対象とされている（3条1号・3号）。

　第2に、企業金融型証券である。証券を発行する主体の経営状況・信用力をその価値の裏付けとする証券である。したがって、情報開示としては、発行主体の財務諸表の開示が重要となる。代表的な証券として、株式会社が発行する株券（2条1項9号・2項）、会社が発行する社債券（2条1項5号・2項）があ

図表1−1　第一項有価証券と第二項有価証券

分類	名　　　称	具体例	民商法上の有価証券性	規　定
第一項有価証券	国債証券（2条1項1号）	中期利付国債、長期利付国債等	○	2条1項1号
	地方債証券（2条1項2号）	東京都債	○	2条1項2号
	特別の法律により法人の発行する債券（2条1項4号・11号に掲げるものを除く）	政府保証債、社会医療法人債券	○	2条1項3号
	資産の流動化に関する法律に規定する特定社債券	特定社債券	○	2条1項4号
	社債券（相互会社の社債券を含む）	普通社債	○	2条1項5号
	特別の法律により設立された法人の発行する出資証券（2条1項7号、8号及び11号に掲げるものを除く）	日本銀行出資債	○	2条1項6号
	協同組織金融機関の優先出資に関する法律に規定する優先出資証券		○	2条1項7号
	資産の流動化に関する法律に規定する特定出資証券又は新優先出資引受権を表示する証券	優先出資証券	○	2条1項8号
	株券又は新株予約権証券	株式会社の株式	○	2条1項9号
	投資信託及び投資法人に関する法律に規定する投資信託又は外国投資信託の受益権	優先出資証券	○	2条1項10号
	投資信託及び投資法人に関する法律に規定する投資証券、新投資口予約権証書若しくは投資法人債券又は外国投資証券	ETF	○	2条1項11号
	貸付信託の受益証券		○	2条1項12号
	資産の流動化に関する法律に規定する特定目的信託の受益権		○	2条1項13号
	信託法に規定する受益証券発行信託の受益証券	外国株信託受益権、ETN信託受益証券	○	2条1項14号
	法人が事業に必要な資金を調達するために発行する約束手形のうち、内閣府令で定めるもの	CP	○	2条1項15号
	抵当証券法に規定する抵当証券	抵当証券	○	2条1項16号
	外国又は外国の者の発行する証券又は証書で第1号から第9号まで又は第12号から第16号までに掲げる証券又は証書の性質を有するもの（第18号に掲げるものを除く）		○	2条1項17号
	外国の者の発行する証券又は証書で銀行業を営む者その他の金銭の貸付けを業として行う者の貸付債権を信託する信託の受益権又はこれに類する権利を表示するもののうち、内閣府令で定めたもの	CARDs	○	2条1項18号

	オプションを表示する証券又は証書	カバードワラント	○	2条1項19号
	第1号から第19号に掲げる証券又は証書の預託を受けた者が当該証券又は証書の発行された国以外国において発行する証券又は証書で、当該預託を受けた証券又は証書に係る権利を表示するもの	預託証書（DR）	○	2条1項20号
	第1号から第20号に掲げるもののほか、流通性その他の事情を勘案し、公益又は投資者の保護を確保することが必要と認められるものとして政令で定める証券又は証書	学校債	○	2条1項21号
	2条第1項に掲げられたものの有価証券表示権利	登録国債、登録社債、株式、新株予約権等	×	2条2項前段
	電子記録債権のうちで政令指定されたもの		×	2条2項中段
第二項有価証券	信託の受益権		×	2条2項1号
	外国の者に対する権利で2項1号に掲げる権利の性質を有するもの（1項10号・17号及び18号に掲げる有価証券表示権利を除く）		×	2条2項2号
	合名会社若しくは合資会社の社員権（政令で定めるものに限る）又は合同会社の社員権		×	2条2項3号
	外国法人の社員権で2項3号に掲げる権利の性質を有するもの		×	2条2項4号
	民法に規定する組合契約、商法上の匿名組合契約、投資事業有限責任組合契約に関する法律に規定する同契約又は有限責任事業組合契約に関する法律に基づく権利、社団法人の社員権その他の権利（外国法令に基づくものを除く）のうち収益の配当又は財産の分配を受けることができる権利（但し2項5号イからニの場合を除く）	集団投資スキームの持分	×	2条2項5号
	外国法令に基づく権利であって2項5号に掲げる権利に類するもの	外国集団投資スキームの持分	×	2条2項6号
	特定電子記録債権及本第2項第1号から第6号に掲げるもののほか、1項に規定する有価証券及び本第2項第1号から第6号に掲げる権利と同様の経済的性質を有すること、その他の事情を勘案し、公益又は投資者の保護を確保することが必要かつ適切と認められるものとして政令で定める権利	学校貸付債権	×	2条2項7号

る。保険事業を行う相互会社が発行する社債券もこれに含まれる（2条1項5号括弧書・2項）。また、新株予約権証券（2条1項9号）も株券と並んで規定されている。その他、特別の法律に基づき発行される債券・出資証券（2条1項3号・6号・2項）、資産の流動化に関する法律（平成10年法律105号）に規定される特定社債券（2条1項4号・2項）、優先出資証券・新優先出資引受権を表示する証券（2条1項8号・2項）がある。さらに、協同組織金融機関の優先出資に関する法律（平成5年法律44号）に規定される優先出資債券（2条1項7号・2項）がある。また法人が事業に必要な資金を調達するために発行する約束手形であるコマーシャル・ペーパー（CP）（2条1項15号・2項）がある。学校債もここに含まれる（2条1項21号、金商法施行令1条2号・2項）。

第3に、資産金融型証券である。このような証券は、発行主体の信用よりも、運用・管理される資産の状況が、投資者の投資判断にとって重要なものである。代表的な証券として、投資信託に関する証券がある（2条1項14号等・2項）。また、抵当証券がある（2条1項16号・2項）。

第4に、外国証券である（2条1項17号・18号）。

(3) **第二項有価証券とその内容**　第2項は、その第1号から第7号に列挙された権利であって、証券又は証書に表示されていない場合であっても、これを有価証券とする（2条2項後段）。「みなし有価証券」と呼ばれる。流動性の低い金融商品として、「第二項有価証券」に位置付けられている（2条3項柱書）。2項においても、1項と同様に限定列挙と解釈されており、2項7号が、政令指定のための授権規定となっている。

第1に、信託の受益権である（2条2項1号）。

第2に、外国の者に対する権利で信託の受益権の性質を有するもの（ただし1項10号・17号及び18号に掲げる有価証券表示権利を除く）（2項2号）。

第3に、合名会社若しくは合資会社の社員権又は合同会社の社員権である（2項3号）。ただし、合名会社又は合資会社の社員権は、その社員のすべてが株式会社又は合同会社のいずれかに該当する場合、あるいはその無限責任社員のすべてが株式会社又は合同会社である場合を除き、金商法上の有価証券ではない（金商法施行令1条の2）。合名会社・合資会社の社員権を除外するのは、これら社員が会社の業務執行にかかわっていることから、必ずしも金商法上の

保護を必要としないからである。

第4に、外国法人の社員権で2項3号に掲げる権利の性質を有するものである（2項4号）。

第5に、組合契約（民667条）、匿名組合契約（商535条）、投資事業有限責任組合契約に関する法律等に基づく権利である（2項5号）。

第6に、外国法令に基づく権利であって2項5号に掲げる権利に類するもの（2項6号）。

第7に、政令で定める権利である。政令指定においては、特定電子記録債権及び2項1号から6号に掲げるものを除き、2条1項に規定する有価証券及び2項1号から6号に掲げる権利と同様の経済的性質を有することその他の事情を勘案し、公益又は投資者の保護を確保することが必要かつ適切と認められるものであることを要件とする。

3　デリバティブ取引の定義

(1)　**デリバティブ取引**　　デリバティブ取引とは、市場デリバティブ取引、店頭デリバティブ取引又は外国市場デリバティブ取引をいう（2条20項）。金商法は、同法の適用範囲を画定するため、市場毎にその各取引類型から、デリバティブ取引を定義する（2条21項・22項・23項）。市場は、上記の3つの市場に分かれるが、取引類型は、①先物取引（先渡取引）、②オプション取引、③スワップ取引、④クレジット・デリバティブ取引等及び⑤政令指定デリバティブ取引から構成される。

これら取引類型につき、「金融商品」（2条24項）及び「金融指標」（2条25項）の2つの用語を用いて、適用対象となる金融商品を限定する。

(2)　**経済的意義**　　デリバティブ取引という取引類型の典型は、**先物取引**（futures）である。価格変動を生じる資産を保有する者は、保有によって価格変動のリスク（損害を被る可能性）を負う。先物取引には、このようなリスクをヘッジする機能がある。つまり、先物取引を行うことで資産の価格変動のリスクを第三者に転嫁することができる。

例えば、為替リスクにつき、外国為替を対象とした先物取引を考える（**図表1-3**参照）。実際の金融商品としては、取引所FX（外国為替証拠金）取引があ

コラム1-4 セキュリタイゼーション（証券化・資産流動化）

　我が国では、明治時代以来、銀行による間接金融が、企業の資金調達手段の主流であった。しかし、1990年、いわゆるバブル経済の崩壊とそれ以降「失われた20年」での銀行の貸し渋り・貸しはがし問題に象徴されるように、間接金融に依らず、企業の新しい資金調達手段として「証券化」「資産流動化」という直接金融の手段が進展することになった。

　セキュリタイゼーションは、証券化あるいは資産流動化という用語で翻訳されている。1950年代、アメリカ合衆国において住宅ローン債権を原資産として開始され、自動車ローン債権に拡大され、その他様々な資産を対象として用いられるようなった。

　例えば、オリジネータが、保有する本社ビル（不動産）をSPVに売却する。SPVは、いわゆるペーパー・カンパニーであり、不動産を所有するという機能しかもたない。しかし、不動産オーナーとして、賃料収入を得る。この賃料収入を配当・利息の原資として、投資者に対して証券を発行する。投資者にとって、不動産オーナーとしての機能しかもたないSPVの信用リスクは、算定が容易である。また、証券に対する配当・利息の予想も容易である。様々な事業活動を行っているオリジネータの発行する証券の価値を算定することは難しい。SPVの発行する証券であれば評価が容易なのである。一方、オリジネータは、証券化によって、流動性の低い資産である不動産を現金という流動性の高い資産にすることができ、これで借金の返済を行えば、財務状況の改善を図ることができる。

　著作権を原資産として、SPV（匿名組合等）に所有させて、アイドル写真集や音楽CDを発売した事例がある。あるいは、ワイン・ファンドとして、投資家から資金を集め、SPVに若いワインを購入・保有させ、長期熟成させて、値段が上昇した後、保有ワインを売却することで、収益の分配を図る事例もある。

図表1-2　セキュリタイゼーション（証券化・資産流動化）

```
        ┌──────────────┐      資産
        │ オリジネータ  │      ・クレジット債権、ローン債権
        └──────────────┘      ・不動産、賃料債権
          ↑          │         ・著作権
 ①資産売却 │          │④資産購入代金支払い  ・事業財産
          │          ↓
        ┌──────────────┐   ②証券発行    ┌──────────┐
        │     SPV      │ ───────────→ │  投資者  │
        └──────────────┘ ←─────────── └──────────┘
                        ③金銭の支払い
```

る（2条21項1号）。為替相場
において、円の価値は日々変
動している。現時点で、為替
市場で1ドルが110円の価値
をもっていたとして、1年

図表1-3　先物取引

・決済は契約成立の1年後とする

後、為替市場において1ドルが140円の価格を付けている可能性（円安）もあ
れば、1ドル80円になっている可能性（円高）もある。このような為替価値の
変動リスクを第三者に転嫁するため、1000ドルを11万円で購入する契約を締結
し、この契約の決済を1年後とする。

　1年後、為替相場が、円安になり1ドル140円になっていた場合、1000ドル
（時価14万円）を11万円で購入できることで、買主は、3万円の儲けになる。売
主に11万円を支払い、1000ドルを入手してすぐにこれを為替市場で売却すれ
ば、14万円になるからである。なお、先物取引の当事者同士で、ドルと円の交
換を行わず、決済時の為替相場140円と約定の金額である110円の差額で決済す
る場合、これを差金決済という。差金決済の場合、売主は、買主に対して差金
3万円を支払うことになる。

　一方、1年後、円高によって1ドル80円になっていた場合は、1000ドル（時
価8万円）に対して11万円を支払って購入することになり、この取引によって
3万円の損失を被ることになる。

　さて、このような先物取引契約の締結によって、1000ドルを11万円で購入す
る権利をもつのであるから、締結から1年間、為替相場がどのように変動しよ
うとも、1000ドルが11万円であるという価値（「1000ドル」）を保全できる。リ
スクという用語は、損害を被る可能性という意味のほか、将来に対する不確実
性という意味でも用いられる。先物契約を締結することで、この期間1000ドル
の価値を保全することができるのであるから、この場合将来に対する不確実性
という意味でのリスクはない。

　上記のように、先物取引には、リスクを転嫁する取引によって価値を保存
し、安定収入を確保することにより、将来に対する不確実性を排除できるとい
う機能がある。一方、このような経済上のデリバティブ取引は、市場において
価格変動が大きくなるという特性を有する。つまり、価格変動が大きいという

図表1-4　オプション取引

コール・オプション：一定の価格で売付ける権利
プット・オプション：一定の価格で買付ける権利

・決済は契約成立の1年後とする

市場特性のゆえに、先物市場は、投機的な取引の場であり、「資産の運用手段を提供するという機能」ももっている。

　オプション契約（options）は、リスク・ヘッジの方法として、より洗練された金融商品である。買主が、売主からオプション権を購入し、売主に対してその対価（オプション料）を支払う取引である（**図表1-4**参照）。オプション権には、2つの種類がある。コール・オプションは、買主が原資産（金融商品・金融指標）を一定の価格で売主に対して売付けることのできる権利である。一方、プット・オプションは、買主が原資産（金融商品・金融指標）を一定の価格で売主から買付けることのできる権利である。買主は、このオプション権を行使してもよいし、あるいは権利を放棄しても構わない。ただし、権利行使期間は、約定により一定期間（**図表1-4**では1年間）に限られている。

　先物取引と同様、オプション取引でも、差金決済がなされる。先物取引の場合、将来、原資産の価格上昇を予想するなら、買主として取引を行う。一方、価格下落を予想するなら、売主として取引を行う。これに対し、オプション取引においては、原資産の価格上昇を予想する場合、コール・オプションを購入する。一方、原資産の価格下落を予想するなら、プット・オプションを購入する。つまり、価格変動の予想につき、先物取引と異なり、購入するオプション権の種類によって取引を選択する。したがって、原資産の価格下落を予想する場合、上記のようにプット・オプションの買主になるのでなく、コール・オプションの売主として、オプション料の獲得を目指すことも可能である。また、原資産の上昇を予想する場合は、コール・オプションの買主になるのではなく、プット・オプションの売主として、オプション料の獲得を目指すことも可能である。実際の金融商品としては、個別株オプション取引（2条21項3号）もあるが、株価指数オプション取引（2条21項3号ロ括弧書）として、「日経225」等の日経平均株価指数の取引が一般に知られている。

　(3)　**取引類型**　　市場デリバティブ取引において、先物取引とは、売買の当

> ### コラム1-5　先物取引の発展
>
> 　江戸時代、日本各地の藩で生産された米は、千石船によって大阪堂島周辺の各藩の蔵屋敷（倉庫）に運ばれた。藩は、年貢として集めた米を堂島の米会所（米穀市場）で売却して、藩の財政予算としていた。しかし、米の作柄は年によって豊作・不作があり、米は価格変動が大きな商品であった。藩は、市場における売却価格（米相場）によって、藩の歳入予算総額が変動することになり、次年度の藩の運営に窮する場合を生じた。藩は、このような米相場の変動リスクを嫌い、安定収入を求めた。このような藩の要求に答える形で、堂島米会所は、米の現物市場の他に、米の商品先物取引を開始することになった。これは、アメリカ合衆国シカゴで農産物の商品先物取引が開始される、約100年前の出来事である。
>
> 　一方、金融先物取引の歴史は、新しい。1971年のニクソン・ショック（金・ドル交換の停止）に由来し、シカゴの商品取引所において、通貨の先物取引から開始されることとなった［相田＝茂田，47以下，66以下］。

事者が将来の一定の時期において金融商品及びその対価の授受を約する売買であって、当該売買の目的となっている金融商品の転売又は買戻しをしたときは差金の授受によって決済することができる取引である（2条21項1号）。なお店頭デリバティブ取引の場合、先渡取引という（2条22項1号）。市場デリバティブ取引において、金融指標を対象とする場合も同様の取引であるが、予め金融指標として約定する数値（約定数値）と将来の一定の時期における金融指標の数値（現実数値）の差に基づいて算出される金銭の授受を約する取引である（2条21項2号）。店頭デリバティブ取引でも同様である（2条22項2号）。

　オプション取引とは、当事者の一方意思表示により当事者間において取引を成立させることができる権利を相手方が当事者の一方に付与し、当事者の一方がこれに対して対価を支払うこと約する取引である（2条21項3号・22項3号・4号）。

　スワップ取引とは、当事者が元本として定めた金額について当事者の一方が相手方と取り決めた金融商品の利率等又は金融指標の利率等の約定した期間における変化率に基づいて金銭を支払い、相手方も同様にして金銭を支払うことを相互に約する取引である（2条21項4号・4号の2・22項5号）。

クレジット・デリバティブ取引とは、法人の信用状態にかかる事由その他これに類似するものとして政令で定めるものに関し、当事者の一方が、金銭を支払い、これに対して当事者が予め定めた上記いずれかの事由が発生した場合において相手方が金銭を支払うことを約する取引である（2条21項5号・22項6号）。なお、天候デリバティブ取引は、この類型である（2条21項5号ロ・22項6号ロ）。

政令指定デリバティブ取引とは、市場デリバティブ取引の場合、21項各号に掲げる取引に類似する取引であって政令で定めるものである（2条21項6号）。店頭デリバティブ取引の場合は、22項各号に掲げるもののほか、これらと同様の経済的性質を有する取引であって、公益又は投資者の保護を確保することが必要と認められるものとして政令で定めるものである（22項7号）。

(4) **金融商品・金融指標**　**金融商品**とは、①有価証券、②預金契約に基づく債権その他の権利又は当該権利を表示する証券若しくは証書であって政令で定めるもの、③通貨、④商品（商品先物取引法2条1項に規定するもののうち政令で定めるもの）、⑤同一の種類のものが多数存在し、価格の変動が著しい資産であって、当該資産にかかるデリバティブ取引（類似する取引を含む）について投資者の保護を確保することが必要と認められるものとして政令で定めるもの、⑥上記①若しくは②に掲げるもの又は⑤に掲げるもののうち政令で定めるものにつき、金融商品取引所が市場デリバティブ取引を円滑化するため、利率、償還期限その他の条件を標準化して設定した標準物である（2条24項）。

金融指標とは、①金融商品の価格又は金融商品（上記24項③及び④を除く）の利率等、②気象庁その他の者が発表する気象の観測の成果にかかる数値、③その変動に影響を及ぼすことが不可能若しくは著しく困難であって、事業者の事業活動に重大な影響を与える指標又は社会経済の状況に関する統計の数値であって、これらの指標又は数値にかかるデリバティブ取引（類似する取引を含む）について投資者の保護を確保することが必要と認められるものとして政令で定めるもの（商品先物取引法2条2項に規定する商品指標であって、商品以外の同条1項に規定する商品の価格に基づいて算出されたものを除く）、及び④金融指標として掲げられたものに基づいて算出した数値である。

┃コラム1-6┃ 天候デリバティブ

　天候デリバティブは、平成18年改正によって金商法の規制の下に入った。損害保険会社によって販売されている金融商品である。暑い夏もあれば冷夏の年もある。ペルー沖の海水温度が日本の夏の気温に関係しているらしい。酷暑の夏は、ビール会社の売上が伸びるようだが、ゴルフ場でプレイする人は激減する。あるいは、冷夏になれば、海水浴場や海浜リゾートの人出が少なくなる。このような天候に関するリスクを商品化したものが、天候デリバティブである。暑い夏や冷夏を契約の中で定義するため、「気象庁その他の者が発表する気象の観測の成果に係る数値」（2条25項2号）を「金融指標」（2条25項）として定める必要がある。

4　金融商品とは何か

(1)　**有価証券に関する学説**　　金融自由化の進行に伴い新しい金融商品が開発、販売されるようになる以前、有価証券とは、国債、株券及び社債券等が典型的な証券であった。このような時代、有価証券とは、資本証券・収益証券として捉えられていた［鈴木＝河本，1968：34］。あるいは、企業経営に対する投資上の地位として投資証券と理解する見解があった［神崎，1980：110以下］。

　その後、多様な金融商品の発売に対応して、有価証券の範囲につき、投資者保護のために証取法があることから、同法の規制（情報開示・証券詐欺禁止）を適用するべきか否かという観点から、有価証券の範囲を決めるべきだという見解が主張された［鈴木＝河本，1984：73］。投資者保護の観点から有価証券の範囲を考察するため、投資者保護説という。更に、このような見解は、一般の商品と異なり、有価証券の場合、証券価値に関する物理的な管理・支配ができない性質が、有価証券であることの特質と捉える。そうして「投資契約」として有価証券概念を具体化した。すなわち、①自己の資金を投資し、②利益を期待して、③その利益は第三者の努力のみによって生じる場合、このような契約を投資契約として、このような性質を有価証券性だというのである［森田，1990：6］。このような投資契約に関する理解は、合衆国連邦証券諸法中の投資契約（investment contract）に関する判例法理（ハゥイ判決基準）に由来する。なお、ハゥイ判決基準では、④共同事業性も要件としている。更に、投資契約としての有価証券性を基本として、企業金融にのみ注目した時代から、資産金融

の証券化に対応するため、「投資上の地位」をもって投資証券（有価証券性）を把握すべきだという見解がある。つまり、資産金融を資本市場に直結するための工夫（これを「仕組み性」という）が、有価証券性において重要だとする［神田，1989：2，5］。

　一方、いかなる条件が充足したら市場取引の客体たり得るかという「技術的充足度」及びその取引の有する「国民経済的意義」の観点から、当該証券の有価証券性を認定すべきだという見解がある［上村，1989：74，80］。このような市場取引の適格性（市場性）から有価証券の範囲を考えるべきだとする。なお、市場性とは、取引客体の画一性、同質性、多量性、長期保存性、評価可能性、確実性及び信頼性を備えていることだという。このような見解を市場法説という。

　⑵　**金融商品取引法の適用範囲に関する学説**　　平成18年金商法制定において、いかなる範囲の金融商品を金商法の規制の下に置くべきかについて検討が行われた。検討の結果、「有価証券」及び「デリバティブ取引」の範囲に関し法改正が行われた。しかし、このような検討は、これが初めてではない。1998年（平成10年）金融システム改革法成立にまで遡る。検討の成果は、2000年（平成12年）金融商品の販売等に関する法律（平成12年法律101号）の制定である。金融商品の勧誘規制において、投資性のある金融商品だけでなく、銀行預金や保険契約のような一般の金融商品を含む、より広い金融商品を対象とすべく同法は、「金融商品の販売」を定義した。一方、平成18年金商法において、「投資性のある金融商品」を規制の対象としたことは、既に述べた（**2** 1⑷参照）。

　金融商品に対する金商法の規制範囲を狭く考える見解として、共同事業投資説がある。この考え方において、金融商品とは、①現在から将来にわたるキャッシュ・フローの移転、及び②共同性と受動性をその要素とする投資性という2つを満たすことである。この見解は、いわゆる投資契約として金融商品を把握する。しかし、前述4⑴で言及したハゥイ判決基準における4番目の要件である「共同事業性」をその投資性の要素とするゆえに、金商法の適用範囲としては、より狭い見解である。

　次に、金融商品の範囲をより広く考える見解がある。一般金融商品説である。この考え方において、金融商品とは、①キャッシュ・フローの実現を移転

しているかどうか、②リスク負担の変更を行っているかどうか、この①又は②のいずれかを満たし、かつ③取引の実態も踏まえて総合的に判断するという見解である。①と②のどちらか1つを満たせば、金融商品になり得る。つまりキャッシュ・フローの移転だけで金融商品としての要件を満たすゆえに、投資性のない一般の銀行預金や保険契約も、金商法の規制対象に含まれる。

　次に、平成18年金商法が採用した立場である。金融商品とは、①金銭の出資、金銭等の償還可能性をもち、②資産や指標などに関連して、③より高いリターン（経済的効用）を期待してリスクをとるものである（金融審議会報告「投資サービス法（仮称）に向けて（平成17年12月22日）」）。投資商品説という。この立場において、リスクとは、相場変動による市場リスクだけでなく、発行者の財務状況に起因する信用リスクを含むという解釈が可能である。この解釈を採用した場合、銀行や保険会社の信用リスクを含むゆえに、投資性のない一般の金融商品も、金商法の規制範囲になる余地があった。しかし、平成18年金商法は、このような解釈論をとらなかった。一般の金融商品を規制下に置かず、投資性のある金融商品のみを金商法のルールの下に置く立場から立法された。

2章

章

開 示 規 制

1 情報開示制度

1 情報開示制度の必要性

　大量の有価証券が一般公衆に対して募集され、また売り出し・流通する場合、投資者が十分な投資判断を行うためには、発行会社の事業の状況、財政状況、経営成績等に関する情報が、投資家に届けられなければならない。そのため、金融商品取引法（以下、金商法とする）は、投資者や投資者になろうとする者に対して、直接・間接に情報を開示する制度を用意している。

　もとより金商法 1 条にその法目的として規定される「資本市場における公正な価格形成」の実現は、有価証券の品質と価値に対する投資者の判断が集積することにより可能となる。そのため、取引対象の取引時点での価値が投資家に示されていなければ、そもそも資本市場は有効に機能しない。ここでの情報の開示制度は、取引対象商品（有価証券）について、①商品性（仕組み、リスク、個々の内容）がどれほど一般に周知されているかによって開示内容を異にする。例えば、伝統的かつ典型的な金融商品である株式は、仕組み・リスクについての周知性があるため、企業内容の開示こそが重要なポイントとなるが、一方で、新しい仕組み商品は、誰にとっても未知のものであるから商品の仕組みをはじめとする一切の情報開示が必要となるはずなので、一般の大衆投資家を保護するだけでなく、いわゆるプロ投資家にとっても開示が必要とされる場合がある。これに対して、②投資対象の商品性が変化する可能性がある場合には、時々刻々と変化する情報を開示する必要があり、特に株式には、こうした視点から、商品性の基となる継続開示（流通開示）が要請される。もっとも、

③取引主体（投資者）が、当該商品に習熟している場合には、そうした者に対して情報を開示する必要はない。したがって、習熟した投資家（適格機関投資家や特定投資家）に対する募集・売出しの届出を不要とする制度（プロ私募、特定投資家私募）も規定されている。

このように、主として株式を対象とする情報開示制度は、企業内容等の開示制度という形をとるが、金商法上の情報開示制度とは、あくまで相対（あいたい）の説明概念の延長上の制度であり、「説明する」相手が、不特定多数であることから定型化したものといえる。したがって、金商法上の開示制度の適用がない場面でも（一定の集団投資スキーム持分や少人数私募等）、個別の説明が、常に不要となるものではない点に留意すべきである（法37条の３、金販３条）。

2　情報開示制度の概要

金商法上の情報開示制度は、主として、①発行市場における開示（発行開示）、②流通市場における開示（継続開示）及び③大量取得者等による情報開示に大別される。①の発行開示は、**有価証券届出書**によって内閣総理大臣に対して募集・売出しの届出を行い、行政による審査を経た後、届出の効力発生を待って投資者に取得させ、又は売り付けることが可能となるが、そのためには目論見書の交付により投資者に直接情報を開示することが必要となる。一方、②の流通開示には、金商法上、事業年度ごとに提出する**有価証券報告書**、四半期ごとに提出する**四半期報告書**、一定の重要情報が発生したときに提出する**臨時報告書**の制度があるが、これらの開示書類の真実性、正確性及び明瞭姓を確保するため、金商法上の会計制度、及び監査人による監査証明制度があり、更には、流通市場のおける情報開示の信頼性を確保するために、**内部統制報告書**及び**確認書**制度が設けられている。更に③には、株式の公開買付や大量取得者・大量保有者に求められる**公開買付届出書**や**大量保有報告制度**が含まれる。

もっとも、発行価格又は売出価額が１億円以上５億円未満の少額募集については、内閣総理大臣に対する発行開示としての有価証券届出書の作成提出義務（法５条２項）、及び継続開示としての有価証券報告書等の作成提出義務（法24条２項・24条の５第２項）は課されるものの、その情報開示の内容は、ベンチャー企業などに対しては規制コスト負担の配慮から、簡素化されている。

図表 2 - 1　情報開示制度の概要

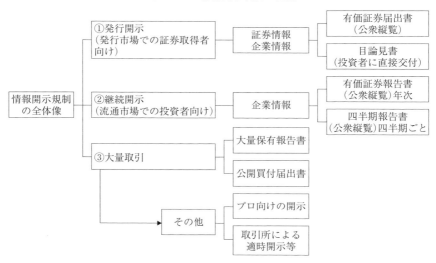

　更に、会社及び当該会社が議決権の過半数を所有している会社、その他当該会社と密接な関係を有している者として内閣府令で定める要件に該当する会社、団体（企業集団）は、企業経営上、集団として活動しているため、このような会社の情報開示を単体ベースで行ったとしても、企業の実態を正確に示すことにならない。そのため、有価証券届出書、有価証券報告書等に企業集団としての連結ベースによる経理状況等が記載される（法5条1項2号・24条1項・24条の4の7）。この点が、単体ベースで情報開示が要請される株式会社法の場合とは異なるところである。

　情報開示の方法としては、電子化・IT化の整備も整ってきており（法27条の30の2以下）、金商法上の開示書類の多くの提出・審査・公衆縦覧等はEDINET（エディネット、開示用電子情報処理組織）を通じて行われる（法27条の30の2以下）。例えば、有価証券届出書や有価証券報告書等とその訂正報告書・添付書類については、電子開示手続が義務付けられており、有価証券通知書や発行登録通知書等については任意電子開示手続を利用できる。また取引所等への写しの提出等も代替できる（法27条の30の6）。その後、国や取引所等は、これらを公衆縦覧に供する（法27条の30の7・8）。

更に法が強制する法定開示のほか、上場会社に対して証券取引所が自主ルールとして情報開示を迅速かつ適時に行うことを求める**適時開示（タイムリー・ディスクロージャー）**制度が存在し、東京証券取引所では、TDnet（Timely Disclosure network）が利用されている。企業の真実価値をできるだけ迅速に証券市場に反映させることが、投資者にとって十分な投資判断を行う前提条件となるため、適時開示制度は、金商法上の情報開示制度を補完する機能をもつと同時に、証券市場が公正な価格形成機能を発揮する上で生命線となる制度である点には留意すべきである。

3 情報開示制度の適用除外

金融商品が有価証券に該当すれば、原則として企業内容開示制度の適用があるが、以下の有価証券に対しては例外的に適用されない。すなわち、①国債証券と地方債証券、②特殊債・特殊法人に対する出資証券・貸付信託の受益証券、③集団投資スキーム持分等（主として有価証券に投資を行う「有価証券投資事業権利等」を除く）、④政府保証債、⑤その他政令で定めるものについては、情報開示の適用が免除されている（法3条1号〜5号）。開示規制が免除される理由には、そもそも証券の性質上、債務不履行に陥るリスクが少ないことや、特別法に規制が別途あることなどが挙げられる。なお、③の集団投資スキーム持分等の場合、総出資額の50％超で有価証券に投資を行う事業に係る投資型ファンドは情報開示規制の対象となるが、主として有価証券以外に対する投資を行う投資型ファンドは情報開示制度の適用は受けない（法3条3号括弧書）。もっとも、こうした適用除外は、金商法第2章の企業内容開示制度の規制を受けないだけであり、金商法上の不公正行為の規制や業者規制は適用を受ける点には留意すべきである。

2 発行開示規制

1 発行開示規制はなぜ必要か——発行開示規制の枠組み

企業が資金調達を最初に行うため、株式等の有価証券を不特定多数の投資家に発行するプロセスを**発行市場**という。発行市場は、発行された有価証券が、

その後、取引される流通市場の前提であり、株式市場規制におけるスタート段階に当たる。

　企業が、資金調達のため株式を新たに発行しようとする場合、一般的には、短期間に大量の株式が不特定多数の者に販売される。そのため、発行時において投資家は極めて短期間で「買うかどうか」の投資判断を迫られることになる。ここに発行市場規制が必要な理由がある。もともと企業が株式を発行する場合には、企業がもつ情報と一般の投資家の間に情報の格差があるため、こうした販売圧力がかかると、投資家の投資判断は歪められ、企業の真実価値を示す情報に基づいた真摯な投資判断の集積によって導かれる、市場の「公正な価格形成」の実現が困難になる。そのため、発行市場では、投資家の情報面における平等性を確保する規制が必要となっており、他方で、発行会社との情報格差が相対的に少ない投資家に対しては、過剰な発行市場規制を置く必要はない。

　発行市場の規制には、適切な時期に、適切な企業情報を投資家に提供することが必要になる。その提供される情報は、まず発行する有価証券等の概要とその発行会社の企業内容を記載した文書（**有価証券届出書**）を内閣総理大臣に提出し、公衆縦覧に供される。有価証券届出書は間接開示にすぎないため、その後、投資家に直接交付される**目論見書**が作成される。更に、この有価証券届出書の提出から効力発生までの間、金商法では、前述の情報格差や無用な販売圧力などから投資者を保護するために発行会社に対して行為規制を課している。時系列でみていくと、第1に、有価証券報告書を届け出る前には、投資者に証券取得の勧誘や、実際に有価証券を売ったりすることはできない。発行会社と投資者の間に、新たに発行される有価証券に関する情報格差があるままでは、投資者は適切な投資判断ができないからである。第2に、有価証券届出書を届け出た後は、投資者に証券取得の勧誘をすることはできるものの、「有価証券届出書の効力が発生する日までの期間」（**待機期間**という）には、実際に売付けを行うことはできない。なぜなら、たとえ有価証券届出書が提出されても、その内容が真正であるかについて行政庁の審査が必要であり、また発行会社等からの販売圧力によって、投資者が不用意に契約を結ばないための熟慮期間を置くことが求められるからである。第3に、届出書の効力発生後には、原則として、投資者に目論見書を作成し交付して販売する義務がある。有価証券届出書

コラム2-1　株式の新規公開（IPO）にかかわる問題

　証券取引所で株式を新規公開（Initial Public Offering：IPO）・上場する場合、第1に、IPO企業の株式には、まだ時価がついていないため、価格決定に関して特有の問題が生ずる。通常、最初の募集価格は、主幹事証券会社から機関投資家等に対して需要調査を基にしたブックビルディング（需要予測）方式等で決定されることが多いが、証券会社が消化できない場合の引受けリスクを考慮して割安な価格に設定されやすく、価格決定プロセスの不透明性が指摘されることが多い。第2に、IPO銘柄の割当の方法について、応募者の平等な取り扱いに問題が生じやすい。特に前評判があり人気の高いIPO銘柄は、投機対象になりがちで、相場操縦やインサイダー取引の対象にもなりやすい。応募者には抽選で割り当てることが多いが、そのプロセスには不透明感が指摘されることもあり、投資家の間で不公平感も残るため、IPO手続の公正性、透明性を向上させる必要がある。

と目論見書は、基本的にはほぼ同様の内容が記載されているが、有価証券届出書は公衆縦覧という間接開示によるため、勧誘を受けた投資者が発行された有価証券に関する情報を確実に入手するには目論見書の直接交付を受けなければならない。

2　募集と売出し

　(1)　**総　論**　では、有価証券届出書の提出後に可能となる勧誘には、どのようなものがあるか。金商法には、「募集」と「売出し」という2つの勧誘方式が想定されている。「募集」とは、新たに発行される有価証券の取得の申込みを多数の者に勧誘することであり、「売出し」は、既に発行された有価証券を保有する者が、この有価証券を売り付ける際に取得の勧誘を行うことである。典型的な例は、創業者等の大株主が保有する株式を多数の者に大量放出する場合などである。募集との違いは、既に発行された有価証券の勧誘かどうかであり、通常、売出しの場合には、発行者と売出し人が異なるが、募集の場合と同様に、短期間で大量に放出された有価証券を取得するか否かの決定を迫られるため、その勧誘には販売圧力がかけられやすく、募集と同様の行為規制が置かれている。

(2) **募集とその例外**　　流動性の高い第一項有価証券の場合には、「募集」に当たる「多数の者」への勧誘とは、勧誘された者の数が50名以上であることを基準とする（令1条の5）。ただし、この50名の計算には、一定の要件を満たす適格機関投資家は除外される（法2条3項1号括弧書）。なぜなら、ここでの勧誘規制は、情報の格差があり販売圧力にさらされる投資者の保護が目的であるところ、自ら発行会社からの情報を入手する交渉力のある、いわゆるプロの投資者に対する勧誘まで規制する必要がないと考えられているからである。ここでの50名以上を基準とする勧誘規制は、あくまで勧誘された人数であって、実際に発行された証券を取得した者の人数ではない点には注意を要する。他方、勧誘された人数が50名未満の少人数であっても、それらの者が更に転売することで50名を超える可能性がある。こうした潜脱行為に対しては、勧誘規制を及ぼす必要があるだろう。そのため金商法では、後述するように、募集には該当しない「適格機関投資家向け勧誘（プロ私募）」（法2条3項2号イ）と「少人数向け勧誘（少人数私募）」（同ハ）を「私募」という概念で整理した上で、新たに発行される有価証券の取得申込みの勧誘規制は、多数者向け勧誘と「私募」に当たらない取得勧誘のときに必要とされている（法2条3項2号）。

　これに対して、流動性のそれほど高くない第二項有価証券（みなし有価証券）の場合には、勧誘人数を基準とするのではなく、相当程度多数の者（500名以上）が所有するときに規制対象となる。流動性が低い場合には規制ニーズも低いと考えられているからである（令1条の7の2）。

(3) **プロ私募**　　新規の有価証券に対する取得申込の勧誘が、①適格機関投資家又は②特定投資家といったプロの投資者のみに行われる場合（プロ私募）には、募集の規制対象から除かれる。プロ私募の第1の範疇である「適格機関投資家向け勧誘」において、「**適格機関投資家**」とは、「有価証券に対する投資に係る専門的知識及び経験を有する者として内閣府令で定める者」を指す（法2条3項1号括弧書）。これらの者は、自ら情報を収集し販売圧力等から自衛する能力があるため募集規制を及ぼす必要がないと考えられている。具体的には、第一種金融商品取引業者、投資運用業者、銀行、保険会社等であり、また、有価証券残高10億円以上である法人や個人も、口座開設後1年以上経過していれば、金融庁長官への届出を条件に、適格機関投資家とされる（定義府令

10条）。募集に該当するか否かを判断する「50名以上」という多数者向け勧誘
基準の計算からは適格機関投資家の数は除外され、また50名以上への勧誘で
あっても、適格機関投資家のみが対象となっている場合には募集規制は及ばな
い。ただし、適格機関投資家のみが有価証券を取得してから、のちに一般投資
家にその転売するなどのおそれがあるときは、プロ私募には当たらない。上場
会社が発行する株券のように継続開示の対象となっている株券や、プロ以外へ
の譲渡禁止という転売制限が付いていない普通社債券などは、「譲渡されるお
それが少ないもの」とはいえず、プロ私募がそもそも認められない。プロ私募
を行う者は、勧誘の相手に転売制限の内容及び発行開示がない旨の告知が必要
となる（法23条の13第1項、企業開示府令14条の14の第1項）。以上のように、相手
がプロのみであれば、50名以上の相手であっても届出が免除されるが、プロ私
募証券の一般投資家への転売は、原則として禁止されているため、適格機関投
資家が、適格機関投資家以外の一般投資家に対して行う「適格機関投資家取得
有価証券一般勧誘」には、開示が行われていない限りは、原則として届出が必
要になる（法4条2項等）。

　第2のプロ私募の範疇は、「特定投資家のみ」を相手とする特定投資家向け
勧誘（法2条3項2号ロ）である。特定投資家には、「機関投資家に加えて、国
や上場会社のほか、一定の資産家等」も含まれる（法2条31項、定義府令23条
等）。適格機関投資家以外の者が勧誘相手である場合には、金融商品取引業者
等が顧客の委託等により、特定投資家以外の者に譲渡のおそれが少ないもので
あるか等（転売制限等）をチェックする必要がある。そのため、特定投資家向
け有価証券の交付勧誘等において、金融商品取引業者等に委託した特定投資家
等以外の「特定投資家等取得有価証券一般勧誘」については、開示が行われて
いない限りは、原則として届出が必要になる（法4条3項等）いわゆるアマの
一般投資家への勧誘は厳しくチェックする趣旨である。

　(4)　**少人数私募——少人数でも募集に該当**　　私募のもう1つの範疇である「**少
人数私募**」とは、50名未満の者に勧誘を行い、かつ有価証券が少人数の取得者
から多数の者に譲渡されるおそれの少ない場合をいう（法2条3項2号ハ）。人
数の計算において、適格機関投資家（転売のおそれが少ない場合に限る）は除外
される。少人数私募は多人数向け取得勧誘やプロ私募以外の場合を対象とする

が、勧誘の相手が少人数であるときは、投資者に交渉力の発揮が期待できるため情報格差を克服できると考えられ、発行開示義務は免除されている。もっとも、少人数への勧誘であっても、その後、有価証券を取得した者が多数の一般投資者に転売する場合には規制の潜脱になりかねないので、流動性の高い上場会社の株式や新株予約権付社債では、少人数私募は認められていない。これに対し、未公開株などで少人数私募を行う発行者は、プロ私募と同様に勧誘の相手に対して、発行開示が行われていない旨及び転売制限の内容を告知しなければならない（法23条の13第４項、企業開示府令14条の15第１項）。また、普通社債の少人数私募による届出免除を受けるには、転売制限（一括譲渡以外の譲渡禁止等）を付ける必要がある（令１条の７第２号ハ、定義府令13条３項）。このような一括譲渡以外の譲渡禁止の特約がある場合には、取得者は取得社債を細分化して、これを多数の者に譲渡することが禁止される。さらに、50名未満という要件をかいくぐり、本来は80名への勧誘のところを40名ずつの勧誘を２回するなどの脱法行為を防ぐため、６か月以内の同一種類の有価証券の発行は合算され、その期間の勧誘数の合計が50名以上になれば「募集」にあたり、発行開示義務が生ずることになる（６か月通算ルール、令１条の６）。このように少人数私募は、勧誘される人数の少なさだけでなく、その取得者から多数の者へ転売されるおそれが少ない場合に限って認められるところにポイントがある。

(5) **売出しとその例外**　次に「売出し」とは、50名以上の者を相手方として、既に発行された有価証券の売付けの申込み又はその買付けの申込みの勧誘のことを指す（法２条３項２号ハ括弧書、令１条の６）。ただし、機関投資家のみを相手として勧誘を行う場合であって、かつ、その者から一般投資者に譲渡されるおそれが少ない場合（**適格機関投資家私売出し**）には、募集についてのプロ私募と同様に、発行開示規制が免除される（法２条４項２号イ、令１条の７の４）。さらに、50名未満の者を相手方として勧誘を行う場合であって、その有価証券が多数の者に所有されるおそれが少ない場合にも（**少人数私売出し**）、募集についての少人数私募と同様に、発行開示規制は免除される（法２条４項２号ハ、令１条の８の４）。なお、被勧誘者の中に適格機関投資家が混ざっている場合、当該適格機関投資家から一般投資者に譲渡されるおそれが少ないときは、その機関投資家を被勧誘者50名から除外して計算する（法２条４項１項括弧

書、令1条の7の4、令1条の8）。

　また、既に外国で発行された証券を金融商品取引業者が売り出す場合（「**外国証券売出し**」）も、国内において売買価格等の情報を容易に取得できるものについては、届出が免除される（法4条1項4号・27条の32の2第1項括弧書等）。ただし、公正な情報開示の確保のために「簡易な外国証券情報」の提供・公表は義務付けられている（法27条の32の2第1項・3項）。これは、国内外で十分に投資情報が周知されている流通市場が既に存在する場合には、厳格な法定開示でなくとも簡易な情報提供でも足りるとする趣旨である。

3　有価証券届出書

　(1)　**有価証券届出書の提出**　　有価証券の募集又は売出しを行うときは、内閣総理大臣にその届出をしなければならず（法4条1項）、届出をしなかった者は、刑事罰が科される（法197条の2第1号）。届出には、有価証券届出書及びその添付書類（定款等）を提出しなければならない（法5条1項・6項）。届出義務を負う者は、募集又は売出しをしようとする有価証券の発行者であるが、売出しの場合は、既に発行された有価証券を持つ大株主など発行者以外の第三者が、発行者に対して届出をするように要請して行われる。届出の際に提出される有価証券届出書には、後述するように有価証券の発行者の企業情報を記載しなければならないため、募集と場合と同様に、届出書を提出する義務があるのは発行者となる。届出された有価証券届出書及び添付書類は、間接開示として投資者が投資判断材料として利用できるように、**公衆縦覧**に供される（法25条1項1号・同条2項3項）。

　(2)　**有価証券届出書の記載内容**　　有価証券報告書に記載される内容は、主に証券情報と企業情報に分けられており（法5条1項）、その具体的内容は、内閣府令で定められた様式に従って記載される（企業開示府令8条・第2号様式）。第1部の証券情報は、募集又は売出しがなされる証券に関する情報であり、株式の募集の場合には、①新規発行株式の種類・発行数（発行される株式の内容と発行予定数）、②募集の方法及び条件（株主割当、第三者割当、一般公募の別、発行価格・申込期間・払込期日等）、③株式の引受けに関する事項（引受人の名称・引受株式数・引受けの条件等）、④手取金の使途等（設備資金、運転資金、借入金返済、有

価証券の取得、関係会社に対する出資、融資等に区分して、内容と金額を具体的に記載）が記載される。

　第2部の企業情報は、募集又は売出しがなされる証券の発行者についての財政状態及び経営成績に関する情報であるが、この内容は、後述する流通市場の継続開示書類である有価証券報告書とほぼ同じ内容であり、①企業の状況、②事業の状況、③設備の状況、④提出会社（発行者）の状況、⑤経理の状況、⑥株式事務の概要、⑦参考情報に分けて記載される。①〜③、⑤については、当該会社及び子会社等で構成される企業集団の情報（連結情報）を記載する（法5条1項2号）。そのほか、第3部の保証会社等の情報では、社債について保証を行っている会社がある場合には、その保証会社の企業情報が記載される。さらに第4部の特別情報では、発行者が継続開示会社でない場合に限って、最近5事業年度の財務諸表（貸借対照表、損益計算書、株主資本等変動計算書、及びキャッシュ・フロー計算書）等が記載される。

　(3)　**有価証券届出書の効力発生とその規制**　　有価証券届出書は、内閣総理大臣に提出し受理された日から原則として15日を経過した日に、その効力が発生する。届出書の提出日から効力発生日までの期間は、投資者に対する有価証券の取得又は売付け自体は禁止されるが、その勧誘を行うことは可能である（法4条1項本文・15条1項）。この15日間は、一般に「**待機期間**」と呼ばれ、届出書類の審査を行い、届出書の記載に問題があれば、内閣総理大臣は訂正を命じ、必要な場合には、届出の効力を停止させることも可能である（法10条1項）。こうした待機期間の設定は、審査によって公衆縦覧に供される有価証券届出書に虚偽の記載がなされることを回避すると同時に、投資者が冷静かつ慎重な投資判断を行うための熟慮期間を設ける意味もある。もっとも、待機期間が長すぎるとタイムリーな資金調達ができなくなるおそれがあるので、一定の要件を満たす発行者については、待機期間を短縮することができ（法8条3項）、特に周知性の高い発行者などは、直ちに届出の効力を発生させることができる（法8条3項、開示ガイドライン8-3）。

4　目論見書規制

　(1)　**目論見書とは**　　**目論見書**（prospectus）とは、募集又は売出しの際に、

有価証券の勧誘のために発行者により作成され、投資者に交付されるもので、「発行者の事業その他の事項」の説明を記載する文書である（法2条10項・13条1項等）。記載される内容は、有価証券届出書の記載内容に特記事項（届出の効力が発生している旨など）が加えられる（法13条2項1号、企業開示府令12条・13条1項・14条）。有価証券届出書提出後には勧誘ができるようになるが、有価証券届出書は、公衆縦覧書類であり投資者に対する間接的な開示にすぎないため、投資者に対して有価証券届出書に記載された情報を確実に届けるためには、直接、目論見書を交付する必要がある。理論的には、目論見書の記載された有価証券報告書の内容に基づいて、投資家が投資判断を行うことが可能となり、証券市場の公正な価格形成の確保の前提となる。

　目論見書は、第1に、投資者の請求の有無にかかわらず、交付が義務付けられる「**交付目論見書**」（法15条2項本文）、第2に、投資者の請求により交付が義務となる「**請求目論見書**」（法15条3項）、第3に、訂正届出書が提出された場合に交付が必要となる「**訂正目論見書**」（法15条4項）に類別される。

　第1の交付目論見書の記載事項は、①募集・売出しの届出が必要な有価証券と②「**既に開示された有価証券**」とに分かれており、②の売出しの場合には、届出は不要だが、目論見書は交付しなければならない（法13条1項後段・2項等）。第2の請求目論見書は、**投資信託受益証券・投資証券**において利用されるが、後述する参照方式の届出書を用いる場合には簡素なものにとどまる（法13条3項）。第3の訂正目論見書は、**訂正届出書**（法7条）の内容が記載される

が、このとき「発行価格等を公表する旨と公表方法」が記載され、その方法で公表された場合には、交付を要しない（法15条4項・5項）。

(2) **目論見書の作成義務**　　目論見書は、届出を要する有価証券の募集、売り出し、機関投資家や特定投資家等が取得した有価証券の一般勧誘等に際して、有価証券の発行者が作成義務を負う（法13条1項）。開示が既に行われている有価証券の売出しの場合は、発行者に関する情報が開示されており、投資者はその情報をもとに投資判断をすることができると考えられているため、発行者又はその関係者が所有する株券等の売出しが行われる場合等を除いて、目論見書の作成義務が免除されている（法13条1項後段、企業開示府令11条の4）。

なお、届出書の提出日から効力発生日までの期間は、投資者に有価証券の売付けを行うことはできないが、「**届出仮目論見書**」を利用して取得勧誘又は売付申込みを行うことができる。これには、届出の効力が生じていない旨や記載内容の訂正が行われる場合があるなどの特記事項を記載しなければならない（企業開示府令1条16号・13条1項2号）。

(3) **目論見書の交付義務とその例外**　　有価証券届出の効力が発生した後に、発行者、売出人、引受人、金融商品取引業者等が、証券を「取得させ」又は「売り付ける」場合には、目論見書を「あらかじめ又は同時に」交付しなければならない（法15条2項）。もっとも、取引契約と同時に目論見書を交付されたのでは、適正な投資決定ができないおそれがあることから、立法論的には事前の交付が望ましい。なお、交付義務違反には罰則が定められている（法200条3号）。

目論見書の交付義務には、以下の例外が規定されている（法15条2項但書・同項1号〜3号）第1は、適格機関投資家（プロ）に取得させ、又は売り付ける場合である。第2は、交付を受けないことに同意した①当該有価証券と同一銘柄を所有する者、②同居者が既に当該目論見書の交付を受け、又は確実に交付を受けると見込まれる者に対して、当該証券を取得させ、又は売り付ける場合である。第3は、新株予約権無償割当（会社277条）による新株予約権の募集の場合であって、その証券が上場されるか現に上場されており、募集等の届出後、日刊新聞紙に掲載すれば、目論見書の作成・交付は不要とされている（法13条1項但書）。この点は、**ライツ・オファリング**の促進のため政策的に認められた例外である。

5　簡易な発行開示制度

(1)　**総論－少額募集**　　有価証券届出書の作成コストは、一定の企業には過重負担となるときがある。そこで「1億円以上5億円未満の募集又は売出し」の場合、有価証券届出書の内容を簡易化できるものとした（法5条2項等）。これを「**少額募集**」というが、主として非上場会社のベンチャー企業などが円滑に資金調達できるようにするため、原則的な開示規制を及ぼしつつ開示コスト負担を軽減する趣旨で設けられた。

更に、発行総額1億円未満の少額募集等の「**特定募集等**」に該当すれば、有価証券届出書の提出も免除されるが、その場合でも、監督機関が情報を収集し発行者の潜脱防止のために、発行者の概要を記載した「**有価証券通知書**」を内閣総理大臣に提出しなければならない（法4条6項等）。これは、公衆縦覧や直接開示の対象ではない。もっとも、発行価格等の総額が1000万円以下の場合等には、通知書の提出も不要である。

(2)　**統合開示制度**　　既に流通市場において有価証券報告書を提出している会社が、新規に募集・売出し等を行う場合に、有価証券報告書に記載している「**会社情報等**」を改めて届出書に記載することになると事務負担の面からも無駄が多い。そこで、有価証券報告書などの継続開示書類に記載された情報を発行開示の企業情報として活用し、作成コストを節減する仕組みを認めた。これを「**統合開示制度**」と呼び、通常の場合に用いられる完全開示方式のほかに、以下に述べる「組入方式」、「参照方式」という簡易な発行開示が認められている。

まず「**組入方式**」とは、発行者が既に1年以上継続して有価証券報告書を提出しているという要件等を満たす場合、その中の情報（組込情報）と有価証券報告書の提出後に生じた事実（追完情報）を有価証券届出書の中に組み込むことによって、企業情報の記載に代替することを認めるものである（法5条3項、企業開示府令9条）。具体的に、組入情報として、届出書に綴じ込まれるのは、①直近の有価証券報告書及びその添付書類、②直近の有価証券報告書提出後の四半期報告書（又は半期報告書）、③これらの訂正書類である。

次に「**参照方式**」とは、組入方式と同様に1年以上の有価証券報告書を提出している場合で、かつ企業内容情報が既に広く提供されて周知性がある「利用

適格者」であれば、利用することができる有価証券届出書の開示方式であり、この場合、有価証券報告書等の記載を「参照すべき旨」を記載することで、企業情報の記載に代えることができる（法5条4項等）。なお、上述の「利用適格要件」とは、上場株券等の場合、主に、①発行済株式について年平均の売買金額と時価総額が100億円以上、②最近3年間の発行済株式時価総額が250億円以上、③法令上優先弁済を受ける権利を保障されている社債券（新株予約権付社債を除く）を既に発行している等の要件のいずれかに該当する場合である（企業開示府令9条の4第5項）。これらの要件は、発行者の信用力の高さを示す指標としての意義があり、実際、上場会社の株式の公募発行の多くは簡略な参照方式で行われている。

(3) **発行登録制度**　　簡易な統合開示を利用しても、作成コストは節減されるが、機動性や迅速性のある募集・売出しが可能となるわけではない。そこで、発行者が「参照方式の要件を満たす場合」に、前もって証券の発行総額や発行期間を定めて「発行登録書」を提出しておけば、後から「発行登録追補書類」を提出するだけで、すぐに（即日でも）証券を売り付けることができるという**発行登録制度**がある（法23条の3・23条の8第1項等）。発行登録書の利用は、発行予定期間2年を超えない範囲（1年又は2年の選択制）において、発行予定額が1億円以上の場合に可能であり（「発行残高の上限」の記載〔パラマウント方式〕も可能）、添付資料とともに内閣総理大臣に提出し、受理された日より15日経過した日から、原則として効力が生じる（法23条の3・23条の5等）。この期間は勧誘は可能だが、有価証券を売り付けることはできない。投資者が公正な投資判断を行うためには、発行登録書の内容が投資者に周知され、投資判断に要する熟慮期間が必要だからある。ただし、発行登録の利用適格者の場合は、効力発生までの期間を、参照方式と同様に中7日程度に短縮することが認められている（法23条の5第1項・8条3項、開示ガイドライン23の5-1による8-2の準用）。

　発行登録の効力が発生した後、証券発行のたびに提出する発行登録追補書類には、発行価格や発行条件などの証券情報とあわせて、企業情報として有価証券報告書等を参照すべき旨、及び参照される書類にそれらの提出後に生じた事実を補完する情報が記載されている（法23条の8第1項、企業開示府令14条の

> **コラム2-3　クラウドファンディング**
>
> 　クラウドファンディングとは、「群衆（crowd）」からの「資金調達（funding）」の語を用いた造語であるが、文字通り、ベンチャー企業等が、あるプロジェクトを行うために必要となる資金を、インターネットを通じて、多くの投資家から少額ずつ集める仕組みのことをいう。この手法はグローバルな広がりをみせており、企業の資金調達を支援し、経済活動の活性化に貢献している。クラウドファンディングには、寄付型（寄付として資金を提供するのみ）、購入型（製品・サービスを受け取る）、投資型（株式やファンドを取得する）等の枠組みがあるが、我が国では、投資型におけるネット上の仲介業者（クラウドファンディング業者）を、第1種少額電子募集取扱業者（株式の場合）、第2種少額電子募集取扱業者（ファンドの場合）として、第1種・第2種金融商品取引業者の登録等に特例を設けて参入しやすくしている一方で、一定の事項については公表義務を課すなど不正の防止を図っている（法29条の4の2以下等）。クラウドファンディング業務を行う金融商品取引業者等には、過剰な規制コスト負担を回避させつつ、適切な情報提供が義務付けされている（法43条の5等）。なお、少額とは、発行価額の総額が1億円未満で、1人当たりの投資額が50万円以下のものである（令15条の10の3）。

8）。発行登録書及び発行登録追補書類は、公衆縦覧に供される間接開示でしかないので、発行登録の募集・売出しにおける勧誘については、目論見書の交付等の直接開示が必要である（法23条の12第2項等）。効力発生前の場合は、「**発行登録仮目論見書**」、効力発生後に使用されるものを「**発行登録目論見書**」という。投資者に有価証券の売付けを行う場合には、発行登録追補書類に記載された内容と特記事項を記載した「**発行登録追補目論見書**」を、予め又は同時に交付しなければならない（法23条の12第3項による15条2項の準用）。なお、予定期間前に、予定額全額の発行が終了したときは、「**発行登録取下届出書**」を提出しなければならず、その受理日に発行登録は効力を失う（法23条の7、企業開示府令14条の7等）。

6　組織再編成に伴う証券発行にかかる開示制度と資産金融型証券の特則

　(1)　**組織再編成に伴う証券発行の開示**　　通常の募集・売出しでなくとも、会社が「合併、会社分割、株式交換、株式移転」といった組織再編を行う場合

に、新たに大量の有価証券が発行されたり、既存の有価証券が交付されることがある。この場合にも、募集・売出しに準じて、発行開示等の適用範囲に含め、株主・投資者に対する情報提供の充実を図る必要がある。そのため、組織再編成の発行手続と交付手続のうち、一定の要件に該当する「**特定組織再編成**」については、「組織再編成の概要、目的、当事会社の概要、契約内容、手続、対象会社の会社情報等」の開示が求められている（法2条の2以下等）。対象となるのは、消滅会社や完全子会社、分割会社となる会社等の株券である。この場合の開示が必要とされる場面は、募集・売出しと準じた扱いとなっているため、第一項有価証券では、50名以上の多人数の株券等の所有者がいるなどの場合であり、適格機関投資家向けのものを除外する措置が講じられており、第二項有価証券では、相当程度多数の500名以上の株主等がいる場合に限られている（法2条の2第4項・5項等）。

(2) **資産金融型証券等の情報開示**　資産金融型証券とは、発行者が保有する資産を価値の裏付けとして発行される証券であり、「**特定有価証券**」と呼ばれる（法5条1項括弧書）。具体的には、資産流動化法上の様々な有価証券等（法2条1項の4号・8号・13号等）、投資信託等の受益証券・投資所見等、抵当証券、有価証券投資事業権利等が政令により定められている。資産金融型証券は、株式のように発行者自体の信用力を裏付けとする企業金融型証券とは異なり、発行体とは別の「資産や管理・運用の具体的な内容・状況、運用者等」の情報開示が重要となるため、情報開示の特則が設けられている（法5条5項等）。

更に特例として、投資信託受益証券については、一定期間継続して募集又は売出しが行われている場合、有価証券届出書に代えて簡易な書面（募集事項等記載書面）を提出することもできる「**みなし有価証券届出書制度**」がある（法5条10項以下等）。この特定有価証券届出書提出会社の訂正届出書は、有価証券報告書等の提出で代替され得る（法7条3項以下等）。なお、外国企業等の場合、英語で記載した外国会社届出書等の提出も認められている（法5条5項以下等）。

3　継続開示規制

1　継続開示規制の概要と意義

(1) **総　説**　　投資者が**投資判断**（有価証券の購入・保有継続・売却の判断）を行う場合、**企業情報**（当該有価証券の発行者の事業や財務内容などに関する情報）は合理的な投資判断を行うための重要な材料となる。そこで、金商法は、一定の発行者に対して、**継続開示**（企業情報の継続的な開示）を義務付けている。具体的には、①一定の期間ごとに**有価証券報告書**や**四半期報告書**（半期報告書）、**内部統制報告書**などを作成すること、及び、②一定の重要な事実が生じた場合には**臨時報告書**を作成することを求めている。これらの開示書類は公衆縦覧に供される（誰でも EDINET を通じて閲覧できる）ため、投資者は、投資判断を行うにあたって、それらの書類によって開示された企業情報を材料にすることができる。また、開示された企業情報に基づいて金融商品取引所の市場で有価証券の市場価格が形成され、市場価格を通じて資源が効率的に配分されることになる点でも、継続開示は重要な意義を有している。

　企業情報の継続的な開示は、金商法以外の法律によっても要求されている。例えば、株式会社の場合、計算書類や事業報告などによる株主・債権者への開示が会社法によって要求されている（会社437条・442条）。これに対して、金商法上の継続開示は、情報開示が四半期（3か月）ごとになされる点やより詳細な情報の開示が求められる点、公衆縦覧型の開示である点などで意義を有している。

　また、企業情報の継続的な開示は法律以外の制度によっても要求されており、上場会社は金融商品取引所の上場規則によって**適時開示や決算短信の公表**を義務付けられている。そして、発行者は、プレス・リリースや記者発表といった形で自発的にも企業情報を開示する。これらによって開示された企業情報も、投資者の投資判断の材料となり、また有価証券の市場価格に反映されることになる。

　発行者が企業情報の開示を行う場合に重要なことは、正確な情報を開示することである。虚偽の情報あるいはミスリーディングな情報が開示された場合、投資者の投資判断は歪められることになるからである。また、有価証券の市場

価格も歪められ、効率的な資源配分がなされないことにもなる。そこで、金商法は、発行開示及び継続開示について、正確な情報が開示されるようにするための仕組みを用意している。

　金商法における発行開示や継続開示は公衆縦覧型の開示であるため、誰でも情報を入手することができる。上場規則に基づく情報開示も同様である。これに対して、自発的な開示においては、特定の者だけに未公開の企業情報が提供されることが考えられる。そこで、金商法は、投資者の間で情報に関して不平等が生じないようにするためのルールも定めている。

　(2)　**情報開示を強制する意義**　　金商法は発行者に対して発行開示や継続開示を義務付けているが、情報開示の強制は不要ではないかという議論がある。投資者は情報開示を行わないような発行者の有価証券を取得しないであろうから、発行者は投資者が必要とする情報を自発的に開示するであろうという議論である。

　この議論に対しては、発行者にとって都合の悪い情報が十分には開示されなくなる可能性があるという反論がある。例えば、発行者の事業上のリスクに関する情報が十分には開示されなくなることが考えられる。また、発行者の経営者と投資者の利益が相反する場面で情報が十分には開示されなくなる可能性があるという反論もある。例えば、MBO（経営者による株式会社の買収）を行う場合、経営者は買収費用を減少させるために、株価を上昇させるような情報を開示しなくなることが考えられる。

　なお、金商法は開示書類の形式に関するルールも定めているが、これには形式が統一されることによって投資者の情報の分析費用が減少し、また発行者間の比較が容易となるという意義がある。

2　継続開示規制の内容

　(1)　**継続開示を行う義務を負う発行者**　　金商法は、一定の発行者に対して継続開示を義務付けている。具体的には、①金融商品取引所に上場されている有価証券の発行者、②過去に有価証券の募集又は売出しを行った発行者、③最近5事業年度のいずれかの末日における株券等の所有者が1000人以上の発行者は、継続開示義務を負う（24条1項各号、金商法施行令3条の6第4項）。これら

の発行者に関しては、投資判断のために企業情報を継続的に提供されることを必要とする一般投資家が多数存在すると考えられるためである。

(2)　**有価証券報告書**　　有価証券報告書は、事業年度ごとに提出される書類であり、具体的には、事業年度の終了後3か月以内に提出することが求められる（24条1項）。次のように、継続開示書類の中でも最も詳細な情報が記載される書類である（企業開示府令15条1号イ・第3号様式）。

第一部【企業情報】
　第1【企業の概況】
　　1【主要な経営指標等の推移】
　　2【沿革】
　　3【事業の内容】
　　4【関係会社の状況】
　　5【従業員の状況】
　第2【事業の状況】
　　1【業績等の概要】
　　2【生産、受注及び販売の状況】
　　3【経営方針、経営環境及び対処すべき課題等】
　　4【事業等のリスク】
　　5【経営上の重要な契約等】
　　6【研究開発活動】
　　7【財政状態、経営成績及びキャッシュ・フローの状況の分析】
　第3【設備の状況】
　　1【設備投資等の概要】
　　2【主要な設備の状況】
　　3【設備の新設、除却等の計画】
　第4【提出会社の状況】
　　1【株式等の状況】
　　2【自己株式の取得等の状況】
　　3【配当政策】
　　4【株価の推移】
　　5【役員の状況】
　　6【コーポレート・ガバナンスの状況等】
　第5【経理の状況】

---

　　　　1 【連結財務諸表等】
　　　　2 【財務諸表等】
　　　第6 【提出会社の株式事務の概要】
　　　第7 【提出会社の参考情報】
　　第二部 【提出会社の保証会社等の情報】

　有価証券報告書の中核は、経営成績や財政状態などを明らかにする【経理の状況】の連結・単体の**財務諸表**等であり、具体的には、貸借対照表、損益計算書、株主資本等変動計算書、キャッシュ・フロー計算書、附属明細表などである。

　有価証券報告書は、提出後5年間、公衆縦覧に供される（25条1項4号）。

　(3)　**四半期報告書・半期報告書**　　有価証券報告書は事業年度ごとに提出される書類であるため、時間の経過とともに情報が古くなる。一方、投資者は、投資判断を行うにあたって新しい情報を必要とする。そこで、金商法は、継続開示義務を負う発行者のうち、金融商品取引所に上場されている有価証券の発行者については、3か月ごとに**四半期報告書**を提出することを求めている（24条の4の7第1項）。上場有価証券は幅広い投資者の投資対象となり、また流動性が高いためである。なお、四半期報告書は各四半期終了後45日以内に提出しなければならないが、第4四半期については事業年度末と重なるため提出は求められない（金商法施行令4条の2の10第2項）。

　四半期報告書の記載事項は有価証券報告書と比べると簡素化されており、四半期連結財務諸表が中心的な情報となっている（企業開示府令17条の15第1項1号・第4号の3様式）。

　なお、過去に有価証券の募集若しくは売出しを行った発行者又は最近5事業年度のいずれかの末日における株券等の所有者が1000人以上の発行者については、事業年度開始日からの6か月間（半期）に関して、半期終了後3か月以内に**半期報告書**を提出することが求められる（24条の5第1項）。半期報告書を提出する発行者の情報開示の頻度は高くないため、半期報告書の記載事項は四半期報告書と比べれば詳細となっており、単体の財務諸表などの記載も必要となる（企業開示府令18条・第5号様式）。

四半期報告書及び半期報告書は、提出後3年間、公衆縦覧に供される（25条1項7号・8号）。

(4) **臨時報告書**　投資者が合理的な投資判断を行うためには発行者による情報開示が必要であることに鑑みれば、発行者に重要な事実が発生した場合には、その情報が迅速に開示されることが望ましい。そこで、金商法は、有価証券報告書の提出義務を負う発行者に対して、一定の重要な事実が発生した場合に、当該事実に関する内容を記載した**臨時報告書**を遅滞なく提出することを求めている（24条の5第4項）。

臨時報告書の提出が必要となるのは、①有価証券が発行されるが発行開示規制が適用されない場合（海外で株券等の募集・売出しを行う場合など）、②会社の支配権を有する者や経営者の変動が生じた場合（親会社の異動があった場合など）、③会社の財政状態に重要な影響を与える現象が生じた場合（大きな災害が発生した場合など）、④会社の基礎的変更が生じる場合（会社が組織再編行為を行う場合など）、⑤連結子会社において一定の重要な事実が生じた場合、⑥その他会社の財政状態等に著しい影響を及ぼす事象が生じた場合（包括条項）である（企業開示府令19条1項・2項）。

臨時報告書は、提出後1年間、公衆縦覧に供される（25条1項10号）。

(5) **選択的な情報開示に対する規制**　発行者が自発的に情報開示を行うことは、もちろん禁止されていない。しかし、それがプレス・リリースや記者会見などのように一般投資家にも情報が伝達されるような形で行われるのではなく、一部の者（例えば証券アナリスト）に対して選択的に行われる場合には問題が生じ得る。そのような一部の者及びそのような一部の者から伝達を受けた者は、一般投資家が利用できない情報を利用できることになり（インサイダー取引規制の適用は別途問題となる）、この情報の不平等によって一般投資家の証券市場に対する信頼が失われる可能性があるからである。

そこで、金商法は、上場会社の役員等（役員、代理人、使用人その他の従業者）がその業務に関して「**取引関係者**」に対して「**重要情報**」を伝達するときには、当該上場会社は当該伝達と同時に当該重要情報を公表しなければならないとしている（27条の36第1項）。重要情報とは、上場会社の運営、業務又は財産に関する未公表の重要な情報であって、投資者の投資判断に重要な影響を及ぼ

すものをいう（同項）。また、取引関係者とは、①有価証券にかかる売買や財務内容などの分析結果を第三者へ提供することを業として行う者（金融商品取引業者や登録金融機関など）及びそれらの者の役員等、②当該上場会社の投資者に対する広報にかかる業務に関して重要情報の伝達を受け、当該重要情報に基づく投資判断に基づいて当該上場会社の上場有価証券の売買等を行う蓋然性の高い者（当該上場会社にかかる上場有価証券の保有者や適格機関投資家など）をいう（同項1号・2号、重要情報公表府令4条〜7条）。

　以上の規制は、**フェア・ディスクロージャー・ルール**とよばれている。規制が適用されるのは、取引関係者に重要情報を伝達する場合であるため、報道機関に伝達する場合には規制は適用されない。また、取引関係者が法令又は契約によって、当該重要情報の公表前に、第三者に漏らさず、かつ、当該上場会社の有価証券に関して取引を行わない義務を負っている場合にも規制は適用されない（27条の36第1項但書）。例えば、上場会社が金融商品取引業者に対して資金調達の相談を行う場合には規制は適用されない。ただし、重要情報の伝達を受けた者が上記の義務に違反したことを知ったときは、当該重要情報を速やかに公表しなければならない（同3項）。なお、上場会社の役員等がその業務に関して取引関係者に重要情報の伝達を行った時において、伝達した情報が重要情報に該当することを知らなかった場合は、上場会社は、重要情報の伝達が行われたことを知った後、速やかに当該重要情報を公表しなければならない（同2項）。

(6)　**特殊な継続開示**　　上場会社による自己株式の買付けは市場における需給関係に影響を与えるため、上場会社は、自己株式の買付けについて株主総会の決議又は取締役会の決議があった場合には、1か月ごとに**自己株券買付状況報告書**を提出しなければならない（24条の6、金商法施行令4条の3、企業開示府令19条の3・第17号様式）。

　また、親会社の株主や役員、財務内容などは子会社の経営に重要な影響を及ぼし得るため、上場会社である子会社を有する会社は、事業年度ごとに、事業年度終了後3か月以内に**親会社等状況報告書**を提出しなければならない（24条の7、金商法施行令4条の5、企業開示府令19条の5・第5号の4様式）。

　自己株券買付状況報告書は提出後1年間、親会社等状況報告書は提出後5年

間、公衆縦覧に供される（25条1項11号・12号）。

3　金融商品取引所の上場規則による開示

(1)　**適時開示**　　適時開示とは、投資者の投資判断にとって重要な事実が上場会社において生じた場合に、直ちにその内容を開示することを求めるものである（東京証券取引所・有価証券上場規程402条）。適時開示の対象となる情報は適時開示情報伝達システム（TDnet）を通じて金融商品取引所に伝達され、投資者は適時開示情報閲覧サービスによって当該情報を入手することができる。重要な情報を投資者に対して迅速に開示するという点では臨時報告書と同趣旨の制度であるが、直ちに開示することが求められる点や（臨時報告書は遅滞なく提出することが求められる）、開示を求められる情報の範囲が広い点で、投資者にとって大変重要な意義を有している。

　適時開示が求められるのは、①業務執行を決定する機関が一定の事項を行うことなどを決定した場合（株式の発行や組織再編行為など）、②その他上場会社の運営、業務若しくは財産又は当該上場株券等に関する重要な事項であって投資者の投資判断に著しい影響を及ぼす事項について決定した場合、③一定の事実が発生した場合（災害に起因する損害や主要株主の異動など）、④その他上場会社の運営、業務若しくは財産又は当該上場株券等に関する重要な事実であって投資者の投資判断に著しい影響を及ぼす事実が発生した場合、⑤上場会社の子会社に重要な事実が発生した場合である（同402条・403条）。

　上場会社が適時開示を行う前に情報が漏えいしたり、不確かな情報が広まったりすることによって、市場価格が大きく変動することがある。そのような事態は望ましくないため、金融商品取引所は上場会社に対して照会を行う権限を有しており、上場会社は直ちに照会事項について正確に報告しなければならない（同415条）。

(2)　**決算短信**　　年度決算や四半期決算は投資者の投資判断にとって最も重要な情報であり、また有価証券報告書や四半期報告書の提出よりも前にその内容が定まるものであるため、金融商品取引所は、その内容が定まった場合には直ちに開示することを求めている（東京証券取引所・有価証券上場規程404条）。この開示のことを**決算短信**や**四半期決算短信**と呼ぶ。具体的には、年度決算につ

いては、決算期末後45日以内に開示を行うことが適当であり、決算期末後30日以内の開示がより望ましいとして、早期の開示が要請されている（東京証券取引所・決算短信・四半期決算短信作成要領等1(2)）。他方、四半期決算については、四半期報告書の提出期限が各四半期終了後45日以内であることを踏まえて、四半期報告書の提出までに開示を行うことが要請されている。

　決算短信や四半期決算短信は、年度決算や四半期決算という重要な情報を金商法や会社法による開示よりも早期に開示するものであるため、投資者にとって大変重要な意義を有している。

　(3)　**コーポレート・ガバナンスに関する報告書**　　上場会社のコーポレート・ガバナンスの状況も投資者の投資判断にとって重要な情報であるため、上場会社は新規上場時にコーポレート・ガバナンスに関する報告書を提出することを求められており、また報告書の内容に変更が生じた場合には遅滞なく変更後の報告書を提出することが求められている（東京証券取引所・有価証券上場規程204条12項1号・211条12項1号・419条）。

　同報告書には、コーポレート・ガバナンスに関する各上場会社の基本方針や具体的体制などの記載が求められ、また**コーポレートガバナンス・コード**の各原則を実施しない場合にはその理由を記載し、更に各原則に基づく開示事項を記載することも求められる。

4　継続開示規制のまとめ

　会社法による開示、金商法による継続開示及び上場規則による開示を整理すれば、**図表2-2、2-3**のようになる（経済産業政策局・企業会計室「企業情報開示等をめぐる国際動向」（平成26年7月）の図を一部変更して引用）。

4　開示情報の正確性の確保

1　内部統制報告書・確認書制度

　(1)　**内部統制報告書**　　開示される情報の正確性を確保するためには、発行者において、職務の分掌が行われ、また方針・手続が定められており、必要な情報を識別した上で正確に伝達する体制がとられているなどの一定の体制を整

図表2-2　開示制度の適用範囲

図表2-3　開示の頻度・時期

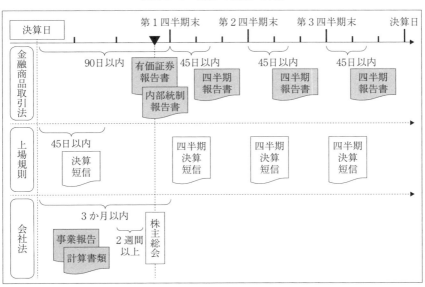

備・運用しておくことが必要となる。このような体制のことを**内部統制**とよぶ。

　開示情報の正確性を確保するための体制の整備・運用の状況は、投資者にとって重要な情報である。また、整備・運用の状況に関する情報の開示が求められる場合、そのような体制の強化を図るインセンティブが生じることが考えらえる。そこで、金商法は、開示情報の中でも特に重要な情報である財務諸表の正確性を確保するための体制について、**内部統制報告書**による開示を求めている（24条の4の4第1項）。内部統制報告書は、事業年度ごとに、有価証券報告書と併せて提出しなければならない。内部統制報告書の提出義務を負うのは上場会社に限られているが、上場有価証券は幅広い投資者の投資対象となるためである。

　内部統制報告書は、当該上場会社の経営者（代表者及び最高財務責任者を置いている場合にはその者）が**財務報告**（財務諸表及び財務諸表の信頼性に重要な影響を及ぼす開示に関する事項にかかる外部報告）が適正に作成されるための体制が整備・運用されているかについて自己評価を行い、その結果を開示するものである（内部統制府令2条1号・2号）。内部統制報告書を作成するにあたっては、一般に公正妥当と認められる財務報告にかかる内部統制の評価の基準に従う必要がある（内部統制府令1条1項・4項）。

　内部統制報告書には、①財務報告にかかる内部統制の基本的枠組み、②評価の範囲や手続、③評価結果などが記載される（内部統制府令4条1項1号・第1号様式）。評価結果は、(i)内部統制は有効である旨、(ii)評価手続の一部が実施できなかったが、内部統制は有効である旨並びに実施できなかった評価手続及びその理由、(iii)開示すべき重要な不備があり、内部統制は有効でない旨並びにその開示すべき重要な不備の内容及びそれが事業年度の末日までに是正されなかった理由、(iv)重要な評価手続が実施できなかったため、内部統制の評価結果を表明できない旨並びに実施できなかった評価手続及びその理由のいずれかを記載しなければならない（同・第1号様式・記載上の注意（8））。

　内部統制報告書は提出後5年間、公衆縦覧に供される（25条1項6号）。

　内部統制報告書は財務報告にかかる内部統制の整備・運用に関する評価の結果を開示するものであるから、財務報告にかかる内部統制は有効ではないとい

う評価結果や評価結果を表明できないという結果であっても、それを記載すれば足りる。もっとも、そのような記載が開示された場合には投資者の信頼が低下することになるため、上場会社には改善を行うインセンティブが生じることになる。

(2)　**確認書**　　上場会社は、経営者（代表者及び最高財務責任者を置いている場合にはその者）が有価証券報告書や四半期報告書、半期報告書の記載内容が金商法に基づき適正であることを確認した旨を記載した**確認書**をそれらの書類と併せて提出しなければならない（24条の4の2第1項、24条の4の8第1項、24条の5の2第1項、金商法施行令4条の2の5第1項）。

記載内容が金商法に基づき適正であることを確認するためには開示情報の正確性を確保するための体制が適切に整備・運用されていることが前提として必要となるため、確認書制度は、当該体制の適切な整備・運用を促す機能を有している。なお、確認を行った記載内容の範囲が限定されている場合には、その旨及びその理由を記載することが求められる（企業開示府令17条の10・第4号の2様式・記載上の注意（6）c）。

確認書は提出後5年間、公衆縦覧に供される（25条1項5号）。

2　公認会計士・監査法人による監査証明

(1)　**財務計算書類に関する監査証明**　　財務諸表に記載される情報は、投資者の投資判断にとって最も重要な情報であり、正確な開示の必要性が特に高い。そして、外部の独立した専門家による監査が行われれば、真実性や信頼性を高めることができると考えられる。そこで、金商法は、発行開示書類や継続開示書類に含まれる財務諸表について、発行者と特別の利害関係のない公認会計士又は監査法人の**監査証明**を受けることを義務付けている（193条の2、監査証明府令1条）。

公認会計士は、財務書類について監査又は証明を行うことを業とする監査及び会計の専門家である（公認会計士1条、2条1項）。また、監査法人は、財務書類の監査又は証明をする業務を組織的に行うことを目的として公認会計士法に基づいて設立された、社員のうち5名以上を公認会計士とする法人である（同1条の3第3項、34条の7第1項）。公認会計士や監査法人が監査の対象である発

行者の役員を兼任していたり、コンサルティングなどの監査以外の業務を提供して報酬を得ていたりする場合などには、監査が適切に行われることを期待できない。そこで、金商法及び公認会計士法は、発行者と公認会計士又は監査法人の間に特別の利害関係が存在しないことなどを求めている（193条の2第4項、公認会計士24条〜24条の3・34条の11第1項・34条の11の2、監査証明府令2条）。

監査証明の対象となる書類は、発行開示書類や継続開示書類に含まれる連結及び単体の財務諸表、中間財務諸表、四半期財務諸表である（監査証明府令1条）。公認会計士又は監査法人は、一般に公正妥当と認められる監査に関する基準及び慣行に従って監査、中間監査、四半期レビューを行わなければならず（監査証明府令3条2項・3項）、その結果に基づいて、監査報告書、中間監査報告書、四半期レビュー報告書が作成され、監査証明が行われる（監査証明府令3条1項・2項）。それらの報告書は、財務諸表の添付書類として開示書類とともに提出され（有価証券報告書について、企業開示府令15条1号イ・第3号様式・記載上の注意（40）c・（47）d）、公衆縦覧に供される（有価証券報告書について、25条1項4号）。

監査報告書には、①監査の対象、②監査の方法、③監査意見、④追記情報、⑤発行者との利害関係に関する事項などを記載しなければならない（監査証明府令4条1項1号）。監査意見とは、財務諸表等が、一般に公正妥当と認められる企業会計の基準に準拠して、財政状態、経営成績及びキャッシュ・フローの状況をすべての重要な点において適正に表示しているかどうかについての意見のことをいう（監査証明府令4条1項1号ニ）。具体的には、(i)無限定適正意見、(ii)限定付適正意見、(iii)不適正意見のいずれかが記載される（監査証明府令4条6項）。ただし、意見を表明するための基礎を得られなかった場合には、意見を表明しない旨を記載することになる（監査証明府令4条18項）。

四半期レビューは簡略化された監査手続を行うものであり、四半期レビュー報告書には、四半期財務諸表等が、一般に公正妥当と認められる四半期財務諸表等の作成基準に準拠して、財政状態、経営成績及びキャッシュ・フローの状況を適正に表示していないと信じさせる事項がすべての重要な点において認められなかったかどうかについての結論が記載される（同1項3号）。具体的には、(i)無限定の結論、(ii)限定付結論、(iii)否定的結論のいずれかが記載される

（同16項）。

(2)　**内部統制報告書に関する監査証明**　　財務報告にかかる内部統制の有効性は投資者の投資判断にとって重要な情報であるため、正確な情報が開示されるように、内部統制報告書は公認会計士又は監査法人の監査証明を受けることが義務付けられている（193条の2第2項）。ただし、企業の上場を促すために、新規上場から3年以内の発行者等については監査証明を受ける義務が免除されている（同4号、内部統制府令10条の2）。監査証明は、内部統制監査報告書によって行われる（内部統制府令1条2項）。公認会計士又は監査法人は、一般に公正妥当と認められる財務報告にかかる内部統制の監査に関する基準及び慣行に従って実施された監査の結果に基づいて、内部統制監査報告書を作成しなければならない（内部統制府令1条3項・4項）。

　内部統制監査報告書の記載事項は、監査報告書の記載事項と基本的に同様である（内部統制府令6条1項）。監査意見は、(i)無限定適正意見、(ii)限定付適正意見、(iii)不適正意見のいずれかが記載される（内部統制府令6条5項・7項）。内部統制監査報告書は、経営者による内部統制の有効性の評価について監査を行うものであるため（公認会計士又は監査法人が内部統制の有効性を直接評価するものではない）、例えば、経営者が開示すべき重要な不備があると評価して内部統制報告書にその旨を記載した場合において、監査の結果として当該評価が適正であると判断したときには、無限定適正意見が表明されることになる。

3　行政による開示書類の審査

　金商法に基づいて提出される開示書類は、記載内容の正確性を確保するために国による審査が行われる。もっとも、国による審査が行われるといっても、記載内容の正確性が完全に確保されるわけではない。有価証券届出書については、何人も、国による審査の後に届出の効力が発生した場合でもその記載が正確であると認定したものとみなすことができず、また、そのように認定されたものと表示してはならないことが規定されている（23条）。

　審査の結果、開示書類に形式上の不備があり、又は記載すべき重要な事項の記載が不十分であると認めるときは、訂正届出書や訂正報告書の提出を命じることができる（9条1項・24条の2第1項・24条の4の7第4項・24条の5第5項）。

虚偽の記載があり、又は記載すべき重要な事項若しくは誤解を生じさせないために必要な重要な事実の記載が欠けていることを発見したときは、聴聞を行った上で、訂正届出書や訂正報告書の提出を命じることができる（10条1項・24条の2第1項・24条の4の7第4項・24条の5第5項）。有価証券届出書に関しては、届出の効力停止を命じることもできる（10条1項）。

4 開示書類の虚偽記載等に関する民事責任

(1) **総 説** 有価証券届出書や有価証券報告書などの開示書類に、①重要な事項の虚偽の記載、②記載すべき重要な事項の記載の欠缺、又は③誤解を生じさせないために必要な重要な事実の記載の欠缺がある場合（以下、虚偽記載等という）、投資者は投資判断を歪められることになる。

投資者は、民法709条等に基づいて不法行為責任を追及することができるが、虚偽記載等と損害の因果関係や損害額を証明することは容易ではない。また、開示書類の作成等に関与した者に過失があったことを証明することも容易ではない。そこで、金商法は、因果関係・損害額を推定する規定や過失に関する立証責任を転換する規定など、不法行為責任の特則を定めることで、投資者による民事責任の追及を容易にしている。民事責任の追及が容易であることは、開示書類の作成等に関与する者に対して、作成等に際して十分な注意を尽くすことを促す機能を有数する点でも意義がある。

(2) **発行開示書類の虚偽記載等に関する民事責任**

(i) 発行者の責任 有価証券届出書、目論見書、発行登録書等に虚偽記載等が存在する場合、発行者は、募集又は売出しに応じて有価証券を取得した者に対して損害賠償責任を負う（18条1項・2項・23条の12第5項）。ただし、有価証券の取得者が取得時において虚偽記載等の存在に悪意であった場合は、発行者は責任を負わない（18条1項但書）。この場合、投資者の投資判断は歪められていないからである。

発行開示書類の虚偽記載等に関する発行者の責任は、無過失責任である。したがって、投資者は虚偽記載等の存在は証明しなければならないが発行者の過失を証明する必要はなく、また発行者も無過失の証明によって責任を免れることができない。

　損害賠償額は法定されており、①損害賠償請求時において有価証券を保有している場合は、有価証券の取得価額から損害賠償請求時の市場価額を控除した額、②損害賠償請求時前に処分していた場合は、有価証券の取得価額から処分価額を控除した額となる（19条1項）。ただし、発行者は、損害額の全部又は一部が、虚偽記載等と相当因果関係を欠くことを証明した場合には、その全部又は一部について賠償責任を負わない（19条2項）。損害額の全部又は一部が虚偽記載等と相当因果関係を欠くことが認められ、かつ、性質上その額の証明が極めて困難である場合は、裁判所は、民事訴訟法248条の類推適用により、賠償責任を負わない額として相当な額を認定することができる（最判平30・10・11民集72・5・477）。

　以上の責任については、短期の消滅時効が定められている（20条）。

　なお、有価証券届出書や発行登録書等は公衆縦覧に供され、流通市場の投資者の投資判断にも影響を与えるため、発行者は流通市場の投資者に対しても責任を負う（21条の2第1項・25条1項1号・2号・3号）。

　(ⅱ)　発行者の役員等、売出所有者、公認会計士・監査法人、元引受金融商品取引業者等の責任　　有価証券届出書又は発行登録書等に虚偽記載等が存在する場合、①これらの書類の提出時の発行者の役員等（取締役・会計参与・監査役・執行役・これらに準じる者・発起人）、②売出所有者、③監査証明を行った公認会計士・監査法人、④元引受金融商品取引業者・登録金融機関は、免責事由の存在を証明しない限り、募集又は売出しに応じて有価証券を取得した者（虚偽記載等に悪意の者を除く）に対して、虚偽記載等によって生じた損害について賠償責任を負う（21条1項・23条の12第5項）。また、目論見書に虚偽記載等が存在する場合、①と②の者は同様の責任を負う（21条3項）。

　①と②の者は、虚偽記載等の存在を知らず、かつ、相当な注意を用いたにもかかわらず知ることができなかったことを証明した場合には免責される（21条2項1号）。③の者は、監査証明を行ったことについて故意又は過失がなかったことを証明した場合には免責される（21条2項2号）。④の者は、財務計算部分（193条の2第1項に規定する財務計算に関する書類にかかる部分）については虚偽記載等の存在を知らなかったこと、それ以外の部分については虚偽記載等の存在を知らず、かつ、相当な注意を用いたにもかかわらず知ることができなかった

論点 2 - 1　有価証券届出書の財務計算部分と元引受金融商品取引業者等の責任

　発行者や売出所有者は、募集・売出しに際して金融商品取引業者又は登録金融機関との間で元引受契約を締結する。元引受契約とは、投資者に分売するために有価証券を発行者や売出所有者から一旦買い取ることを内容とする契約や、売れ残りが生じた場合には発行者や売出所有者から買い取ることを内容とする契約などをいう（21条 4 項）。

　21条 2 項 3 号によれば、元引受金融商品取引業者等は、有価証券届出書の財務計算部分については、虚偽記載等が存在することに善意であれば免責される。同部分については、専門家である公認会計士・監査法人による監査がなされるためである。しかし、善意であれば免責されるというのであれば、財務計算部分については審査を行わない方がよいことになってしまう。元引受金融商品取引業者等が一定の審査能力及び発行者に対する影響力を有しており、虚偽記載等の抑止に関して一定の役割を果たし得ることに鑑みれば、かかる帰結は不合理であるように思われる。この問題に関しては、元引受金融商品取引業者等は目論見書の使用者として17条の責任を負うため、財務計算部分についても「相当な注意」を用いることが要求されることになるという解釈が示されていた。東京高判平30・ 3 ・23判時2401・32はかかる解釈を採用した上で、「相当な注意」の意義については、公認会計士・監査法人による監査結果の信頼性に疑義を生じさせるような事情の有無の調査・確認が求められるとした。

ことを証明した場合には免責される（21条 2 項 3 号）。このように金商法は、過失に関する立証責任を転換することで民事責任の追及を容易にしている。

　発行者の責任と異なり損害賠償額は法定されていないため、投資者は虚偽記載等と損害の因果関係及び損害額を証明しなければならない。

　なお、有価証券届出書や発行登録書等は公衆縦覧に供され、流通市場の投資者の投資判断にも影響を与えるため、①と③の者は流通市場の投資者に対しても同様の責任を負う（22条・23条の12第 5 項）。

　(iii)　目論見書等の使用者の責任　　目論見書に虚偽記載等が存在する場合、発行者、発行者の役員等及び売出所有者に加えて（21条 3 項）、虚偽記載等のある目論見書を使用して有価証券を取得させた者も、免責事由の存在を証明しない限り、当該有価証券を取得した者（虚偽記載等に悪意の者を除く）に対して、

虚偽記載等によって生じた損害について賠償責任を負う（17条）。虚偽表示等のある資料（文書、図画、音声その他の資料（13条5項））を使用して有価証券を取得させた者も同様である（17条）。目論見書や資料は投資者に直接提供され、投資判断の重要な材料となるからである。目論見書や資料を使用して有価証券を取得させた者とは、発行者や証券会社に限られず、例えば、目論見書を交付して有価証券の取得について斡旋、勧誘、説明を行い、その結果として投資者が有価証券を取得した場合には、斡旋等を行った者は責任を負うことになる（最判平20・2・15民集62・2・377〔百選3〕）。

　目論見書等の使用者の責任は募集又は売出しに応じて有価証券を取得した者に対するものであるため、流通市場で取得した者や私募に応じて取得した者は17条に基づく責任を追及することができない。

　損害賠償額は法定されていないため、投資者は虚偽記載等と損害の因果関係及び損害額を証明しなければならない。

　目論見書又は資料を使用して有価証券を取得させた者は、虚偽記載等の存在を知らず、かつ、相当な注意を用いたにもかかわらず知ることができなかったことを証明した場合には免責される（17条但書）。

(3)　継続開示書類等の虚偽記載等に関する民事責任

（i）　発行者等の責任　　継続開示書類（有価証券報告書、内部統制報告書、四半期報告書、半期報告書、臨時報告書、自己株券買付状況報告書）、有価証券届出書、発行登録書等に虚偽記載等が存在する場合、発行者は、募集若しくは売出しによらないで有価証券を取得した者又は処分した者（虚偽記載等に悪意の者を除く）に対して、虚偽記載等によって生じた損害について賠償責任を負う（21条の2第1項）。また、親会社等状況報告書に虚偽記載等が存在する場合、親会社等（24条の7第1項参照）は同様の責任を負う（21条の2第1項）。発行者又は親会社等の損害賠償額は、19条1項の定める額が上限となる（21条の2第1項）。発行者又は親会社等は、虚偽記載等について故意又は過失がなかったことを証明した場合には免責される（同2項）。

　虚偽記載等と損害の因果関係及び損害額を証明することは容易ではないため、一部の投資者については推定規定が設けられている。すなわち、開示書類に虚偽記載等があることが公表された場合（同4項参照）、公表日前1年以内に

　有価証券を取得し、公表日において引き続き所有する者は、公表日前1か月間の市場価額の平均額から公表日後1か月間の市場価額の平均額を控除した額を損害額とすることができる（同3項）。ただし、発行者又は親会社等は、損害額の全部又は一部が、虚偽記載等と相当因果関係を欠くことを証明した場合には、その全部又は一部について賠償責任を負わない（同5項）。また、損害額の全部又は一部が虚偽記載等と相当因果関係を欠くことが認められ、かつ、性質上その額の証明が極めて困難である場合は、裁判所は、賠償責任を負わない額として相当な額を認定することができる（同6項）。

　以上の責任については、短期の消滅時効が定められている（21条の3）。

（ii）　発行者の役員等、公認会計士・監査法人の責任　　継続開示書類、有価証券届出書、発行登録書等に虚偽記載等が存在する場合、発行者の役員等及び公認会計士・監査法人は、有価証券を募集若しくは売出しによらないで取得した者又は処分した者に対して、虚偽記載等によって生じた損害について賠償責任を負う（22条・23条の12第5項・24条の4・24条の4の6・24条の4の7第4項・24条の5第5項・24条の6第2項）。

　投資者が証明すべき事項や免責事由については、発行開示書類の虚偽記載等に関して述べたことが妥当する（4(2)(ii)参照）。

5　刑事責任・課徴金

　重要な事項の虚偽の記載や開示書類の不提出については、刑事責任が規定されている（197条1項1号・197条の2第1項・5号・6号・200条5号）。発行者には両罰規定が適用される（207条1項1号・2号・5号）。

　また、重要な事項の虚偽の記載、記載すべき重要な事項の記載の欠缺、開示書類の不提出については、課徴金が課される（172条・172条の2・172条の3・172条の4）。

5　委任状勧誘に対する規制

1　委任状勧誘規制の意義

　株主は、代理人によって議決権を行使することができるが、株主又は代理人は代理権を証明する書面を株式会社に提出しなければならない（会社310条1項）。この書面のことを委任状とよび、自己又は第三者に議決権の行使を代理させるように株主に対して勧誘を行うことを**委任状勧誘**とよぶ。

　株主総会で決議される事項は会社にとって重要な事項であることが多く、株式の価値に大きな影響を与え得ることに鑑みれば、議決権の行使も投資判断の1つといえる。したがって、委任状勧誘が行われる場合、株主が議決権を合理的に行使できるように、委任状勧誘を行う者に対して一定の情報開示を義務付けることなどが必要になると考えられる。

2　委任状勧誘規制の内容

　金商法は、「何人も、政令で定めるところに違反して、金融商品取引所に上場されている株式の発行会社の株式につき、自己又は第三者に議決権の行使を代理させることを勧誘してはならない」と規定している（194条）。このように委任状勧誘規制は、上場会社の株主に対する委任状勧誘を規制の対象としている。また、規制の客体は限定されておらず、発行会社やその役員以外の者による委任状勧誘も規制の対象である。

　委任状勧誘を行う者は、勧誘を受ける者に対して委任状の用紙及び参考書類を交付しなければならない（金商法施行令36条の2第1項）。委任状の用紙には、議案ごとに勧誘を受ける者が賛否を記載する欄を設けなければならない（委任状勧誘府令43条）。参考書類の記載事項は法定されており、委任状勧誘を行う者の属性及び議案の内容に応じて記載すべき事項が異なる（委任状勧誘府令1条・2条〜41条）。委任状勧誘を行う者は、虚偽記載等のある委任状の用紙、参考書類その他の書類を用いて委任状勧誘を行ってはならない（金商法施行令36条の4）。

　委任状勧誘規制の違反については、刑事責任が規定されている（205条の2の3第2号）。

6　公開買付けに関する開示、株券等の大量保有の状況に関する開示

1　公開買付けに関する開示

(1)　公開買付制度の概要等

（i）　公開買付制度の概要・趣旨　　公開買付けには、発行者以外の者による株券等の公開買付け（他社株公開買付け）（法2章の2第1節）と発行者による上場株券等の公開買付け（自社株公開買付け）（同章第2節）とがあるが、以下では他社株公開買付けを中心に説明し、自社株公開買付けについては下記(5)において他社株公開買付けとは異なる点を中心に説明する。

　「公開買付け」とは、不特定かつ多数の者に対し、公告により株券等の買付け等の申込み又は売付け等の申込みの勧誘を行い、取引所金融商品市場外で株券等の買付け等を行うことをいう（法27条の2第6項）。米国では「Tender Of-

fer」、英国では「Takeover Bid」とよばれることから、実務上は「TOB」とよ
ばれることも多い。日本の公開買付制度はもともと米国の制度を参考にして昭
和46年旧証券取引法（以下、旧証取法）改正により導入されたが、英国の制度を
参考にして、平成2年旧証取法改正により強制公開買付制度が導入され、平成
18年旧証取法改正により**全部勧誘義務・全部買付義務**が部分的に導入されるな
ど、米国型と英国型の中間的な制度となっている［松尾，2018：231］。

　金商法は、一定の場合に、公開買付けを強制する「**強制公開買付制度**」を採
用している。公開買付けを行う場合、金商法上、下記(3)で述べる開示が必要に
なるほか、下記(4)で述べるような実体的規制が課せられる。かかる公開買付制
度が設けられた趣旨は、会社支配権に影響を与えるような取引等が行われる場
合に、投資者に予め情報開示を行うとともに、株主等に平等に株券等の売却機
会を与えることにあるとされている［池田＝大来＝町田，2007：27］。

　以下、まず、公開買付制度における基本概念について説明する。

　(ii)　株券等　　公開買付けの対象となるのは、株券等について有価証券報告
書の提出義務を負う発行者（有価証券報告書提出会社）又は特定上場有価証券
（法2条32項33項）・特定店頭売買有価証券（令2条の12の4第3項2号）（いわゆる
プロ向け市場〔例えば、東京証券取引所の TOKYO PRO Market がこれに当たる〕で上
場・店頭登録されている有価証券）である株券等の発行者の株券等である（法27条
の2第1項）。

　有価証券報告書の提出義務を負う発行者は、上場会社がその典型であるが、
未上場であっても募集・売出しにかかる規定の適用を受けた有価証券の発行者
等もこれに含まれる（法24条1項）。

　「**株券等**」とは、①株券・新株予約権証券・新株予約権付社債券、②外国法
人の発行する証券・証書でこれらの性質を有するもの、③投資証券等・新投資
口予約権証券等、④受託有価証券が①〜③に掲げる有価証券である有価証券信
託受益証券、⑤①〜③に掲げる有価証券にかかる権利を表示する預託証券（例
えば、米国預託証券〔American Depository Receipt：ADR〕等）をいい（法27条の2
第1項柱書、令6条1項）、会社支配権に影響を与えるエクイティ関連の有価証
券に限定されている。したがって、「**議決権のない株式**」（株主総会決議事項の全
部につき議決権〔社債株式振替147条1項等の規定により発行者に対抗できない議決権

を含む〕を行使できない株式）であって、当該株式の取得と引換えに議決権のある株式を交付する旨の定款の定めのない株式（完全無議決権株式）にかかる株券や新株予約権証券・新株予約権付社債券のうち完全無議決権株式のみを取得する権利を付与されているもの等は、会社支配権に影響を与えないことから除かれる（令6条1項、他社株買付府令2条）。なお、上場会社においては振替株式制度が採用されており、株券は発行されていないが、振替株式は株券とみなされて（法2条2項柱書）、公開買付けの対象となる。

　(iii)　買付け等　　公開買付けの対象となる行為である「**買付け等**」とは、買付けその他の有償の譲受け（交換、代物弁済、現物出資等）をいい、これに類するものとして、①売買の一方の予約（当該売買の完結権を有し、その行使により買主の地位を取得する場合に限る）、②株券等の売買にかかるオプションの取得（その行使により買主の地位を取得するものに限る）及び③社債券の取得（当該社債券の発行者以外の者が発行者である株券等により償還される権利〔当該社債券を取得する者が当該社債券の発行者に対し当該株券等により償還させることができる権利に限る〕を取得するものに限る）（いわゆるEB債：他社株転換可能債）を含む（法27条の2第1項、令6条3項、他社株買付府令2条の2）。

　贈与や相続による取得は「有償」ではないことから、担保権の取得、発行者が新たに発行する株券等の取得（「新規発行取得」。法27条の2第1項4号）、配当や残余財産の分配による取得、会社法上の組織再編（合併・会社分割・株式交換・株式移転）による取得は「譲受け」には当たらないことから、いずれも原則として「買付け等」には該当しないと解されているが、例えば、対象者の株式のみを承継資産とする会社分割など、脱法と認められる場合には「買付け等」に当たる場合もあると解される〔金融庁・公開買付けQ&A：問12の答〕。

　また、有価証券報告書提出会社（対象者）の3分の1超を所有する資産管理会社の株式を取得することは、形式的には「買付け等」には当たらないが、当該資産管理会社の状況によっては実質的に対象者の株券等の買付け等の一形態にすぎないと認められる場合もあり、その場合には公開買付規制に抵触するものと解されている〔金融庁・公開買付けQ&A：問15の答〕。

　なお、実務上、大株主との間で公開買付応募契約が締結されることがあるが、かかる契約は、売買の合意や売買の予約の合意には当たらず公開買付けが

開始された場合には応募する義務を定めるものにすぎず、実質的にも公開買付
規制の潜脱といった問題も生じないことから、「買付け等」には該当しないと
解されている［森・濱田松本法律事務所，2015：526-527］。

(iv)　適用除外買付け等

　これに対し、以下の場合には、「**適用除外買付け等**」として公開買付けの対
象から除外される（法27条の2第1項但書、令6条の2第1項）［松尾，2018：253-
257］。

①　㋑新株予約権・株式の割当てを受ける権利を行使することにより行う買
　　付け等、㋺投資信託の受益証券の交換により行う買付け等及び㋩取得請求
　　権付株式・取得条項付株式・取得条項付新株予約権の取得対価として交付
　　される株券等の買付け等の、権利行使による買付け等については、権利取
　　得時点で潜在株式の議決権として株券等所有割合の算定上考慮されている
　　ことから、公開買付けの対象から除外される。

②　㋑1年間継続して形式基準の特別関係者（その意義については下記(v)参照）
　　である者（他社株買付府令3条1項）から行う買付け等、㋺特別関係者と合
　　算して株券等所有割合が50％を超える者が行う「**特定買付け等**」（60日間に
　　10名以下からの買付け等。他社株買付府令6条の2第3項。ただし、買付け等の後
　　の買付者及び特別関係者の株券等所有割合が3分の2以上となる場合は除く）、㋩
　　法人等の行う特定買付け等であって、当該法人等に対してその総株主等の
　　議決権数の50％を超える議決権にかかる株式・出資を所有する関係（「特
　　別支配関係」）にある法人等（「親法人等」）が他の法人等に対して特別支配関
　　係を有する場合における当該他の法人等から行うもの並びに㊁「関係法人
　　等」（「関係法人等」とは、①親法人等、②親法人等が他の「法人等」〔法人その他
　　の団体〕に対して特別支配関係を有する場合における当該他の法人等〔兄弟法人
　　等〕、③②に掲げる者が他の法人等に対して特別支配関係を有する場合における当
　　該他の法人等〔甥姪法人等〕、④親法人等に対して特別支配関係を有する法人等
　　〔祖父母法人等〕、⑤④に掲げる者に対して特別支配関係を有する法人等〔曾祖父母
　　法人等〕、⑥④に掲げる者が他の法人等に対して特別支配関係を有する場合におけ
　　る当該他の法人等〔叔父叔母法人等・伯父伯母法人等〕、⑦特定買付け等を行う者
　　が他の法人等に対して特別支配関係を有する場合における当該他の法人等〔子法人

等〕、⑧⑦に掲げる者が他の法人等に対して特別支配関係を有する場合における当該他の法人等〔孫法人等〕、⑨⑧に掲げる者が他の法人等に対して特別支配関係を有する場合における当該他の法人等〔曾孫法人等〕をいう〔令6条の2第6号、他社株買付府令2条の4〕）と合算して総株主等の議決権数の3分の1を超える議決権にかかる株式・投資口を所有している場合における当該関係法人等から行う特定買付け等については、関係者からの買付け等であり、実質的に会社支配権の移転が行われるとは考え難いことから、公開買付けの対象から除外される。

③　株券等の所有者が25名未満（他社株買付府令2条の5第1項）で、特定買付け等を公開買付けによらないで行うことにつき、当該株券等のすべての所有者が同意している場合における特定買付け等（令6条の2第1項7号の「株券等」は特定買付け等の対象とならない株券等は含まれないと解されており〔最判平22・10・22民集64・7・1843〈カネボウ事件〉参照〕、特定の種類株式のみを買付けの対象とする場合には、当該種類株式の株主が25名未満であり、その全員から書面による同意が取得されていれば公開買付規制の適用除外となるものと解される）については株券等の所有者が少数であり、情報の非対称性が生じる可能性が低く、すべての所有者が同意している場合には公開買付けによる売却機会を確保する必要性が低いことから、公開買付けの対象から除外される。

④　イ担保権の実行による特定買付け等、ロ事業譲受けによる特定買付け等及びハ株式等売渡請求による買付け等については、事業再編の迅速化や手続の簡素化の観点から、公開買付けの対象から除外される。

⑤　イ株券等の売出しに応じて行う買付け等、ロ株券等の発行者の役員・従業員が共同して金融商品取引業者に委託して行う場合で、一定の計画にしたがい、個別の投資判断に基づかず、継続的に行われる場合における買付け等、ハ有価証券報告書の提出義務のない発行者が発行する株券等の買付け等、ニ金融商品取引清算機関・外国金融商品取引清算機関に対する株券等の引渡債務が履行されなかった場合に、業務方法書に定めるところにより行う買付け等については、その他政策的な観点から、公開買付けの対象から除外される。

　(ⅴ)　特別関係者　　公開買付けは買付等を行う者（買付者）の株券等所有割合を１つの基準としてその要否が規定されているが、株券等所有割合には、特別関係者の株券等所有割合も加算することとされている（法27条の２第１項１号括弧書）。この「**特別関係者**」には、形式基準の特別関係者（法27条の２第７項１号）と実質基準の特別関係者（同項２号）とがある。

　「**形式基準の特別関係者**」とは、①買付者が個人の場合には、㋑買付者の「親族」（配偶者及び１親等以内の血族・姻族）並びに㋺買付者と特別資本関係にある法人等及びその「役員」（取締役、執行役、会計参与、監査役、理事、監事又はこれらに準じる者）をいい、②買付者が法人等の場合には、㋑買付者の役員、㋺買付者が特別資本関係を有する法人等及びその役員並びに㋩買付者に対して特別資本関係を有する個人並びに法人等及びその役員をいう（令９条１項・２項）。「**特別資本関係**」とは、その者が他の法人等の総株主等の議決権の20％以上の議決権にかかる株式・出資を自己又は他人（仮設人を含む）の名義をもって所有する関係をいい（同条１項２号）、その者がその被支配法人等と合わせて他の法人等の総株主等の議決権の20％以上の議決権にかかる株式・出資を所有する場合は、当該他の法人等は特別資本関係を有するものとみなされる（同条３項）。「**被支配法人等**」とは、個人又は法人等が他の法人等の総株主等の議決権の50％を超える議決権にかかる株式・出資を所有する場合の当該他の法人等をいい（同条５項）、ある者がその被支配法人等と合わせて他の法人等の総株主等の議決権の50％を超える議決権にかかる株式・出資を所有する場合は、当該他の法人等は被支配法人等とみなされる（同条４項）。

　「**実質基準の特別関係者**」とは、買付者との間で、①共同して株券等の取得若しくは譲渡をすること、②共同して株券等の発行者の株主としての議決権その他の権利を行使すること、又は③株券等の買付け等の後に相互に当該株券等を譲渡し、若しくは譲り受けることを合意している者をいう（法27条の２第７項２号）。

　(ⅵ)　株券等所有割合　　「**株券等所有割合**」とは、①買付者については、買付者の所有にかかる当該株券等の議決権数を、総株主等の議決権数に買付者及びその特別関係者の所有にかかる潜在議決権数を加算した数で除して得た割合をいい、②特別関係者については、特別関係者の所有にかかる当該株券等の議

決権数を、総株主等の議決権数に買付者及びその特別関係者の所有にかかる潜在議決権数を加算した数で除して得た割合をいう（法27条の2第8項、令9条の2、他社株買付府令6条・8条）。

「所有」には、それに準ずる場合として、❶売買等の契約の規定に基づき株券等の引渡請求権を有する場合、❷金銭の信託契約等の契約・法律の規定に基づき、株券等の発行者の株主・投資主としての議決権行使権限・議決権行使指図権限を有する場合、❸投資一任契約等の契約・法律の規定に基づき、株券等に対する投資権限を有する場合、❹株券等の売買の一方の予約を行っている場合（当該売買の完結権を有し、その行使により買主の地位を取得するものに限る）、❺株券等の売買にかかるオプションの取得をしている場合（その行使により買主の地位を取得するものに限る）、❻EB債（EB債については上記(iii)参照）を取得している場合が含まれる（法27条の2第1項1号、令7条1項、他社株買付府令4条。なお、除外されるものについては法27条の2第8項1号、他社株買付府令7条参照）。

(2) **公開買付規制の適用範囲**　　金商法においては、強制公開買付制度が採用されており、株券等について有価証券報告書提出義務を負う発行者又は特定上場有価証券・特定店頭売買有価証券である株券等の発行者の株券等につき、当該発行者以外の者が行う買付け等で、以下の(i)～(v)に該当する場合には公開買付けが強制される（法27条の2第1項）。

(i)　5％ルール　　取引所金融商品市場外における株券等の買付け等の後における買付者及びその特別関係者の株券等所有割合が5％を超える場合には、原則として公開買付けによらなければならない（法27条の2第1項1号）。ただし、①店頭売買有価証券市場における取引（令6条の2第2項1号）及び②私設取引システム（PTS：Proprietary Trading System）における上場有価証券の取引（同項2号）については、取引所金融商品市場における取引に準ずるものとして例外とされ、③著しく少数の者（60日間で10名以下）からの買付け等である場合は、市場に与える影響等の観点から、その情報を開示させ、株主等に平等の売却機会を与える必要性が比較的小さいことから例外とされている（令6条の2第3項）。

(ii)　3分の1ルール　　取引所金融商品市場外における著しく少数の者からの買付け等である場合（その内容については上記(i)参照）であっても、株券等の

買付け等の後の買付者及びその特別関係者の株券等所有割合が3分の1を超える場合には、会社支配権等に影響があると考えられることから、公開買付けによらなければならない（法27条の2第1項2号）。3分の1が基準とされているのは、それが会社法上、株主総会の特別決議の成立を阻止できる割合と整合的だからである［公開買付制度等WG報告：3］。

　(iii)　立会外取引　　取引所金融商品市場における特定売買等（東京証券取引所のToSTNeT取引等の立会外取引。平成17年7月8日金融庁告示第53号）による株券等の買付け等の後における買付者及びその特別関係者の株券等所有割合が3分の1を超える場合には、公開買付けによらなければならない（法27条の2第1項3号。すなわち、特定売買等はできないことになる）。ライブドア対ニッポン放送事件において、ライブドアがToSTNeT取引によりニッポン放送の議決権の3分の1超を取得したことが公開買付規制に違反しないかが争われ、当時の旧証取法の規定上は違反しないとされたが（東京高決平17・3・23判時1899・56）、公開買付制度に対する信頼性を確保する観点から、平成17年旧証取法改正により取引時間が限定され、相対取引に類似する立会外取引についても新たに公開買付けの対象とされたものである。

　(iv)　急速買付け等　　買付者及び実質基準の特別関係者が、①3か月以内に、②株券等の買付け等又は新規発行取得により全体として10％を超える株券等の取得を行い、③当該取得に、5％を超える特定売買等又は取引所金融商品市場外取引による買付け等が含まれており、④当該取得後の株券等所有割合が3分の1を超える場合には、公開買付けによらなければならない（法27条の2第1項4号・6号、令7条2項～4項）。これは、市場内外の取引を組み合わせ、公開買付けによらずに3分の1を超える株券等を所有しようとする脱法的な態様の取引に対応するため、平成18年旧証取法改正により公開買付規制の対象とされたものである［松尾，2008：188-189］。

　(v)　他者の公開買付期間中における買付け等　　他者の公開買付期間中に、特別関係者と合算して株券等所有割合が3分の1を超える者が、5％を超える株券等の買付け等を行う場合には、公開買付けによらなければならない（法27条の2第1項5号）。会社支配権に影響のある株券等の買付け等が競合するような場合、一般投資者がより複雑な投資判断を迫られること、競合者以外の株主

が零細な立場に追いやられる懸念があること等から平成18年旧証取法改正により公開買付規制の対象とされたものである［松尾，2008：190］。

(3) 公開買付けの開示規制

（i）公開買付開始公告　　公開買付けによって株券等の買付け等を行わなければならない者は、当該公開買付けについて、その目的、買付け等の価格、買付予定の株券等の数、買付け等の期間等を公告しなければならない（「公開買付開始公告」。法27条の3第1項、他社株買付府令10条）。公開買付開始公告は、開示用電子情報処理組織（EDINET。法27条の30の2）による電子公告又は全国紙1紙以上を含む日刊新聞紙2紙以上に掲載する方法により行わなければならず（令9条の3第1項、他社株買付府令9条2項）、電子公告により行った者は、遅滞なく、公告した旨、電子公告アドレス等を日刊新聞紙に掲載しなければならない（令9条の3第3項、他社株買付府令9条の2）。

公開買付者は、公開買付開始公告の内容に形式上の不備があり、記載内容が事実に相違すると認めたときは、その内容を訂正して公告・公表しなければならない（法27条の7第1項）。関東財務局長は、公開買付開始公告の内容について訂正の必要があると認めるときは、公開買付者に対し、訂正内容を公告・公表することを命ずることができる（同条2項・194条の7第1項6号、令40条1項2号）。なお、買付条件等の変更の場合は公表では足りず、公告が必要である（法27条の6第2項）。

（ii）公開買付届出書等　　公開買付開始公告を行った者（「公開買付者」）は、当該公告日に、①公開買付要項（㋑「対象者」〔公開買付けにかかる株券等の発行者。他社株買付府令1条25号〕名、㋺買付け等をする株券等の種類、㋩買付け等の目的、㋥買付け等の期間、買付け等の価格及び買付予定の株券等の数、㋭買付け等を行った後における株券等所有割合、㋬株券等の取得に関する「許可等」〔許可、認可、承認その他これらに類するもの。他社株買付府令13条1項9号〕、㋣応募及び契約の解除の方法、㋠買付け等に要する資金、㋷買付け等の対価とする有価証券の発行者の状況、㋬決済の方法、㋤その他買付け等の条件及び方法）、②公開買付者の状況、③公開買付者及びその特別関係者による株券等の所有状況及び取引状況、④公開買付者と対象者との取引等、⑤対象者の状況を記載した公開買付届出書並びに❶定款又はこれに準ずる書面、❷公開買付者が有価証券報告書提出会社以外の法

人である場合には、設立されたことを知るに足る書面（例えば、履歴事項全部証明書や設立証明書）、❸公開買付者が個人である場合には、住民票の抄本又はその代替書面、❹公開買付者が非居住者（外為6条1項6号）である場合（この場合、本邦内に住所・事務所を有する届出代理人を定めなければならない。他社株買付府令11条）には、届出代理人への代理権付与書面（委任状）、❺金融商品取引業者又は銀行等と株券等の管理、買付け等の代金の支払い等の事務につき締結した契約書（これらの事務は、第一種金融商品取引業者又は銀行等に行わせなければならない。法27条の2第4項。一般に「公開買付けの代理および事務取扱いに係る契約書」という名称で締結される）の写し、❻公開買付けに要する資金の存在を示すに足る書面（例えば、融資証明書や出資証明書）、❼買付け等の価格の算定にあたり参考とした第三者による評価書、意見書等の写し（公開買付者が対象者の役員、対象者の役員の依頼に基づき公開買付けを行う者であって対象者の役員と利益を共通にする者又は対象者を子会社とする会社その他の法人である場合に限る。いわゆるMBO〔Management Buyout、経営陣による株式買取り〕や親会社等による子会社株式の買取りの場合である）、❽許可等を必要とする場合には、当該許可等があったことを知るに足る書面、❾公開買付開始公告の内容を記載した書面等の添付書類を関東財務局に提出しなければならない（法27条の3第2項・194条の7第1項6号、令40条1項1号、他社株買付府令12条・2号様式・13条）。なお、MBOや親会社等による子会社株式の買取りの場合、公開買付届出書において、㊀買付価格の公正性を担保するための措置（例えば、独立した第三者評価機関からの算定書の取得等）を講じているときは、その具体的内容を記載すること、㊁公開買付けの実施を決定するに至った意思決定の過程を具体的に記載すること、及び㊂利益相反を回避する措置（例えば、独立した法律事務所からの助言の取得等）を講じているときは、その具体的内容を記載することが求められる（他社株買付府令2号様式記載上の注意（6）f・（27））。

　なお、実務上、かかる提出の2〜3週間以上前から、関東財務局に対して公開買付届出書のドラフト等を基に事前相談を行うのが一般的である［森・濱田松本法律事務所，546-547］。

　公開買付者、その特別関係者、公開買付事務代理人及び公開買付代理人（「公開買付者等」）は、公開買付開始公告が行われた日の翌日以後は、公開買付

者が公開買付届出書を提出していなければ売付け等の申込みの勧誘等の行為をしてはならない（法27条の３第３項、令10条、他社株買付府令15条）。

　また、公開買付者等は、公開買付けが有価証券を対価とする場合（いわゆるエクスチェンジ・オファー〔交換買付け〕）において、当該有価証券がその募集・売出しにつき届出が必要なものであるときは、当該届出（発行登録をしている場合には、発行登録追補書類の提出）を行っていなければ、売付け等の申込み等の行為をしてはならない（法27条の４第１項・２項、他社株買付府令15条）。

　なお、公開買付者は、①公開買付届出書に形式上の不備があり、記載内容が事実と相違し、記載すべき事項・誤解を生じさせないために必要な事項の記載が不十分若しくは欠けていると認めたとき、又は②買付条件等の変更等があるときは、訂正届出書を関東財務局長に提出しなければならない（法27条の８第１項２項・194条の７第１項６項、令40条１項１号）。また、関東財務局長は、㈠公開買付届出書に形式上の不備があること、㈡買付条件等が金商法２章の２第１節の規定にしたがっていないこと、㈢買付条件等の変更が金商法27条の６第１項の規定に違反していること若しくは㈣記載事項の記載が不十分であることが明らかであると認めるとき、又は、㈤重要事項に虚偽記載があること若しくは㈥記載すべき重要事項・誤解を生じさせないために必要な重要事実の記載が欠けていることを発見した場合には、訂正届出書の提出を命じることができる（同条３項４項・194条の７第１項６項、令40条１項２号）。

　(iii)　意見表明報告書　　これに対し、対象者は、公開買付開始公告日から10営業日以内に、①公開買付者の氏名・名称及び住所・所在地、②公開買付者が公開買付けを行う株券等の種類、③当該公開買付けに関する意見の内容、根拠及び理由、④役員が有する株券等の数及び当該株券等にかかる議決権の数、⑤公開買付者又はその特別関係者による利益供与の内容、⑥会社の支配に関する基本方針にかかる対応方針（いわゆる買収防衛策）等を記載した意見表明報告書を関東財務局に提出しなければならない（法27条の10第１項・194条の７第１項６項、令13条の２第１項・40条１項１号、他社株買付府令25条）。対象者の意見は、株主・投資者が的確な投資判断を行う上で重要な情報であることから、平成18年旧証取法改正により従前任意であった意見表明報告書の提出が義務化されたものである［松尾，2018：278］。意見の内容としては、例えば、❶公開買付けに賛

同し、株主に対して応募を推奨する、❷公開買付けに賛同するが、応募するか否かの判断は株主に委ねる、❸公開買付けに反対する、❹意見の表明を留保するといったものがある。

　また、意見表明報告書には、⑦公開買付者に対する質問、及び⑧公開買付開始公告に記載された買付け等の期間が30営業日より短い場合には、30営業日に延長することを請求する旨・その理由（公開買付期間の延長請求）を記載することができる（法27条の10第2項、令9条の3第6項）。意見表明報告書に⑦の質問が記載されている場合には、当該意見表明報告書の送付を受けた公開買付者は、5営業日以内に当該質問に対する回答（回答する必要がないと認めた場合には、その理由）を記載した対質問回答報告書を関東財務局に提出しなければならない（法27条の10第11項・194条の7第1項6号、令13条の2第2項・40条1項1号、他社株買付府令25条4項・8号様式）。また、意見表明報告書に⑧の公開買付期間の延長請求が記載されており、かつ、関東財務局が当該意見表明報告書を公衆縦覧に供したときは、公開買付者は、買付け等の期間を30営業日に延長しなければならない（法27条の10第3項、令9条の3第6項）。

　なお、意見表明報告書についても訂正届出書に関する規定（法27条の8第1項〜5項）が準用されており、一定の場合に訂正報告書の提出が必要になる（法27条の10第8項）。

　(iv)　公開買付説明書　公開買付者は、公開買付届出書の記載事項から公衆縦覧に供しないこととされた事項を除いたもの等を記載した公開買付説明書を作成し、株券等の売付け等を行おうとする者に対し、交付しなければならない（法27条の9第1項2項、他社株買付府令24条1項）。有価証券の募集・売出しにおける目論見書と同様、株主に対する直接開示を行うものである。

　(v)　公開買付結果公告・公表　公開買付者は、「**公開買付期間**」（公開買付開始公告日から買付け等の期間の末日までの期間。法27条の5柱書）の末日の翌日に、応募株券等の数等を公告・公表しなければならない（法27条の13第1項、他社株買付府令30条1項）。

　(vi)　公開買付報告書　公開買付結果公告・公表を行った公開買付者は、当該公告・公表日に①公開買付けの内容及び②買付け等の結果を記載した公開買付報告書を関東財務局長に提出しなければならない（法27条の13第2項・194条の

7第1項6号、令40条1項1号、他社株買付府令31条・6号様式)。

(vii) 公開買付通知書　公開買付者は、買付け等の期間が満了したときは、遅滞なく、①公開買付者の氏名・名称及び住所・所在地、②公開買付けの状況、③応募株券等の全部又は一部の買付け等を行わない場合の理由、④応募に関して買付け等をする株券等又は返還する株券等、⑤決済の方法を記載した公開買付けによる買付け等の通知書（公開買付通知書）を応募株主等に交付しなければならない（法27条の2第5項、令8条5項1号、他社株買付府令5条1項2項・1号様式）。

(4)　公開買付けの実体的規制

(i) 買付け等の期間　公開買付けは、公開買付開始公告日から起算して20営業日以上60営業日以内の買付け等の期間を定めて行わなければならない（法27条の2第2項、令8条1項）。

一旦公開買付開始公告・公開買付届出書に記載した買付け等の期間を短縮することは、応募株主等に対する不利益変更になるため原則として認められない（法27条の6第1項3号）が、買付け等の期間を延長することはできる（同条2項）。

また、訂正届出書を提出する場合、提出日において買付け等の期間が残り10営業日以下である場合、提出日から10営業日を経過した日まで買付け等の期間を延長しなければならない（法27条の8第8項、他社株買付府令22条2項）。

なお、公開買付期間の延長請求については、上記(3)(iii)を参照されたい。

(ii) 買付け等の価格　買付け等の価格の水準自体については特段の規制は設けられていないものの、株主の平等な取扱いを図る観点から、均一の条件によらなければならないとされている（法27条の2第3項）。

(iii) 買付予定の株券等の数　公開買付者は、応募株券等の数の合計が予め公開買付開始公告・公開買付届出書に記載された下限に満たないときは、応募株券等の全部の買付け等をしない旨の条件を付すことができる（法27条の13第4項）。

一旦公開買付開始公告・公開買付届出書に記載した下限を増加することは、応募株主等に対して不利益変更となることから原則として許されない（法27条の6第1項4号）。

　また、公開買付者は、応募株券等の数が買付予定の株券等の数の上限を超えるときは、その超える部分の全部又は一部の買付け等をしない旨の条件を付すことができる（いわゆる**部分的公開買付け**。法27条の13第4項2号）。その場合、公開買付者は按分比例方式により決済を行わなければならない（同条5項）。

　ただし、部分的公開買付けが可能であるのは、公開買付者と特別関係者（1年間継続して形式基準の特別関係者に該当する者を除く）の株券等所有割合の合計が3分の2未満である場合に限られる（法27条の13第4項柱書、令14条の2の2）。

　(iv)　**全部勧誘義務・全部買付義務**　　買付け等の後における株券等所有割合が3分の2以上となる場合、公開買付者は、原則として、発行者が発行するすべての株券等の所有者に対して買付け等の申込み又は売付け等の申込みの勧誘を行わなければならない（**全部勧誘義務**。法27条の2第5項、令8条5項3号）。ただし、①かかる勧誘が行われないことにつき、当該株券等にかかる種類株主総会の決議により同意されている場合、及び②当該株券等の所有者が25名未満で、かつ、かかる勧誘が行われないことにつき、当該株券等の所有者がすべて同意し、その旨を記載した書面を提出している場合には、例外が認められている（他社株買付府令5条3項）。

　また、買付け等の後における公開買付者及びその特別関係者の株券等所有割合が3分の2以上となる場合には、応募株券等の全部について決済を行わなければならない（**全部買付義務**。法27条の13第4項柱書、令14条の2の2）。

　これらは、上場廃止等に至るような公開買付けの局面においては、零細な株主が著しく不安定な地位に置かれる場合が想定されるため、会社法上、特別決議に対する買付者以外の株主からの拒否権が基本的になくなるなどの状態となる買付け後の株券等所有割合が3分の2以上となる場合に公開買付者に全部勧誘義務・全部買付義務を課すこととされたものである［公開買付制度等WG報告：9］。

　(v)　**別途買付け等の禁止**　　公開買付者等（その意義については上記(3)(ii)参照）は、株主の平等な取扱いを確保する観点から、「**公開買付期間**」（公開買付開始公告日から買付け等の期間末日までをいい、当該期間を延長した場合には、延長した期間を含む）中において、原則として、公開買付けによらないで当該公開買付けにかかる株券等の発行者の株券等の買付け等を行うことが禁止されている（別

途買付け等の禁止。法27条の5本文)。

　ただし、①株券等の買付け等を公開買付けによらないで行う旨の契約を公開買付開始公告前に締結し、公開買付届出書において当該契約の存在・内容を明らかにしている場合、②形式基準の特別関係者が実質基準の特別関係者に該当しない旨の申出を関東財務局長に行った場合（他社株買付府令18条・3号様式）、③公開買付事務代理人・公開買付代理人が公開買付者・特別関係者以外の者の委託を受けて買付け等をする場合等、一定の場合には例外が認められている（同条但書、令12条）。

　(vi)　買付条件等の変更　　公開買付者は、①買付け等の価格の引下げ（公開買付開始公告・公開買付届出書において公開買付期間中に対象者が株式分割等を行ったときは買付け等の価格の引下げを行うことがある旨の条件を付した場合に行うものを除く）、②買付予定の株券等の数の減少、③買付け等の期間の短縮、④買付予定の株券等の数の下限の増加（公開買付開始公告後に対抗公開買付けが行われている場合は除く）、⑤買付け等の期間の上限を超える延長、⑥買付け等の対価の種類の変更、⑦公開買付けの撤回等の条件内容の変更が禁止されるが、それ以外の買付条件等の変更は、公開買付期間中にその内容等を公告すること（それが困難である場合には、公開買付期間末日までに公表し、その後直ちに公告を行うこと）により行うことができる（法27条の6第1項～3項、令13条）。

　(vii)　公開買付けの撤回等　　公開買付者による公開買付けの撤回等（公開買付けにかかる申込みの撤回及び契約の解除）は、これが安易に認められると、株主・投資者の地位を不安定にするとともに、株価操作などにつながるおそれも生じることから［松尾．2018：269］、原則として禁止されている（法27条の11第1項本文）。

　例外的に撤回等が認められるのは、一定の「公開買付けの目的の達成に重大な支障となる事情」が生じたときは公開買付けの撤回等をすることがある旨の条件を付した場合または公開買付者に関し一定の「重要な事情の変更」が生じた場合に限定されている（同項但書）。

　前者の「**公開買付けの目的の達成に重大な支障となる事情**」としては、①対象者又はその子会社の業務執行決定機関が組織再編（株式交換・株式移転・会社分割・合併）等一定の事項を行うことについての決定をしたこと、②対象者の

業務執行決定機関が公開買付開始公告日において対象者の業務執行決定機関が買収防衛策の導入の決定・公表をしている場合における、それを維持する旨等の決定をしたこと、③対象者に事業差止めその他これに準ずる処分を求める仮処分命令の申立て等一定の事実が発生したこと、④株券等の取得につき許可等を必要とする場合において、公開買付期間末日までに当該許可等を得られなかったことが定められている（令14条1項）。

　後者の公開買付者に関する「**重要な事情の変更**」としては、❶死亡、❷後見開始の審判、❸解散、❹破産手続開始の決定、再生手続開始の決定若しくは更生手続開始の決定、❺不渡り等が定められている（同条2項）。

　なお、公開買付者は、公開買付けの撤回等を行おうとする場合には、公開買付期間末日までに公開買付撤回公告をするとともに（法27条の11第2項、他社株買付府令27条）、当該公告日に公開買付撤回届出書を関東財務局長に提出しなければならない（法27条の11第5項・194条の7第1項6号、令40条1項1号、他社株買付府令28条・5号様式）。

　(ⅷ)　**応募株主等による契約解除**　「**応募株主等**」（公開買付けにかかる株券等の買付け等の申込みに対する承諾又は売付け等の申込みをした者）は、公開買付期間中においてはいつでも、公開買付けにかかる契約を解除することができる（法27条の12第1項）。

　(ⅸ)　**買付け等の決済**　公開買付者は、買付け等の期間終了後遅滞なく、公開買付開始公告・公開買付届出書に記載した買付条件等により、買付け等にかかる受渡しその他の決済を行わなければならない（法27条の13第4項5項、令8条5項2号）。

(5)　自社株公開買付制度

　(ⅰ)　**自社株公開買付制度の概要・趣旨**　**自社株公開買付制度**（発行者による上場株券等の公開買付制度）は、平成6年旧商法改正により自己株式取得規制が緩和されたことに伴い、平成6年旧証取法改正により創設された制度である。自社株公開買付制度は、すべての株主に平等に売却機会を与えるとともに、取引の透明性を確保し、一般の投資者に対して公平に情報を開示できる点で有効であり、かつ、短期間に大量の自己株式取得を行いたい発行者のニーズにも対応できるものと考えられたことから創設されたものである［松尾,

2018：283]。

　自社株公開買付けの対象となるのは、上場株券等の発行者による取引所金融商品市場外における「買付け等」（買付けその他の有償の譲受けをいう）のうち、①株主総会・取締役会の決議に基づくもの若しくは投資法人の自己投資口取得、又は②外国会社である発行者が当該買付け等に関する事項を新聞・雑誌に掲載し、又は文書、放送、映画その他の方法を用いることにより多数の者に知らせて行うものである（法27条の22の２第１項、令14条の３の２）。他社株公開買付けと異なり、買付数量は要件となっておらず、下限を設定することもできない（法27条の22の２第２項は法27条の13第４項１号を準用していない）。

　「上場株券等」とは、❶金融商品取引所に上場されている株券・投資証券、❷店頭売買有価証券に該当する株券・投資証券、❸受託有価証券が❶・❷の株券・投資証券である有価証券信託受益証券、❹「上場有価証券」（金融商品取引所に上場されている有価証券）・店頭売買有価証券に該当する有価証券信託受益証券、❺❶・❷の株券・投資証券にかかる権利を表示する預託証券、❻上場有価証券・店頭売買有価証券に該当する預託証券（株券・投資証券にかかる権利を表示するものに限る）をいう（法24条の６第１項、令４条の３第１項２号）。

　(ii)　自社株公開買付けの開示規制　　自社株公開買付けにおいても、公開買付開始公告、公開買付届出書、公開買付説明書、公開買付撤回公告、公開買付撤回届出書、公開買付結果公告・公表、公開買付報告書、公開買付通知書等の開示が必要である（法27条の22の２第２項、令14条の３の３第５項１号）。もっとも、他社株公開買付けの場合と異なり、特別関係者、意見表明報告書、対質問回答書の制度は設けられていない（法27条の22の２第２項は27条の２第７項、27条の10を準用していない）。

　(iii)　重要事実の公表等　　自社株公開買付けを行おうとする発行者は、インサイダー取引規制の未公表の重要事実があるときは、公開買付届出書の提出日前に、当該重要事実を公表しなければならない（法27条の22の３第１項、自社株買付府令11条）。また、公開買付期間中に未公表の重要事実が生じたとき（公開買付届出書提出前に生じた未公表の重要事実があることが判明したときを含む）は、直ちに当該重要事実を公表し、かつ応募株主等及び応募しようとする株主等に対して公表内容を通知しなければならない（同条２項）。

⑹　公開買付規制の罰則・課徴金制度等

（ⅰ）　罰　則　　まず、①重要事項に虚偽記載のある公開買付開始公告等の公告・公表を行った者、②重要事項に虚偽記載のある公開買付届出書等を提出した者及び③自社株公開買付けにつき、重要事実の公表を行わず、又は虚偽の公表を行った者は、10年以下の懲役若しくは1000万円以下の罰金を科され、又はこれらを併科され（法197条2号〜4号）、法人は両罰規定により7億円以下の罰金が科される（法207条1項1号）。

　また、❶公開買付開始公告等を行わない者、❷公開買付届出書等を提出しない者、❸重要事項に虚偽記載のある意見表明報告書等を提出した者、❹重要事項に虚偽記載のある公開買付説明書を交付した者は、5年以下の懲役若しくは500万円以下の罰金が科され、又はこれらを併科され（法197条の2第6号・8号）、法人は両罰規定により5億円以下の罰金が科される（法207条1項2号）。

　更に、㈠別途買付け等の禁止・応募株券等の決済義務に違反した者、㈡公開買付開始公告の訂正の公告・公表を行わない者、㈢公開買付届出書の訂正届出書等を提出しない者、㈣公開買付説明書等を交付しなかった者、㈤意見表明報告書等を提出しない者、㈥意見表明報告書等の写しの送付にあたり、重要事項に虚偽記載等のある書類を送付した者は、1年以下の懲役若しくは100万円以下の罰金を科され、又はこれらを併科され（法200条3号・7号〜11号）、法人は両罰規定により1億円以下の罰金を科される（法207条1項5号）。

（ⅱ）　課徴金　　公開買付開始公告を行わないで株券等の買付け等を行った者は、買付総額の25％の課徴金を課される（法172条の5）。

　また、①重要事項に虚偽表示があり、若しくは表示すべき重要事項の表示が欠けている公開買付開始公告等を行った者、又は②重要事項に虚偽記載があり、若しくは記載すべき重要事項が欠けている公開買付届出書等を提出した者は、公開買付開始公告日前日の株券等・上場株券等の終値に買付け等を行った数を乗じて得た額の25％の課徴金を課される（法172条の6第1項、課徴金府令1条の6）。

　公開買付けを行う場合には市場価格に一定のプレミアムを乗せた価格で買付け等を行うことが一般的であり、公開買付けを行わない場合、かかるプレミアムを支払わないことになることに着目して買付総額等の25％を課徴金の額とし

たものである［松尾，2018：288］。

　(iii)　民事責任　　まず、公開買付届出書を提出せずに売付け等の申込みの勧誘をした者及び公開買付説明書を交付しないで株券等の買付け等をした者は、売付け等をした者に対し、損害賠償責任を負う（法27条の16・16条）。

　また、別途買付け等の禁止に違反して株券等の買付け等をした公開買付者等は、売付け等をした者に対し、損害賠償責任を負う（法27条の17第1項）。この場合の賠償責任額は、公開買付者等が支払った価格から公開買付価格を控除した金額に請求権者の応募株券等の数を乗じた額とされている（同条2項）。

　応募株券等の決済義務の規定に違反して決済を行った者（「公開買付けをした者」）は、売付け等をした者に対し、損害賠償責任を負う（法27条の18第1項）。この場合の賠償責任額は、①公開買付けをした者が一部の売付け等をした者に対して有利な価格で買付け等を行った場合は当該有利な価格から公開買付価格を控除した金額に請求権者の応募株券等の数を乗じた額、②公開買付けをした者が公開買付届出書に記載された按分比例方式と異なる方式で株券等の買付け等をした場合は、当該按分比例方式で計算した場合に請求権者から買付け等がされるべき株券等の数から公開買付けをした者が請求権者から買付け等をした株券等の数を控除した数に公開買付価格から損害賠償請求時の市場価格を控除した金額を乗じた額とされる（同条2項）。

　重要事項に虚偽記載があり、又は表示すべき重要事項若しくは誤解を生じさせないために必要な重要事項の表示が欠けている公開買付説明書等の表示を使用して株券等の売付け等をさせた者は、善意で売付け等をした者に対し、損害賠償責任を負う（法27条の19・17条）。ただし、賠償責任者が善意・無過失であることを証明したときは免責される（同条但書）。

　重要事項に虚偽の表示・記載があり、又は表示・記載すべき重要事実若しくは誤解を生じさせないために必要な重要事実の表示・記載が欠けている公開買付開始公告、公開買付届出書の提出、公開買付説明書の交付等を行った者は、売付け等をした者（悪意の者を除く）に対して、損害賠償責任を負う（無過失責任。法27条の20・18条1項）。公開買付者が公開買付期間末日後に株券等の買付けをする契約があるにもかかわらず、公開買付届出書・公開買付説明書にその旨を記載することなく、公開買付期間末日後に当該契約による買付け等をした

ときの賠償責任額は、公開買付者が買付け等をした価格から公開買付価格を控除した金額に請求権者の応募株券等の数を乗じた額とされる（法27条の17第2項）。実質基準の特別関係者、公開買付者の取締役、会計参与、執行役、理事若しくは監事又はこれらに準ずる者も上記の者と連帯して賠償責任を負うが（法27条の20第3項）、善意・無過失であることを証明したときは免責される（同項柱書但書）。

2　株券等の大量保有の状況に関する開示

⑴　大量保有報告制度の概要等

（ⅰ）　大量保有報告制度の概要・趣旨　　上場会社等の株券等の保有者で当該株券等にかかるその株券等保有割合が5％を超えるもの（「**大量保有者**」）は、①発行者に関する事項、②提出者に関する事項（㋑提出者の概要、㋺保有目的、㋩重要提案行為等、㋥提出者の保有株券等の内訳、㋭当該株券等の発行者の発行する株券等に関する最近60日間の取得又は処分の状況、㋬当該株券等に関する担保契約等重要な契約、㋣保有株券等の取得資金）、③共同保有者に関する事項、④提出者及び共同保有者に関する総括表を記載した大量保有報告書に、大量保有報告書の提出事由となった株券等の売買等の取引の媒介・取次ぎ・代理を行う者の名称・所在地・連絡先を記載した書面を添付して、大量保有者となった日から5営業日以内に、財務局長又は福岡財務支局長（「財務局長等」）に提出しなければならない（法27条の23第1項・194条の7第1項6項、令41条1項1号、大量保有開示府令2条・1号様式）。5％を基準とすることから、「**5％ルール**」とよばれることもある。

　かかる**大量保有報告制度**は、平成2年旧証取法の改正により公開買付制度とともに創設されたものであり、その趣旨は、経営に対する影響力等の観点から重要な投資情報である上場株券等の大量保有にかかる情報を、投資者に対して迅速に提供することにより、市場の公正性・透明性を高め、投資者保護を図ることにある［池田＝大来＝町田，2007：161］。

　以下、まず、大量保有報告制度における基本概念について説明する。

（ⅱ）　株券等　　大量保有報告制度の対象となる有価証券は、上場又は店頭登録されている株券関連有価証券の発行者である法人が発行者である株券等であ

る（法27条の23第1項、令14条の4第2項）。発行者は公開買付制度の対象である有価証券報告書の提出義務を負う発行者より狭い。

「**株券関連有価証券**」とは、①株券・新株予約権証券・新株予約権付社債券、②外国の者の発行する証券・証書で①に掲げる有価証券の性質を有するもの、③投資証券等・新投資口予約権証券等、④受託有価証券が①～③に掲げる有価証券である有価証券信託受益証券、⑤①～③に掲げる有価証券にかかる権利を表示する預託証券をいう（法27条の23第1項、令14条の4第1項）。

「**株券等**」とは、①株券（議決権のない株式にかかる株券を除く）、新株予約権証券・新株予約権付社債券（新株予約権として議決権のない株式のみを取得する権利のみを付与されているものを除く）、投資証券及び新投資口予約権証券（「対象有価証券」）、②対象有価証券にかかるオプション（その行使により行使者が買主の地位を取得するものに限る）を表示するカバードワラント、③対象有価証券を受託有価証券とする有価証券信託受益証券、④対象有価証券にかかる権利を表示する預託証券、⑤他社が発行した対象有価証券により償還することができる旨の特約が付されている社債券（新株予約権付社債券を除き、社債券の保有者が当該社債券の発行会社に対し対象有価証券により償還させる権利を有しているものに限る）（EB債）、⑥⑤に掲げる有価証券の性質を有する外国の者の発行する証券・証書をいう（法27条の23第1項、令14条の4の2）。なお、対象有価証券は上場又は店頭登録されている必要はない。

(iii) 保有者 「**保有者**」には、①自己又は他人の名義をもって株券等を所有する者（売買等の契約に基づき株券等の引渡請求権を有する者、株券等の売買の一方の予約〔当該売買の完結権を有し、その行使により買主の地位を取得する場合に限る〕を行っている者、株券等の売買にかかるオプションの取得〔その行使により買主の地位を取得するものに限る〕をしている者を含む）のほか、②金銭の信託契約等の契約・法律の規定に基づき、株券等の発行者の株主としての議決権等の権利行使権限・当該議決権等の権利行使指図権限を有する者であって、当該発行者の事業活動を支配する目的を有する者（1号保有者）、③投資一任契約等の契約・法律の規定に基づき、株券等への投資権限を有する者（2号保有者）を含む（法27条の23第3項、令14条の6）。

(iv) 共同保有者 「**共同保有者**」とは、株券等の保有者が、当該株券等の

発行者が発行する株券等の他の保有者と共同して当該株券等を取得し、又は当該発行者の株主としての議決権その他の権利を行使することを合意している場合における当該他の保有者をいう（法27条の23第5項）。「**実質基準の共同保有者**」ともよばれる。

　また、株券等の保有者と当該株券等の発行者が発行する株券等の他の保有者が特別の関係にある場合には、当該他の保有者は共同保有者とみなされる（法27条の23第6項）。「**みなし共同保有者**」又は「**形式基準の共同保有者**」ともよばれる。ここでいう「**特別の関係**」とは、①夫婦の関係、②会社の総株主等の議決権の50％を超える議決権にかかる株式・出資を自己又は他人（仮説人を含む）の名義をもって所有している者（「支配株主等」）と当該会社（「被支配会社」）との関係、③被支配会社とその支配株主等の他の被支配会社の関係、及び④子会社と親会社の関係を意味する（令14条の7、大量保有開示府令5条の3、財務諸表規則8条3項）。なお、特別の関係あっても、保有株券等の数が軽微である場合には合算して報告させる必要性が小さいことから、軽微基準が定められており、内国法人の発行する株券等については、原則として「**単体株券等保有割合**」（保有株券等の数を当該株券等の発行者の発行済株式・発行済投資口の総数に当該保有者及び共同保有者の保有する①新株予約権付社債券、②新株予約権証券、③外国の者の発行する証券・証書で①②の性質を有するもの及び④新投資口予約権証券の数を加算した数で除して得た割合をいう〔令14条の7第2項、大量保有開示府令9条の2第3項〕）が0.1％以下となる場合にはみなし共同保有者から除外される（法27条の23第6項但書、大量保有開示府令6条）。

　（v）　株券等保有割合　　「**株券等保有割合**」は、①保有者の保有（上記(iii)の②・③の権限を有する場合を含む）にかかる株券等（自己株式等一定のものを除く）の数の合計から当該株券等の発行者が発行する株券等のうち、信用取引等の方法により譲渡したことにより、引渡義務（共同保有者に対して負うものを除く）を有するものの数を控除した数（「保有株券等の数」）に共同保有者の保有株券等（保有者・共同保有者間で引渡請求権等の権利が存在するものを除く。重複計上を排除する趣旨である）の数を加算した数（「保有株券等の総数」）を、発行者の発行済株式の総数に保有者及び共同保有者の保有する潜在株券等の数を加算した数で除して得た割合をいう（法27条の23第4項、令4条～5条の2）。公開買付制度と異

なり、議決権の数ではなく、株券等の数が基準とされている。

(2) **変更報告書**　　大量保有報告書を提出すべき者は、大量保有者となった日後に、①株券等保有割合が１％以上増減した場合（保有株券等の総数の増減を伴わない場合を除く）、②大量保有報告書に記載すべき重要事項の変更（大量保有報告書・変更報告書・訂正報告書に記載すべき内容にかかる変更のうち、⑦単体株券等保有割合〔その意義については上記(1)(iv)参照〕が１％未満である共同保有者の増減又はその氏名・名称若しくは住所・所在地の変更、⑪単体株券等保有割合の１％未満の増減、⑥発行済株式総数等〔発行済株式・発行済投資口の総数に保有者及び共同保有者の保有する潜在株式の数を加算した数をいう〈大量保有開示府令９条の２第１項〉〕に対する割合が１％未満の株券等にかかる担保契約、売戻契約、売買予約、貸借契約又はこれらに準ずる契約の締結・変更、⑤発行済株式総数等に対する割合が１％未満の株券等にかかる内訳の変更、⑤記載事項の軽微な変更を除くものをいう。令14条の７の２、大量保有開示府令９条の２第１項・２項）があった場合には、その日から５営業日以内に**変更報告書**を財務局長等に提出しなければならない（法27条の25第１項・194条の７第１項・６項、令41条１項１号、大量保有開示府令８条１項）。

ただし、❶株券等保有割合が５％以下であることが記載された変更報告書を既に提出している場合、及び❷新株予約権証券・新株予約権付社債券にかかる新株予約権の目的である株式又は新投資口予約権証券にかかる新投資口予約権の目的である投資口の発行価格の調整のみによって保有株券等の総数が増減する場合は、変更報告書の提出は不要である（法27条の25第１項但書、大量保有開示府令９条）。

なお、株券等保有割合の減少により変更報告書を提出する者は、短期間に大量の株券等を譲渡する場合（変更報告書に記載すべき変更後の株券等保有割合が、譲渡日前60日間のいずれかの日を計算の基礎とする株券等保有割合又は61日前の日以前の日を計算の基礎とする株券等保有割合で60日前の日に最も近い日を計算の基礎とするもののうち、最も高いものの50％未満となり、かつ、当該最も高いものより５％を超えて減少した場合。令14条の８第１項）には、譲渡の相手方（株券等保有割合が減少したことにより変更報告書を提出する者又はその共同保有者から当該変更後の株券等保有割合の計算の基礎となった日前60日間〔**「短期大量譲渡報告対象期間」**〕に譲渡を受けた株券等の数の合計を当該提出する者の保有株券等の総数とみなした場合における当該提

出する者の株券等保有割合が１％に満たない者を除く。令14条の８第２項）及び対価に関する事項についても、変更報告書に記載しなければならない（法27条の25第２項、大量保有開示府令10条・１号様式・２号様式）。

　(3)　**特例報告制度**　機関投資家等は、日常的・反復継続的に株券等の取引を行っており、取引の都度情報開示を求めると業務負担が過剰になることから、特例が認められている［池田＝大来＝町田，2007：206］。

　すなわち、①金融商品取引業者（第一種金融商品取引業者、投資運用業者に限る）、銀行等（「金融商品取引業者等」）を共同保有者とする者であって金融商品取引業者等以外の者が保有する株券等で重要提案行為等を行うことを保有目的としないもの（株券等保有割合が10％を超えた場合等一定の場合を除く）、又は②国・地方公共団体及び国・地方公共団体を共同保有者とする者が保有する株券等（「特例対象株券等」）にかかる大量保有報告書は、株券等保有割合がはじめて５％を超えることとなった基準日（毎月２回、具体的には第２月曜日・第４月曜日又は15日・末日の組合せのうちから特例対象株券等の保有者が財務局長等に届出をした日）における当該株券等の保有状況に関する事項を記載したものを、当該基準日から５営業日以内に財務局長等に提出すれば足りることとされている（法27条の26第１項・３項、令14条の８の２第２項・３項、大量保有開示府令11条・12条・14条・15条・３号様式）。

　「**重要提案行為等**」とは、発行者又はその子会社にかかる重要な財産の処分・譲受け等一定の事項を、その株主総会若しくは投資主総会または「役員」（業務執行社員、取締役、執行役、会計参与、監査役又はこれらに準ずる者をいい、相談役、顧問その他いかなる名称かを問わず、法人に対し業務執行社員、取締役、執行役、会計参与、監査役又はこれらに準ずる者と同等以上の支配力を有するものと認められる者を含む）に対して提案する行為をいう（法27条の26第１項、令14条の８の２、大量保有開示府令16条）。

　(4)　**大量保有報告制度の罰則・課徴金制度等**

　(ⅰ)　**罰　則**　大量保有報告書・変更報告書を提出しない者及び重要事項に虚偽記載のある大量保有報告書・変更報告書・訂正報告書を提出した者は、５年以下の懲役若しくは500万円以下の罰金に処せられ、又はこれらを併科され（法197条の２第５号・６号）、法人は両罰規定により５億円以下の罰金に処せら

れる（法207条1項2号）。

　（ii）　課徴金　　大量保有報告書・変更報告書（「大量保有・変更報告書」）の提出をしない者には、提出期限翌日の発行者の時価総額の10万分の1の課徴金が課される（法172条の7、課徴金府令1条の7第1項～3項）。

　また、重要事項に虚偽記載があり、又は記載すべき重要事項の記載が欠けている大量保有・変更報告書を提出した者には、提出期限翌日の発行者の時価総額の10万分の1の課徴金が課される（法172条の8、課徴金府令1条の7第1項・2項・4項）。

　（iii）　民事責任　　金商法上、大量保有報告制度に関する民事責任規定は設けられていないが、虚偽記載等のある大量保有報告書等を提出した者が一般不法行為責任（民709条）を負うことはあり得る。

3章 金融商品取引業者等の業規制

I 金融商品取引業の区分

1 金融商品取引業の担い手

　金融商品取引業者として、証券会社を思い浮かべるかもしれない。金融商品取引業者は株式等の発行に際し会社の資金調達を手助け、証券を売りたい人と買いたい人との橋渡しをする。また、投資者に投資助言・投資運用等のサービスを提供する。金融商品取引業者はこれら行為及びサービスを反復継続して行うため、市場の中核的な担い手として様々なリスクを負うとともに、安定的な運営が求められる。

　そのため、金融商品取引法（以下、金商法とする）2条8項各号のいずれかを業として行う者は、内閣総理大臣（金融庁）への登録を要する（金商29条）。金融商品取引業は営利性を要件としていない。手数料を得る目的でないとしても、前記各号のいずれかを反復継続して行うことは**金融商品取引業**となる。

　登録申請に際し、登録拒否要件に該当しないかの審査が行われる。私設取引システム（PTS）の運営を業として行う者は、より厳格な内閣総理大臣の認可を受けなければならない（金商30条）。リスク管理体制の必要性からである。

2 金融商品取引業者の区分

　金融商品取引業は、取扱商品・業務内容に応じ、第一種金融商品取引業、第二種金融商品取引業、投資運用業、投資助言・代理業の4つに大別される（金商28条）。これらに加え、銀行等の金融機関が登録により、いわゆる証券業務を行う登録金融機関を合わせて**金融商品取引業者等**という（金商34条参照）。

図表3-1　金融商品取引業等の区分と内容

	区分	金融商品取引業の内容
金融商品取引業	第一種金融商品取引業	①有価証券の売買、市場デリバティブ取引等、売買の媒介・取次ぎ、代理等、②店頭デリバティブ取引、当該取引の媒介・取次ぎ、代理等、③有価証券の元引受け、④私設取引システム関係業務（PTS）、⑤有価証券等管理業務等
	第二種金融商品取引業	①投資信託・集団投資スキーム持分の募集、②みなし有価証券の売買・売買の媒介・取次ぎ、代理等、③有価証券以外の市場デリバティブ取引、当該取引の媒介・取次ぎ、代理等
	投資助言・代理業	①投資顧問契約に基づく助言、②投資顧問契約又は投資一任契約の締結の代理・媒介
	投資運用業	①資産運用委託契約及び投資一任契約に基づく資産運用、②投資信託の受益証券等の権利者の財産運用等
登録金融機関		銀行等の金融機関による有価証券関連業及び投資運用業

(1)　**第一種金融商品取引業**　第一種金融商品取引業（金商28条1項）は、有価証券の販売、媒介等の証券業務一般を行う。証券会社がその典型である。最低資本金要件、最低純資産要件、自己資本規制比率要件等を満たす株式会社であることなど、参入規制が厳格である。

　その理由として、次のことが考えられる。①流動性の高い有価証券の売買等は多数の者が参加するため投資者保護が求められること、②店頭デリバティブ取引及び有価証券の引受けは専門性及びリスクが高いこと、③PTS（**2 3**参照）は円滑・安定した業務運営が必要であること、④有価証券等管理業務は権利者保護のため財務の健全性を確保しなければならないこと、などである。

　例えば、大規模な公募による資金調達では、第一種金融商品取引業者である証券会社が引受けとして、有価証券の発行者（企業）又は売出しをする企業から直接に有価証券を一旦買い取る。売れ残りがあれば、元引受けとして証券会社がそれを引き取る契約とする（引受リスク）。これら企業は予定した資金を手に入れることができるが、証券会社は**引受リスク**をコントロールするための有価証券の投資価値及び市況の分析能力、損失に耐え得る財産的基盤が求められる。

(2)　**第二種金融商品取引業**　第二種金融商品取引業（金商28条2項）は、例えば、投資信託・集団投資スキーム持分又は組合型のファンド（一定の事業の

ために投資者から資金を集めて運用する行為）のように比較的流通性の低い有価証券に関し、発行者自らが販売・勧誘行為（自己募集）を行う。業者は有価証券の預託を受けないため、高度な財務要件を課す必要がなく、第一種金融商品取引業と比較して参入要件が緩和されている。第一種金融商品取引業等との兼業も多い。第二種業を個人で営むことは可能であるが、営業保証金を供託する義務を負う（金商31条の2）。

　また、みなし有価証券は流動性が低く、流通市場における情報開示が十分ではなく、投資者の被害が発生しやすいため、法人である第二種金融商品取引業者には最低資本金額等の規制が課されている（金商29条の4第1項）。なお、プロ向けファンドとして、**適格機関投資家等**（1名以上の適格機関投資家及び49名以下の適格機関投資家以外の者）を相手とするファンドの私募及び運用（適格機関投資家等特例業務）を行う者は商号・営業地等の届出で足りる（金商63条）。

　(3)　**投資助言・代理業**　　投資助言・代理業（金商28条3項）は、例えば、投資者を会員に募り、会費を徴収して投資顧問契約を結び、有価証券の価値等の投資情報について継続的な提供を業とする。投資判断自体は助言を受けた投資者が行う。不特定多数の者を相手方とする投資情報の出版業及び無償で行われる投資助言は、業規制の対象外である。また、報酬を得て、「今年の日本における夏の平均気温」等の天気予報をするだけでは、天候デリバティブ取引の投資助言業務に該当しない。

　投資助言・代理業には営業保証金の供託を要するが、登録要件は最も緩やかであり、個人又は法人を問わない。法人であっても、最低資本金等の規制はない。

　(4)　**投資運用業**　　投資運用業（金商28条4項）は、他人の財産の運用を業とする行為である。例えば、投資信託の信託財産の運用業務、集団投資スキーム等にかかるファンドの運用業務を行うこと、である。投資運用業は他人の資産を運用するため、登録要件は第一種金融商品取引業と並んで厳格である（金商29条の4第1項4号・5号）。

3　登録金融機関

　(1)　**有価証券関連業等の禁止理由**　　銀行等の金融機関（金商法施行令1条の9）

　AIJ 事件は、虚偽の運用実績を示して年金基金から多額の金銭を詐取した事案である。東京地裁平成25年12月18日判決では、AIJ 社の役員は刑事罰が科された（東京地判平25・12・18LEX/DB 文献番号25503061）。

　AIJ 社は内外の有価証券等にかかる投資顧問業等を目的とする会社であり、Y1・Y2は同社の代表取締役・取締役、Y3は AIJ 社が支配する P 証券会社の代表取締役である。AIJ 社は実質的に運用している Q ファンドの純資産額が約250億円でありながら、約2000億円の純資産を有しているかのように装い、虚偽の運用実績等を記載した資料を17の年金基金の運用担当者に提示した。そして、P 証券会社を介し、各基金と年金投資一任契約を締結させ、Q ファンドを買い付けることを機関決定させ、計248億円を詐取した。

　東京地裁は、「被告人らが騙し取った金員は、各被害基金の母体企業及び加入者が老後の生活のために積み立ててきた掛金を原資とするものであり、11の被害基金が解散せざるを得ない状況に陥った」と述べ、金商法198条の 3、刑法246条違反等により、Y1に対し懲役15年、Y2・Y3に対し懲役各 7 年が科された（最判平28・4・12に確定）。また、本件では17名義の預金口座の預金債権のうち 5 億6884万円余の没収及び Y1〜 Y3に対し連帯して156億9809万円余の追徴が命じられている。なお、AIJ 社は投資運用業の登録取消し及び業務改善命令が下された（金融庁平24・3・23）。

は、原則として、**有価証券関連業**及び投資運用業を行うことが禁止される（金商33条）。有価証券関連業とは、①有価証券の売買・その仲介（媒介・取次・代理）、②金融商品市場における有価証券の売買委託の仲介、③有価証券の引受け・売出しなどである（金商28条 8 項）。

　前記の業務が禁止される理由として、次が考えられる。①金融機関がリスクの高い有価証券関連業を行うことにより、預金者等の利益を損ねること（銀行の健全性確保・預金者保護）、②預金者と投資者という性格の異なる顧客を相手に同一の法人が取引をすると、一方の顧客に有利で他方の顧客に不利な取引が行われやすいこと（利益相反の防止）、③企業に融資をして発言力が大きい金融機関が証券業を兼営すると、企業の資金調達の際に株式・社債の発行よりも貸付けを優先する傾向が生じること（銀行の優越的地位の濫用防止・証券市場の育成）

図表 3 - 2　証券業務別による登録必要の有無

区分	具体的行為・業務
登録の不要	①金融機関が投資目的で行う有価証券の売買、有価証券デリバティブ取引、②信託契約に基づいて他人の計算で行うこれら取引
登録の必要	①書面取次ぎ行為、②公共債、資産流動化証券、みなし有価証券等に関する売買・その仲介、店頭デリバティブ取引、③有価証券関連以外のデリバティブ取引、④投資信託等の売買・仲介等、⑤投資助言・代理業、有価証券等管理業務

である。

(2)　**有価証券関連業等の許容**　　金融機関の証券業務には、①内閣総理大臣の登録なく可能なもの（金商33条 1 項但書）、②登録を要するもの、がある（金商33条の 2 ）。登録を受けた金融機関は、**登録金融機関**とよばれる。

　登録をすることにより、金融機関が一定の証券業務を許容される理由は、①顧客の利便性、②公共債の低リスクと発行手続の円滑化、③投資者層の拡大を通じた市場の活性化、④預金者保護と抵触しないこと、などが指摘できる。

　登録金融機関は金融商品取引業者等として、金融商品取引業者の行為規制（金商36条の 2 から40条の 5 ）に服する。例えば、金融商品取引契約の締結・勧誘にかかる禁止行為、損失補てん等の禁止などである。また、内閣総理大臣による報告徴収・検査権の対象となる。これらに違反した場合、登録の取消し、業務の停止、役員の解任等の行政処分の対象となる（金商52条の 2 ）。

　なお、①金融機関が金融商品取引業者を子会社とするときは、その子会社は、及び、②金融持株会社の傘下にある証券会社は、それぞれ証券業務を行うことができる（金商33条の 7 、銀行16条の 2 第 4 項）。また、信託業務を兼営する金融機関は投資運用業を行うことが可能であり、登録金融機関の一定の代理人（損害保険代理店等）は金融商品取引業の登録を受けなくても登録金融機関を代理して、投資信託等の販売の仲介ができる（金商33条の 8 ）。

2　参入規制

1　金融商品取引業者の登録

(1)　**登録の必要性**　　金商法 2 条 8 項が列挙する行為を業として行う者は、

一定の事項を記載した登録申請書を内閣総理大臣に提出して、**登録**を受けなければならない（金商29条）。登録は、第一種、第二種、投資助言・代理業務、投資運用業といった業務の種別ごとになされ、複数の登録が可能である。

　登録に際し、すべての業務の種別に共通して適用される「共通の登録拒否要件」に加え、業務の種別ごとに異なる**登録拒否要件**に照らし審査が行われる。不適格者が登録されないように、登録申請者に対し登録拒否要件に該当しないことを立証するための概要書・社内規則等の膨大な資料提出が求められる。登録といっても、免許又は許可に近い性質がある。

　とりわけ、第一種金融商品取引業及び投資運用業は厳格な要件とされる。第一種金融商品取引業は投資者と市場を仲介する中核的存在であり、投資運用業は顧客に代わり資産を運用するからである。

　内閣総理大臣は登録を拒否する理由がない限り、登録申請書の記載事項、登録年月日、登録番号を金融商品取引業者登録簿に記載しなければならない（金商29条の3第1項）。金融商品取引業者が事後的に登録拒否要件に該当することになった場合、内閣総理大臣は登録を取り消すことができる（金商52条1項）。

　(2)　**無登録の金融商品取引業者に対する措置**　　投資者を誤解させないために、金融商品取引業者でない者は、金融商品取引業者であるという商号等の使用、金融商品取引業を行う旨の表示及び金融商品取引契約の締結の勧誘が禁止される（金商31条の3・31条の3の2）。

　金融商品取引業者の登録を受けずに金商法2条8項が列挙する行為を業として行った場合、刑事罰の対象となる（金商197条の2第10号の4）。

　現実には、いきなり刑事処分の手続になるのではなく、行政処分として、①証券取引等監視委員会が、無登録業者に対し勧誘等の禁止・停止命令の発令を裁判所に申し立てること（金商192条1項）、②無登録に文書による警告とともに、対象となった業者の名称等を金融庁ホームページで公表すること、などの措置がとられることが多い。

2　登録拒否要件

　内閣総理大臣は、次の事由に抵触する場合、その登録を拒否しなければならない（29条の4）。①登録申請者が登録拒否要件に該当、②登録申請書又はその

添付書類（電磁的記録を含む）のうちに、虚偽の記載（記録）があり、若しくは重要な事実の記載（記録）が欠けているときである。以下では、登録拒否要件について述べる。

(1)　**共通の登録拒否要件**　共通の登録拒否要件とは、すべての業務の種別に共通して適用される要件である。これは、①「金融商品取引業等に係る登録・許可等を取り消され、その取消しの日から5年を経過しない者である」などの一般的拒否事由、②登録申請者が法人の場合、役員又は政令で定める使用人が法定の欠格事由に該当するなどの法人に関する拒否事由、③登録申請者が個人の場合、当該個人に関する拒否事由がある（金商29条の4第1項1号〜3号）。

(2)　**財務にかかる登録拒否要件**

(i)　最低資本金と最低純資産額　第一種金融商品取引業、第二種金融商品取引業（個人である場合を除く）又は投資運用業を行う者は、①**最低資本金の額**、②**最低純財産額**を満たしていなければ登録ができない（金商29条の4第1項4号イ・5号ロ、金商法施行令15条の7・15条の9）。金融商品取引業者との取引から生じる投資者の債権について最終的な担保になるのは業者の財産である。そのため、当該業務を健全に遂行し得る財産的基盤が求められるのである。

(ii)　営業保証金　第二種金融商品取引業者を行う個人、投資助言・代理業のみを行う者は、**営業保証金**を主たる営業所等の最寄りの供託所に供託しなければならない（金商31条の2第1項）。これら業者は、登録拒否要件において最低資本金等の財務規制が課されていない。その業務により被害が生じた場合、営業保証金を供託しておくことにより被害者への損害賠償などに対処できる。

(iii)　自己資本比率　第一種金融商品取引業を行う者は、**自己資本比率**が120％を下回ってはいけない（金商29条の4第1項6号イ）。自己資本規制比率とは、金融商品取引業者が負担している各種リスクが現実となった場合、その損失に耐え得るだけの流動性のある自己資本の保持を義務付けるものである。自己資本規制比率の算出方法は、次である（金商46条の6第1項）。

（分母）①資本金＋準備金等（金商業府令176条）－②固定資産等（金商業府令177条）

（分母）①市場リスク相当額＋②取引先リスク相当額＋③基礎的リスク相当額の合計額

　分母における、①市場リスク相当額とは、保有する有価証券の価格の変動等

図表3-3　登録拒否要件の比較

区　分		第一種金融商品取引業	第二種金融商品取引業	投資助言・代理業	投資運用業
共通登録拒否要件		一般的拒否事由・法人に関する事由・個人に関する事由			
株式会社要件		株式会社のみ	個人も可		株式会社のみ
財務要件	最低資本金	5000万円、PTS業務3億円、元引受業務5億円、元引受けの主幹事30億円	法人は1000万円（個人は営業保証金1000万円）	営業保証金500万円	5000万円
	最低純財産	5000万円～30億円（上記区分）	法人は5000万円	なし	5000万円
	自己資本比率	あり	なし		
主要株主要件		あり	なし		あり
商号要件		あり	なし		
国内拠点要件		あり	あり（法人）	なし	あり
業務範囲要件		あり	なし		あり

によるリスク、②取引先リスク相当額とは、取引の相手先の契約不履行等によるリスク、③基礎的リスク相当額とは、事務処理のミス等の日常的な業務の遂行上発生し得るリスク（金商業府令178条1項）、である。

　第一種金融商品取引業者はリスクの高い有価証券を自己勘定で保有すること、一般投資者の財産を預かって取引をすることが多い。市場環境の変化により第一種金融商品取引業者の収入は大きく影響を受けるため、財務の健全性確保及び投資者保護の観点から、自己資本規制比率の一定水準の維持は義務とされる。

(3)　**株式会社要件・主要株主要件等**

（i）　株式会社要件　　第一種金融商品取引業又は投資運用業を行う者は、株式会社（取締役会及び監査役設置会社）であることを要する（金商29条の4第1項5号イ）。株式会社は有価証券発行による資金調達ができ、会社法においても会社の機関・情報開示等のガバナンス構築が法定されており、財務等の健全性が期待できるからである。

（ii）　主要株主要件　　第一種金融商品取引業又は投資運用業を行う者は、登

録申請者の主要株主（総株主等の議決権の20％の保有者）が欠格事由に該当しないことを要する（金商29条の4第1項5号ニ～ヘ）。例えば、①主要株主が個人であるときは、申請者の役員についての欠格事由と同様の事由、②主要株主が国内法人であるときは、主要株主及びその役員についての欠格事由と同様の事由が、それぞれの欠格事由となる。

(iii)　業務範囲にかかる要件　　第一種金融商品取引業又は投資運用業を行う者は、他に行っている事業（金商35条1項及び2項各号に掲げる付随業務・兼業業務に該当するもの以外に限る）にかかる損失の危険の管理が困難でないことを要する（金商29条の4第1項5号ハ）。

(4)　商号要件・国内拠点要件

(i)　商号要件　　第一種金融商品取引業を行う者は、他の第一種金融商品取引業者と誤認されるおそれのある**商号**を用いてはならない（金商29条の4第1項6号ロ）。

(ii)　国内拠点要件　　第一種金融商品取引業、第二種金融商品取引業（個人である場合を除く）又は投資運用業を行う者は、国内営業所又は事業所の設置義務を負う（金商29条の4第1項6号ロ）。海外取引が関係する不正な事案が生じた場合、金融商品取引業者が**日本国内に拠点**を有していないと、投資者の被害の把握などに支障が大きいからである。

(5)　銀行法等の別途要件　　登録金融機関は別途、銀行法等により、株式会社要件、主要株主要件、最低資本金・最低純資産額要件、自己資本比率要件等を満たす必要がある。

3　私設取引システム業務の認可

(1)　私設取引システムとは　　私設取引システム（Proprietary Trading System：PTS）とは、金融商品取引所ではなく、証券会社が開設する電子情報処理組織（電子ネットワーク）を利用して、同時に多数の投資者を相手として有価証券の売買等を成立（マッチング）させるものである（金商2条8項・10項）。

PTSは取引所取引では満たされない投資者のニーズ（売買の価格決定方法、取引時間等）に対応でき、投資家に市場の複数選択肢を提供できる。例えば、インターネット証券会社はPTSにより夜間取引を行っている。他方で、取引所

にみる自主規制がなく、取引の透明性確保が課題となる。

(2) **業務の認可制**　PTS の運営は第一種金融商品取引業者に限定され、業として行う場合、内閣総理大臣の認可を受けなければならない（金商30条1項）。登録審査よりも厳格である。PTS は取引所と類似した市場を形成するためである。

PTS 業務にかかる認可には、財務要件に加え、リスク危機管理に関する適切な体制・規制整備の構築が求められる（金商30条の4、金商法施行令15条の11第1項）。

3　財務規制

1　帳簿書類の作成・保存義務

金融商品取引業者は、登録後、業務の適切性及び健全性を確保するため、次の各書類の作成義務等を負う。

(1) **帳簿書類**　金融商品取引業者は、**帳簿書類**を作成及び保存する義務を負う（金商46条の2・48条）。帳簿書類の保存期間は、例えば、顧客への交付書面の写し等は5年間、注文伝票等は7年間、取引日記帳等は10年間である（金商業府令157条2項・181条3項・184条2項）。帳簿書類の作成保存義務に違反した場合、刑事罰の対象となる（金商198条の6第3号・207条1項）。外国法人（第一種金融商品取引業者を除く）は一定の帳簿書類の代替が可能である（金商業府令181条2項）。

(2) **事業報告書**　第一種金融商品取引業者、第二種金融商品取引業者、登録金融機関は、事業報告書を作成し、内閣総理大臣に対し毎事業年度の経過後3か月以内に提出義務を負う（金商46条の3・47条の2・48条の2、金商業府令173条・182条・187条）。なお、集団投資スキームは事業報告書の提出が求められ、金融庁の監督対象となる。

(3) **説明書類**　第一種金融商品取引業者及び第二種金融商品取引業者は、事業年度ごとに、業務及び財産の状況に関する説明書類を作成する義務を負う（金商46条の4・47条の3）。これら説明書類は全営業所等に備え置き、公衆の縦覧に供しなければならない（金商法施行令16条の17）。

図表 3 - 4　財務規制の適用比較

区　　分	第一種金融商品取引業	第二種金融商品取引業	登録金融機関
帳簿書類・事業報告書の作成義務	あり		
説明書類の作成・縦覧提供義務	あり		なし
金融商品取引責任準備金の積立義務	あり	なし	あり
自己資本規制比率の維持	あり	なし	あり
事業年度の強制	あり	なし	

2　財務要件の維持

　一定の金融商品取引業者は、登録後においても財務要件の維持が要請される。

　(1)　**金融商品取引責任準備金**　　第一種金融商品取引業及び登録金融機関は、有価証券の売買その他の取引又はデリバティブ取引等の取引量に応じ、金融商品取引責任準備金を積み立てる義務を負う（金商46条の 5 第 1 項・48条の 3 第 1 項）。責任準備金は、証券事故の発生に際し、顧客に対する賠償金の支払いを円滑にし、第一種金融商品取引業及び登録金融機関の信用維持及び経営健全化に資するものである。証券事故とは、顧客意思を確認しない売買、顧客を誤認させた勧誘など、金融商品取引業者等の違法・不当行為による顧客の損害発生である。

　(2)　**自己資本規制比率**　　第一種金融商品取引業者は、自己資本規制比率が120%未満となることの回避義務を負う（金商46条の 6 第 2 項）。

3　事業年度の強制

　第一種金融商品取引業者は、事業年度が各月の初日のうち当該業者の選択する日から、当該日から起算して 1 年を経過する日までとすることが強制される（金商46条）。事業年度の開始月は任意であるが、 1 年を超える期間又は 1 年未満の期間を事業年度の期間とすることはできない。

4 金融商品取引業者の組織規制

1 取締役・監査役等に関する規制

　第一種金融商品取引業者又は投資運用業者は、公益性の観点から、その取締役・執行役が他の会社の取締役・会計参与・監査役・執行役に就任又はそれを退任した場合、遅滞なく、内閣総理大臣に届け出なければならない（金商31条の4第1項）。また、第一種金融商品取引業以外の有価証券関連業を行う金融商品取引業者の取締役・執行役が、その金融商品取引業者の親銀行等若しくは子銀行等の取締役・会計参与・監査役・執行役に就任又はそれを退任した場合も、同様の届出義務を負う（同条2項）。

　第一種金融商品取引業者及び投資運用業者は株式会社でなければならないため（金商29条の4第1項5号）、会社法の適用を受ける。会社法上の非公開会社では、定款の定めにより、①役員を株主に限定すること、②役員の任期を10年まで伸長することができる（会社332条2項・336条2項）。しかし、前記の金融商品取引業者は、会社法上のこれら規定が適用されない（金商31条の5）。

2 主要株主に関する規制

　第一種金融商品取引業者又は投資運用業者は、その経営に大きな影響力を有する主要株主（総株主等の議決権の20%以上の保有）に関する規制に服する。主要株主に関する規制として、次がある。

　①主要株主となった者は、対象議決権保有割合及び保有の目的等を記載した**対象議決権保有届出書**を遅滞なく内閣総理大臣に提出を要すること（金商32条1項）、②金融商品取引業者の主要株主でなくなったときは、遅滞なくその旨の届出を要すること（金商32条の3）、③主要株主が**特定主要株主**（過半数の議決権を有する者）となったときは、遅滞なく内閣総理大臣に提出を要すること（金商32条3項）、である。

　対象議決権保有届出書には、第一種金融商品取引業又は投資運用の登録拒否要件（金商29条の4第1項）のうち、主要株主が欠格事由に該当しない旨の添付書類を要する（金商32条2項）。登録拒否要件に該当する主要株主に対し、3か

月以内に主要株主でなくなるための措置等が命じられる（金商32条の２）。

3　業務範囲の規制

(1) **付随業務**　　金融商品取引業務そのものではないが、金融商品取引業務と密接にかかわっている業務がある。例えば、有価証券の貸借、有価証券に関連する情報の提供・助言、M&Aの相談業務、経営相談などである。これら業務の提供は投資者の利便性を高めるものである。そのため、第一種金融商品取引業者及び投資運用業者は、金商法35条１項に規定する業務は、**その他の附随する業務**として、内閣総理大臣に届け出ることなく行うことができる。

(2) **届出（兼業）業務**　　第一種金融商品取引業者及び投資運用業者は、貸金業、宅地建物取引業など、いわゆる証券業以外の一定の業務を兼業することができる。投資者は多種類のサービスを同一の業者から受けることができる。しかし、兼業のリスクにより金融商品取引業者としての健全性をチェックすることができるように、内閣総理大臣に届け出ることを要する（金商35条６項）。

(3) **承認業務**　　付随業務及び届出業務以外の業務については、内閣総理大臣の承認を要する（金商35条４項）。承認を受けて行うことができる業務の範囲に法的制限はない。しかし、公益に反するとき、又は損失の危険の管理が困難であるときは、内閣総理大臣は承認を拒否できる（同条５項）。

5　特定の業に対する行為規制

1　投資助言業務に関する特則

投資助言業務は顧客の財産運用を委託されるのではないが、一般投資者は金融商品取引業者の投資助言に依存することが多い。そのため、投資助言業者は顧客に対し忠実義務及び善管注意義務を負うとともに（金商41条）、顧客の利益を害するとされる次の行為は禁止される（金商41条の２）。

第１に、顧客相互間の利益が相反する助言である。例えば、顧客Ａが有する有価証券の銘柄の値下がりが予想される場合、Ａに売却を推奨する一方、他の顧客Ｂらに同一銘柄の有価証券の買付けを奨励する行為が対象となる（同条１号）。

第2に、**スキャルピング**である。顧客取引に基づく価格・指標等の変動を利用して、自己又は第三者の利益（証券売買差益の拡大等）を図る目的で、正当な根拠を有しない助言をする行為が対象となる（同条2号）。

　第3に、通常の取引の条件と異なる条件で、かつ、当該条件での取引が顧客の利益を害することとなる条件での取引を行うことを内容とした助言を行うことである（同条3号）。実際に助言を受けた顧客が取引をすること、取引による損害の有無は問わない。

　第4に、顧客情報を利用した自己取引である。助言を受けた顧客が行う取引に関する情報を利用して、投資助言業者の自己の計算において有価証券の売買その他の取引又はデリバティブ取引を行うことが対象となる（同条4号）。

　第5に、損失補てん・利益提供である。助言を受けた取引により生じた顧客の損失に対し、事後的な補てん及び利益追加することである（同条5号）。

　第6に、内閣府令で定める行為である。例えば、不当に取引高を増加させ、または作為的に値付けをすることとなる取引の助言などである（同条6号・金商業府令126条）。

2　投資運用業に関する特則

(1)　**投資運用業者の義務**　　投資運用業者は、専門的能力に基づき権利者から信頼を得て、財産運用を委ねられている。そのため、投資運用業者は、権利者に対し、①投資運用業者の忠実義務・善管注意義務（金商42条）、②分別管理義務（金商42条の4）、③運用報告書の交付義務（金商42条の7）を負う。権利者とは、投資一任契約ではその契約相手であり、信託財産の運用では受益者等をいう（金商42条1項1号～3号）。

　また、投資運用業者は、次の行為が禁止される（金商42条の2）。①自己・その取締役等が相手方となり、投資運用財産との間で取引を行うこと、②投資運用業者が複数の財産を運用する際に、財産相互間で取引を行うこと、③スキャルピングの禁止、などである。

(2)　**運用権限の委託**　　有価証券及びデリバティブ取引の多様化・複雑化により、投資運用業者が運用権限をより高度な専門性を有する者に委ねることが権利者の利益になる場合がある。そのため、投資運用業者は、予め、①一定の契

論点 3 - 2　投資ジャーナル事件──株式買付金の融資仮装と金員の騙取

　投資ジャーナル事件は投資ジャーナル・グループが組織的に巧妙な方法で投資者から金員を詐取し、被害者数・被害金額の大きさで世間の注目を集めた。本事件を契機として投資顧問業法が制定され、平成18年に金商法は、証券取引法、投資信託・投資法人法、投資顧問業法等を整理・統合して立法がなされた。

　東京地裁平成 2 年11月26日判決は、一般投資者からの金員の騙取行為が、会社を含むグループの組織的行為であるとして、投資ジャーナル・グループの主宰者等の不法行為が認定された事案である。被告 Y1は、投資ジャーナル・グループを統括する会長であり、被告 Y2はグループ会社 P 社の営業責任者等の地位にあった。投資ジャーナルは、一般投資者から入会金を徴取して、投資顧問の会に入会させ、①株式の分譲（同会が有する株式を市場価格より安く譲渡するというもの）、②10倍融資（保証金の10倍まで融資して、その融資金で株式の買付けをするというもの）等の話を持ちかけ、株式売買代金又は10倍融資保証金の名目で、P 社等に振り込ませた。投資ジャーナルは、テレビ番組で視聴者の株式に関する相談に応じる旨のテロップを流し、それを観た原告 X を勧誘して、会費10万円・株式売買代金453万円余を騙取した。

　東京地裁は、「Y1らは、株式を交付する意思も能力もないのに株式売買代金名目下に金員を払い込むよう勧誘し、金員を騙取する行為が行われることは当然認識して、これを共謀して行った」と述べ、被告 Y1らに弁護士費用を含む463万円余の損害賠償を命じた（東京地判平 2 ・11・26判時1399・88）。

　約その他の法律行為において、②内閣府令で定める事項の定めがある場合に限り、運用権限の一部又は全部を、他の投資運用業者に委託が可能である（金商42条の 3 第 1 項）。権利者は投資運用業者の変更があり得ることを認識して投資ができる。

　前記①の運用権限が可能となる「一定の契約等」とは、投資法人の資産運用契約、投資一任契約（金商 2 条 8 項12号）、投資信託契約（同項14号）、集団投資スキームに係る契約等（同項15号）、である（金商42条の 3 第 1 項各号）。しかし、投資運用業者は、すべての運用財産につき、運用権限の全部を第三者（委託先）に委託することはできない（金商42条の 3 第 2 項）。自己執行義務を負うためである。

(3) **集団投資スキームの自己運用に係る分別管理**　投資運用業者は集団投資スキームの自己運用を行う場合（金商2条8項15号）、集団投資スキーム持分等を有する者から出資・拠出を受けた金銭・有価証券等の分別管理義務を負う（金商42条の4）。

3　有価証券等管理業務に関する特則

　有価証券等管理業務（金商28条1項5号）では有価証券等を管理するが、投資助言業務及び投資運用業のように裁量的判断をもって顧客の資産運用に関与しない。しかし、有価証券等管理業務に際し、金融商品取引業者等は管注意義務（金商43条）に加え、有価証券及び金銭の分別管理義務（金商43条の2）、商品関連市場デリバティブ取引にかかる分別管理義務（金商43条の2の2）、デリバティブ取引に係る区分管理義務（金商43条の3）、顧客の有価証券等の担保化の同意書面義務（金商43条の4）、が求められる。

　分別管理とは、金融商品取引業者等が顧客から預託を受けた金銭・有価証券について、金融商品取引業者等の経営が破綻した場合でも、確実に顧客に返還できるように管理することである。①有価証券に関し、顧客の有価証券をその他の有価証券と区別して管理する、②金銭等に関し、顧客分別金信託として、信託銀行に信託することが求められる。分別管理の方法は、内閣府令が定める（金商業府令136条1項）。

6　金融商品取引業者に対する監督（行政処分及び業務改善命令）

　第1に、個別の行政処分として、内閣総理大臣は、金融商品取引業者が以下のいずれかに該当する場合には、当該金融商品取引業者の登録（金商29条）・認可（同30条1項）の取消し、又は6か月以内の業務の全部若しくは一部の停止を命ずることができる（同52条1項1号ないし11号）。すなわち、①一定の登録拒否事由に該当することになった場合（同1号ないし4号）、②不正の手段により登録を受けた場合（同5号）、③法令又は法令に基づいてする行政官庁の処分に違反した場合（同6号）、④業務又は財産の状況に照らし支払不能に陥るおそれがある場合（同7号）、⑤投資助言・代理業又は投資運用業の運営に関し、投資

者の利益を害する事実がある場合（同8号）、⑥金融商品取引業に関し、不正又は著しく不当な行為をした場合において、その情状が特に重い場合（同9号）、⑦認可に付した条件に違反した場合（同10号）、⑧認可基準に適合しないようになった場合（同11号）である。更に、場合によっては金融商品取引業者に対して役員の解任が命ぜられる（同52条2項）。

　第2に、一般的な業務改善命令として、内閣総理大臣は、金融商品取引業者の業務の運営又は財産の状況に関し、公益又は投資者保護のため必要かつ適当であると認める場合、その必要の限度において、当該金融商品取引業者に対し、業務の方法の変更その他業務の運営又は財産の状況の改善に必要な措置をとるべきことを命ずることができる（金商51条）。もともと業務の停止等の処分事由があってはじめて業務改善命令を発することができたが、現在では、処分事由を限定せずに発することができるので、監督当局にとっては広範な監督権限が付与されたことになる。この金商法51条に基づく業務改善命令に係る例としては、平成24年4月13日付のSMBC日興証券株式会社等があり、本件では、①営業員の管理を含む法人関係情報の管理態勢を改めて検証し、必要な改善を図ることにより、実効性ある内部管理態勢を構築すること、②法人関係情報の取扱いをはじめとする法令諸規則等にかかる知識の十分な習得のため、広範かつ集中的な研修を実施することなどにより、役職員の法令遵守意識の徹底を図ること、③本件にかかる役職員の責任の所在の明確化を図ること、④①〜③について、その対応状況を書面で報告することが命じられた。

7　特別金融商品取引業者等に関する特則

1　特別金融商品取引業者

　市場仲介者としての業務運営の適切性確保や顧客資産の適正管理等の目的から、金融商品取引業者には自己資本規制比率等の規制（金商46条の6）が行われているが、これらの規制は単体ベースでしかない。しかし他方、第一種金融商品取引業者にかかる組織の集団化も進んでおり、単体ベース規制だけでは維持できなくなった。そこで、平成22年の金商法改正では、連結規制や監督枠組みにかかるグループ規制が導入され、その主体に対して「**特別金融商品取引業**

者」という概念を法定することで対応した。すなわち、第一種金融商品取引業者は、その総資産の額が政令で定める金額（1兆円〔金商法施行令17条の2の2〕）を超えた日から2週間以内に、その旨並びに当該総資産の額及びその算出の基礎につき内閣総理大臣に届け出られなければならないが、この届出をした者のことを、特別金融商品取引業者というのである（金商57条の2第1項・2項）。したがって、①第一種金融商品取引業を行う者であること、②総資産の額が1兆円を超過した日から2週間以内にその旨（超過）等の届出をしたことのほか、③外国法人でないこと（同57条の2第1項括弧書）のすべての要件を満たす者は特別金融商品取引業者になる。もっとも、届出後に総資産の額が1兆円以下になっても、その状態が2年間継続しない限り、後述する川下連結等の対象になる（同57条の2第6項2号）。

　この特別金融商品取引業者に親会社がある場合には、グループ経営の実態を明らかにする必要から、前述の届出日から原則として1か月内（金商法施行令17条の2の3第1項）に内閣総理大臣に対して所定の書類を提出するよう要求される。すなわち、①親会社の商号等を記載した書類、②所属するグループの最上位の親会社の直近の四半期報告書等、③所属するグループが他の法令・外国の法令等に基づく監督を受けている場合はその旨を説明する書類、④親会社による経営管理やグループ会社による資金調達に関する支援を受けている場合には当該経営管理又は支援の内容及び方法を記載した書類、である（金商57条の2第2項）。

2　特別金融商品取引業者にかかる届出（グループ規制）

　特別金融商品取引業者がグループ全体として複雑な業務を行っている場合、グループ内の親会社・子会社等から生じる財務・業務上の問題から当該特別金

融商品取引業者が突然破綻したりする場合等が考えられ得るので、当該業者からみて川下（子会社）側と川上（親会社）側の両方に対し、連結の財務及び業務規制が課されている（例えば財務の健全性確保のための連結自己資本規制比率につき、金商57条の5・57条の17）。特別金融商品取引業者の親会社が当該特別金融商品取引業者の経営管理を事業として行っている場合（同57条の12第1項1号）、又は、親会社又はその子会社等が当該特別金融商品取引業者に対し、当該特別金融商品取引業者に不可欠な資金調達支援を行っている場合（同57条の12第1項2号）には、親会社・兄弟会社を含むグループ全体が連結規制・監督の対象になり（川上連結）、これに該当しない特別金融商品取引業者については、当該特別金融商品取引業者とその子法人等を対象とする連結規制・監督が行われる（川下連結）。

(1)　**「川下連結」における規制**　　まず、川下連結として、総資産の額が1兆円を超える特別金融商品取引業者は、当該特別金融商品取引業者とその子法人等（他の会社の子会社その他の当該他の会社と密接な関係を有する法人その他の団体〔金商57条の2第9項、金商法施行令17条の2の4→15条の16の2第1項各号〕）を対象とする連結の規制・監督が行われる。連結規制としては、主として①親会社がある場合の特別金融商品取引業者に対し、最上位の親会社の四半期報告書その他の当該業者の親会社及びその子法人等の業務及び財産の状況を記載した書類の四半期ごとの提出が義務付けられ（金商57条の2第5項）、また②子法人等を有する特別金融商品取引業者には、当該特別金融商品取引業者及びその子法人等の業務及び財産の状況を記載した連結ベースの事業報告書の作成と、その毎事業年度経過後3か月以内の提出が要求される（同57条の3第1項）。さらに、③事業年度ごとの作成と備え置きが必要なものとして、特別金融商品取引業者及びその子法人等の業務及び財産の状況に関する事項を記載した連結ベースの公衆縦覧型の説明書類が要求されるほか（金商57条の4、金商業府令208条の13、金商法施行令17条の2の6）、④四半期ごとの届出が必要なものとして、一定の基準を用いて表示される経営の健全性の状況を記載した書面も要求される（同57条の5第2項、同府令208条の14、同施行令17条の2の7第1項）。

　他方、監督・処分として、内閣総理大臣は、特別金融商品取引業者及びその子法人等の経営の健全性の状況に照らして公益又は投資者保護のため必要かつ

コラム3-2　指定親会社

　金融庁のホームページによると、令和2年6月30日現在で指定親会社として指定されているのは、株式会社大和証券グループ本社と、野村ホールディングス株式会社の2社である。このうち、大和証券グループ本社に関して、最終指定親会社及びその子法人等の主要な組織構成を示すと、次の通りである（2017年3月期の業務及び財産の状況に関する説明書類〔http://www.daiwa-grp.jp/japanese/pdf/ar2017/disclosure2017.pdf〕6頁より作成）。

株式会社大和証券グループ本社（最終指定親会社）

【リテール部門】（子法人等）
大和証券株式会社　　　　　　　　　　　　　　　　　　　　他

【ホールセール部門】（子法人等）
大和証券株式会社
大和証券キャピタル・マーケッツヨーロッパリミテッド
大和証券キャピタル・マーケッツ香港リミテッド
大和証券キャピタル・マーケッツシンガポールリミテッド
大和証券キャピタル・マーケッツアメリカホールディングス Inc.
大和証券キャピタル・マーケッツアメリカ Inc.　　　　　　他

【アセット・マネジメント部門】（子法人等）
大和証券投資信託委託株式会社
大和住銀投信投資顧問株式会社
大和リアル・エステート・アセット・マネジメント株式会社　他

【投資部門】（子法人等）
大和企業投資株式会社
大和 PI パートナーズ株式会社
大和証券エスエムビーシープリンシパル・インベストメンツ株式会社　他

【その他】
株式会社大和総研ホールディングス
　　株式会社大和総研
　　　　株式会社大和総研ビジネス・イノベーション
株式会社大和ネクスト銀行
株式会社大和証券ビジネスセンター
大和プロパティ株式会社　　　　　　　　　　　　　　　　他

適当であると認める場合、その必要の限度において当該特別金融商品取引業者に対し、３か月以内の期間を定めて業務の全部若しくは一部の停止を命じ、又は業務の方法の変更、財産の供託その他監督上必要な事項を命ずることができる（金商57条の６第１項）。この命令は、特別金融商品取引業者及びその子法人等の経営の健全性の状況にかかる区分に応じて行われる（同57条の６第２項）。業務の全部若しくは一部の停止が命じられた場合において、その日から３か月を経過した日に当該特別金融商品取引業者及びその子法人等の経営の健全性の状況が改善せず、かつ改善する見込みがないと認められる場合、内閣総理大臣は、当該業者の登録（同29条）を取り消すことができる（同57条の６第３項）。

(2)　**「川上連結」における規制**　　次に、川下連結の対象となる特別金融商品取引業者の親会社のうち、内閣総理大臣から指定を受けた親会社（指定親会社）については、当該親会社を含むグループ全体を対象とした川上連結としての規制・監督を受ける。その指定の通知に際しては、指定親会社が系列上の頂点にある「**最終指定親会社**」であるか否かの通知がなされる（金商57条の12第３項）。

連結規制として、最終指定親会社は、①当該最終指定親会社及びその子法人等の業務及び財産の状況を記載した連結ベースの事業報告書の作成と、その毎事業年度経過後３か月以内の提出を要請されるほか（金商57条の15第１項、金商業府令208条の23）、②最終指定親会社及びその子法人等の業務又は財産の状況に関して内閣総理大臣への報告が義務付けられる（同57条の15第２項）。具体的に提出が要求されるのものとして、資金調達に関する支援の状況等に関する報告書、四半期連結財務諸表が掲げられる（同府令208条の25第１項１号・２号）。また、③最終指定親会社には、当該最終指定親会社及びその子法人等の業務及び財産の状況に関する事項を記載した連結ベースの公衆縦覧型の説明書類の作成と、その１年間の備置きが要請される（同57条の16、同府令208条の26、同施行令17条の２の10）。

他方、監督・処分として、内閣総理大臣は、指定親会社の業務又は当該指定親会社及びその子法人等の財産の状況に照らして公益又は投資者保護のため必要かつ適当であると認めるときは、その必要の限度において、当該指定親会社に対し、対象特別金融商品取引業者の業務の運営又は財産の状況の改善に必要な措置をとるべきことを命ずることができ、更に、この命令にかかる措置の実

施の状況に照らして特に必要があると認めるときは、対象特別金融商品取引業者に対し、その業務の運営又は財産の状況の改善に必要な措置をとるべきことを命ずることができる（金商57条の19第1項・2項）。また、指定親会社が法令又は法令に基づき行われる処分に違反した場合や、業務又は財産の状況に照らし支払不能に陥るおそれがある場合には、当該指定親会社に対し3か月以内の期間を定めて対象特別金融商品取引業者の親会社でなくなるための措置その他必要な措置をとるべきことを命じるか、又は対象特別金融商品取引業者に対し6か月以内の期間を定めて業務の全部若しくは一部の停止を命ずることができる（同57条の20第2項）。

8 外国証券業者の規制

外国証券業者とは、金融商品取引業者及び銀行等の金融機関（金商法施行令1条の9）以外の者で、外国の法令に準拠し、外国において有価証券関連業を行う者（金商58条）のことをいう。外国証券業者は、金融商品取引業の登録を受けない限り、有価証券関連業（同28条8項）を行うことはできないが、一定の例外として、金融商品取引業者のうち有価証券関連業を行う者を相手方とする場合や、その他政令で定める場合が規定されている（同58条の2）。政令では、政府又は日本銀行を相手方とする有価証券関連業や、投資目的を有する銀行等を相手方とする有価証券売買又はデリバティブ取引などが掲げられる（金商法施行令17条の3、金商業府令208条の36・125条の3）。更に、内閣総理大臣の許可や届出等の一定の条件が付されるが、元引受業務（金商59条）や取引所取引業務（同60条）、投資助言業務又は投資運用業務（同61条）、情報収集のための施設の設置（同62条）を行うことも可能である。

9 金融商品仲介業者の規制

1 金融商品仲介業

　幅広い投資家の市場参加を促進するには、証券会社の販売チャンネル機能を拡充・多様化することも重要である。銀行等の金融機関と比べて、証券会社の

場合は店舗数が少なく、新たな制度の創設が必要であったからにほかならない。そのため、平成15年の証券取引法改正によって証券仲介業制度が導入されたが、金商法では、金融商品仲介業としてこの制度を引き継いでいる。平成16年改正では、銀行等の金融機関であっても、一定の弊害防止措置の下で証券仲介業を行うことが認められた。

　金融商品仲介業とは、金融商品取引業者等（第一種金融商品取引業者若しくは投資運用業者又は登録金融機関）の委託を受け、当該委託者のために次のいずれかが行われる業務のことをいう（金商2条11項）。すなわち、①有価証券の売買の媒介（私設取引システム〔PTS〕の運営を除く）、②取引所金融商品市場等における有価証券の売買又は市場デリバティブ取引等の媒介、③有価証券の募集若しくは売出し等の取扱い、④投資顧問契約又は投資一任契約の締結の媒介、である。法人であっても、個人であっても、金融商品仲介業を営もうとする者は内閣総理大臣の登録を受けなければならない（同2条12項・66条）。

2　金融商品仲介業者の業務規制

　金融商品仲介業者は、顧客に対し誠実かつ公正にその業務を遂行するとはいえ（金商66条の7）、顧客と金融商品取引業者との間での有価証券の売買等の媒介を行うだけであり、必ずしも自ら売買契約や売買取引の委託契約の当事者になるわけではない。そのため、金融商品仲介業者は、金融商品仲介行為を行おうとする場合、顧客に対して、事前に所属金融商品取引業者等の商号又は名称、代理権がない旨等の事項を明らかにしなければならず（同66条の11）、また名目の如何を問うことなく、その行う金融商品仲介業に関して顧客から金銭等の預託を受けること自体が禁止される（同66条の13）。保管を伴わない単純な金銭等の預かりの場合も同様である。更に、損失補てん等が禁止され（同66条の15・38条の2・39条）、金融商品取引業者に対する顧客の勧誘等に関する禁止行為も定められる（同66条の14第1号・38条1号・2号～6号）。

3　所属金融商品取引業者の損害賠償責任

　金融商品仲介業者が顧客に対して不当な投資勧誘を行った結果、顧客に取引損が発生した場合や、禁止行為に反して顧客の金銭等の預託を受けた場合のよ

うに、金融商品仲介業者が金融商品仲介業につき顧客に損害を与えた場合には、所属金融商品取引業者等は、金融商品仲介業者への委託につき相当の注意をし、かつ損害発生の防止に努めたときを除き、当該金融商品仲介業者が顧客に加えた損害を賠償する責任を負う（金商66条の24）。所属金融商品取引業者が賠償責任を負うとされるのも、金融商品仲介業者が単に有価証券等の販売チャンネルを拡大する手段にすぎず、利益を享受するのは金融商品取引業者であるからである。

10　信用格付業者にかかる規制

1　総　説

　格付会社が20世紀初頭にアメリカの鉄道会社の株式・社債に格付けして以降、格付会社は現在まで長い歴史を有し、近年では、格付会社の格付けが多くの投資家や金融機関の監督規制にも利用されるようになった。したがって、その社会的影響力も相当強まっているといえる。しかし、とりわけ2007年から2008年にかけて生じた世界的な金融危機の過程では、証券化商品の格付けや格付けの見直し等の問題に関連して格付会社への批判が強まった。格付会社の格付けも金融危機の要因の1つとして認識されたからである。この批判を受け、我が国を含め欧米でも、格付会社に対する規制の強化・見直しが図られた結果、ヨーロッパでは2009年に格付機関に関する規則が制定され、アメリカでは2010年にいわゆる**ドッド＝フランク法**が制定されたほか、我が国でも2009年の金商法改正によって信用格付業者にかかる規制が導入された。

2　信用格付け・信用格付業者

　信用格付けとは、金融商品又は法人の信用状態に関する評価（信用評価）の結果について記号又は数字を用いて表示した等級をいい（金商2条34項）、この信用格付けを付与し、かつ提供し又は閲覧に供する行為を業として行うことを**信用格付業**という（同2条35項）。信用格付業につき内閣総理大臣の登録を受けた法人が、信用格付業者になる（同2条36項・66条の27）。この場合の信用格付業の登録は任意であるので（同66条の27では、「登録を受けることができる」と規定する）、登録がなくても信用格付業を行うことは可能である。もっとも、金融商品取引契約の締結の勧誘をする行為に際して、金融商品取引業者が無登録業者の格付けを利用する場合、投資者保護の観点から当該格付が無登録者によるものであることなどの事実を告げる必要がある（同38条3号）。登録が任意であるのは、何人も登録を受けなければ業として信用格付業を行うことができないとすると、そもそも信用格付けは金融商品や発行者の信用状態にかかる意見の表明であるので、言論の自由の大きな制約になるからである。

3　信用格付業者の義務

　(1)　**誠実義務**　　信用格付業者（その役員及び使用人）は、独立した立場において公正かつ誠実にその業務を遂行しなければならない（金商66条の32）。したがって、信用格付業者は、顧客に対する誠実義務を負うのではなく、独立した立場で公正かつ誠実にその業務を行う職責に関して義務を負う。

　(2)　**業務管理体制整備義務**　　信用格付業者は、信用格付業を公正かつ的確に遂行するため、内閣府令で定めるところにより（金商業府令306条）、業務管理体制を整備しなければならない（金商66条の33）。具体的には、主任格付アナリスト等のローテーションルール（同一の格付関係者〔発行者等〕に5年間継続して関与した場合、その後2年間関与しない期間を設ける措置）や、役員の職務の執行の効率性確保のための体制、法令等の遵守を確保するための措置、格付プロセスの品質管理・利益相反を防止するための措置等が定められる（同府令306条1項1号〜17号）。

　(3)　**禁止行為**　　利益相反の疑いの観点から、信用格付業者等が格付関係者と密接な関係（役員関係等）を有する場合、信用格付業者に信用格付けの提

供・閲覧に供する行為が禁止される（金商66条の35第1号、金商業府令308条・309条）。また、一定の場合を除き（同府令311条）、格付関係者にかかる信用格付けに重要な影響を及ぼすべき事項に関して助言を行った場合も、信用格付業者がコンサルティング行為を提供して格付けを行うと、独立の立場に基づく公平な格付けが行われない可能性があるため、禁止される（同66条の35第2号、同府令310条）。

(4) **帳簿書類・事業報告書の作成**　信用格付業者は、信用格付業に関する帳簿書類の作成・保存義務（金商66条の37、金商業府令315条）、事業報告書の作成・提出義務（同66条の38、同府令316条）も負う。

(5) **情報の開示**　更に、信用格付業者は、信用格付けを付与・提供又は閲覧に供するための方針及び方法（格付方針等）を定めて公表し、当該格付方針等に従い、業務を行う必要がある（金商66条の36第1項・2項、金商業府令313条）。格付方針等は、インターネットの利用その他の方法により、投資者や信用格付けの利用者が常に容易に閲覧できるよう公表される（同府令314条1項）。また、業務の状況に関しては、説明書類の作成・提出も義務付けられる（同66条の39、同府令318条）。

4　信用格付業者に対する監督

その他、信用格付業者に対する業務改善命令（金商66条の41）や監督上の処分（登録取消、業務停止命令等〔同66条の42第1項〕）、報告の徴取・検査権（同66条の45）等が定められている。

II　高速取引行為者にかかる規制

1　総　　説

情報通信技術（IT）の進展によって金融資本市場を取り巻く環境も変化したが、近年では、当該変化に伴って株式等のアルゴリズム高速取引の影響力も増大した。プログラムを使用して高速で株式売買を繰り返すこの高頻度取引（high frequency trading：HFT）には、市場に流動性を供給する反面、市場でのボラティリティの急激な上昇、中長期的な企業価値に基づく価格形成の阻害、

システムの脆弱性等の観点からの懸念も指摘される。そのため、このような環境変化に対応し、平成29年改正金商法では、登録制の導入等の制度面からの手当てを行うほか、当局が高速取引等の実態を十分に把握し、ひいては高速取引に基づく市場の混乱を防止できるよう整備された。

2　高速取引行為者に対する登録制

　高速取引行為とは、有価証券の売買又は市場デリバティブ取引、その行為の委託若しくはこれに準じる行為（金商法施行令1条の22）を行うことについての判断が、電子情報処理組織により自動的に行われ、かつ、当該判断に基づく有価証券の売買又は市場デリバティブ取引を行うために必要な情報の金融商品取引所（その他の者として定義府令26条1項）に対する伝達が、情報通信技術を利用する方法であって、当該伝達に通常要する時間を短縮するための方法として内閣府令で定める方法（定義府令26条2項）を用いて行われるものをいう（金商2条41項）。ただし、単にプログラムに従って取引を行っている個人投資家等のように、その内容等を勘案し、投資者の保護のため支障を生ずることがないと認められるものは除かれる（同項括弧書）。金融商品取引業者等、一定の者以外の者が、この高速取引行為を行おうとする場合は内閣総理大臣の登録を受ける必要があり、この登録を受けた者のことを高速取引行為者という（同66条の50）。高速取引行為者が登録申請を行う場合には、申請者は、登録拒否事由に該当しない旨の制約書や業務方法書等を添付した上で、申請者の商号、名称又は氏名、法人であるときは資本金の額又は出資の総額等の記載がある登録申請書を、内閣総理大臣に提出しなければならない（同66条の51第1項・2項）。ただし、自己の名義をもって他人に高速取引行為を行わせることはできない（名義貸しの禁止〔同66条の56〕）。

3　高速取引行為者に対する業規制等

　高速取引行為者は、第1に、その行う高速取引行為にかかる業務を適確に遂行するための業務管理体制を整備しなければならない（金商66条の55）。具体的には業務を適確に遂行するための社内規則等が整備されていることや、高速取引行為にかかる電子情報処理組織その他の設備の管理を十分に行うための措置

がとられていることである（金商業府令336条1号・2号）。第2に、業務の運営
の状況が次の状況に該当しないように業務が行われる必要がある。すなわち、
①高速取引にかかる電子情報処理組織その他の設備について、電子情報処理組
織の異常な動作等により金融商品市場の機能の十全な発揮に支障を及ぼさない
ようにするための管理が十分でないと認められる状況にあること、②その他、
業務の運営の状況が公益に反し、又は投資者の保護に支障を生ずるおそれがあ
るものとして内閣府令（金商業府令337条1号・2号）で定める状況にあること、
である。高速取引行為者は、これらの状況に該当しないようにしなければなら
ない。また、業務に関する帳簿書類の作成・保管だけでなく（金商66条の58、金
商業府令338条）、事業年度ごとの事業報告書の作成・提出も規定される（同66条
の59、同府令339条）。

4章 金融商品取引業者等に対する行為規制

1 誠実・公正の原則

　金融商品取引業者等並びにその役員及び使用人は、顧客に対して誠実かつ公正に、その業務を遂行しなければならない（36条1項）。これを**誠実・公正の原則**と呼び、金融商品取引法（以下、金商法とする）においては、金融商品取引業者等に対する行為規制の各論的規定（金商36の2以下）の直前に置かれていることから、誠実・公正の原則は金融商品取引業者等の各行為規制の一般規定としての位置付けにある。なお、ここでいう「**金融商品取引業者等**」とは金融商品取引業者又は登録金融機関のことである（34条）。金融商品取引業者等又はその役員及び使用人が、誠実性及び公正性をもって業務を遂行しているかは、許容される範囲内で、顧客の最大の利益を確保し、市場の健全性を確保する観点から判断される［神崎＝志谷＝川口，2012：747］。

　誠実・公正の原則は金融商品取引業者等が顧客に対して投資勧誘をしたり、投資商品を販売するにあたっての種々の義務として具現化される。後述する適合性の原則や説明義務がその最たる例でもある。

2 投資勧誘に対する規制

1 違法な表示を伴う勧誘の禁止

　(1)　**虚偽又は誤解を生じる表示による勧誘**　　金商法は、金融商品取引業者又はその役員若しくは使用人が、金融商品取引契約の締結又はその勧誘に関して顧客に対し虚偽のことを告げる行為等をすることを禁じている（38条7号）。この

とき、表示された事実が正確であったとしても、投資者が合理的な判断をするにあたり必要な重要な事実が欠けているならば、そこで表示された事実のみでは、投資者に誤解を与えるものとして禁止の対象となる。また、金融商品取引業者等が金融商品取引に関する専門的な機関であることに鑑みて、金融商品取引業者等が相当な調査をせず、虚偽または誤解を生じさせる表示をして投資勧誘をすることは違法であると解すべきである。なぜなら、投資者からしてみると、金融商品取引について専門的な機関である金融商品取引業者等が特定の有価証券について投資勧誘していれば、かかる勧誘は合理的な根拠があるものと推認してしまうからである［神崎＝志谷＝川口，2012：751注（3）］。金融商品取引業者等が市場に出回っている噂などで知った内容を表示して投資勧誘をしたような場合も、その内容が虚偽でありかつ相当な調査をすれば真実が判明するときは、その表示の内容が噂などにより知ったものであることにつき違法となり得る［神崎＝志谷＝川口，2012：750］。

(2) **断定的判断の提供による勧誘の禁止**　　金商法は、金融商品取引業者等又はその役員若しくは使用人が、不確実な事項について断定的判断を提供し、又は確実であると誤認させるおそれのあることを告げて金融商品取引契約の締結の勧誘をすることを禁じる（38条2号）。たとえ金融商品取引について専門的な機関である金融商品取引業者等であっても、有価証券の騰落等を正確に予測することは不可能である。それにもかかわらず、金融商品取引業者等が、有価証券の価格等について断定的判断を提供して投資勧誘をしてしまうと、投資者はかかる断定的判断に相当な根拠があると信頼して取引を行ってしまい、その結果損害を被ることがある。これらを防止するために、金商法は、断定的判断の提供を伴う勧誘を禁じる。なお、投資者が断定的判断を信じて取引を行ったとしても、当該取引の効果は有効となるが［神崎＝志谷＝川口，2012：753参照］、当該取引の顧客は、消費者契約法に基づき契約を取り消すことができる（消費契約4条1項2号）。契約の取消しには、投資勧誘に際して断定的判断の提供がなされたことを原告の側で立証する必要があるが、断定的判断と損害との因果関係を立証する必要はない。

(3) **損失保証・利益保証を伴う勧誘の禁止**　　金商法は、金融商品取引業者等又はその役員若しくは使用人が、有価証券の売買その他の取引又はデリバティブ

取引について、顧客に損失が生じることとなった場合又は予め定めた額の利益が生じないこととなった場合に、自己又は第三者がその全部又は一部を補てんし又は補足するために財産上の利益を提供する旨を、当該顧客又は指定した者に対し、申込み若しくは約束することを禁じる（39条1項1号）。すなわち、取引前の損失補てん約束をすることが禁じられる。確かに、(2)でも述べたように有価証券の騰落等を正確に予測することは不可能であり、投資者の側からしてみると、有価証券の価格の騰落等にかかるリスクはなるべく避けたいところである。もっとも、投資者は自己責任で投資をするのが原則であり、事前に金融商品取引業者等が取引において顧客に生じた損失などを填補するために財産上の利益を提供する旨を約束することを認めてしまうと、投資者は安易な投資決定を行ってしまう。また、損失保証や利益保証の約束が仮に認められるならば、その履行のための資金を金融商品取引業者等は準備せねばならず、それにより業者側の経営を圧迫することもあり得る。

　加えて、顧客の側から損失保証・利益保証を求めることも禁じられる（39条2項1号）。金融商品取引業者等が損失保証あるいは利益保証を約束して投資勧誘をして取引が成立した場合、かかる約束の効力について見解が分かれていた。かつての学説は、禁止規定に違反して前述の約束をしたとしても、金融商品取引業者等（証券会社）は行政処分を受けるが、損失保証等の約束自体の私法上の効力は影響を受けないと解していた［鈴木＝河本，1984：319］。これに対して、市場機構を守るという公益の観点から損失保証等の約束を無効と解する見解も主張されていた［上村，1991：16］。現在では損失保証あるいは利益保証の約束を行うことは刑事罰の対象となっており、刑事罰の対象となり得る悪性の高い行為を私法上は有効とするのは困難であることから、現行法の下では無効と解すべきである［神崎＝志谷＝川口，2012：755］。

(4) 無登録の信用格付けの提供による勧誘　　金商法は、金融商品取引業者等又はその役員若しくは使用人が、顧客に対して、信用格付業者以外の信用格付業を行う者の付与した信用格付けについて、当該信用格付けを付与した者が信用格付業者の登録を受けていない者である旨及び当該登録の意義その他の事項として内閣府令で定める事項を告げることなく提供して、金融商品取引契約の締結を勧誘することを禁ずる（38条3号）。ここにいう**信用格付け**とは、金融商品

又は法人の信用状態に関する評価（信用評価）の結果について、記号又は数字を用いて表示した等級をいう。例えば、信用力が高く多くの優れた要素がある金融商品を「AAA」と表記したり、同じ等級でも上位格に近いものに「＋（プラス）」を付加したり、逆に下位格に近いものに「－（マイナス）」を付加するなどして表示される。本来、投資者は自己責任の下、投資をすることが原則であるが、一般投資者が金融商品の発行体の状態や、その将来のリスク等の全てを勘案して投資判断をすることは現実的に無理がある。信用格付けは、このような一般投資者が投資判断を行う際の判断材料として多く利用されている。上記の禁止規定が設けられているのは、規制を受けていない無登録信用格付業者が信用格付けを提供した場合に、金融商品取引業者等に投資者に対して格付けの意義や限界について説明する義務を課すことで投資者保護を図る必要があるからである。

2 投資者に不適合な勧誘の禁止

(1) **適合性の原則**　金商法は、金融商品取引業者等が、金融商品取引行為について、顧客の知識、経験、財産の状況及び金融商品取引契約を締結する目的に照らして不適当と認められる勧誘を行って投資者の保護に欠けることにならないよう業務を行わなければならないとする（40条1号）。これは**適合性の原則**と呼ばれるものである。このように適合性の原則が定められているのは、金融商品取引は、投資経験、投資目的、資力、投資者の意向と実情に適合したものであることが最も望ましく、数多ある取引のうちいかなるものが投資者にとって適当であるかは、投資者の意向、財産状態及び投資経験等に応じて異なるからである［神崎＝志谷＝川口，2012：763］。なお、適合性の原則に違反した投資勧誘がなされた場合の私法上の効果について、最高裁は「証券会社の担当者が、顧客の意向と実情に反して、明らかに過大な危険を伴う取引を積極的に勧誘するなど、適合性の原則から著しく逸脱した証券取引の勧誘をしてこれを行わせたときは、当該行為は不法行為法上も違法となる」との理解を示した（最判平17・7・14民集59・6・1323〔百選18〕）。

(2) **説明義務**　金商法は、金融商品取引業者等に対して、金融商品取引契約を締結しようとするときは、内閣府令で定めるところにより、予め、顧客に

対し、所定の事項を記載した書面（契約締結前交付書面）を交付することを求めている（37条の3第1項）。なお、契約締結前交付書面は、所定の記載事項の他にも、文字の大きさ（ポイント）等についての規制がある（金商業府令79条）。なお金商法は、契約締結時においても書面（契約締結書面）の交付義務を定めているが（37条の4）、これは成立した金融商品取引契約の内容を顧客が把握するためのものである。

このように、金融商品取引業者等に対して説明義務が課されるのは、金融商品取引業者等が一般投資者に比して情報面で圧倒的に優位な地位にあるからである（情報の非対称性）。すなわち、金融商品取引契約の対象となっている投資商品についての内容、リスク、契約の形態等についての情報は明らかに業者側に偏っているのが実際である（法は市場リスクに関する情報も契約前締結書面で記載することを求めている。37条3第1項5号）。あるいは、顧客が金融商品取引業者から得た情報に依存する一方で、金融商品取引業者等は取引から手数料を得ることとなるので、説明義務を民法上の信義則（民1条2項）から説明することもできる［近藤＝吉原＝黒沼，2015：237］。

なお、説明義務には投資者の保護に支障を生ずることがない場合として内閣府令で定めた場合を適用除外としている（37条の3第1項但書）。すなわち、顧客が上場有価証券等にかかる契約を締結する場合であって、1年以内に当該取引に関するリスク情報等を記載した上場有価証券等書面を交付している場合には、契約締結前交付書面の交付を要しない（金商業府令80条）。

説明義務は、上記で述べたように書面（契約締結前交付書面）の交付義務をもとに制度設計がなされているが、かかる書面の交付が形骸化して顧客に対する実質的な説明がなされないと意味をなさない。そこで法は、金融商品取引業者等とその役員・使用人が契約締結前書面等の交付に関し、予め顧客に対して、所定の事項について顧客の知識、経験、財産の状況及び金融商品取引契約を締結する目的に照らして当該顧客に理解されるために必要な方法及び程度による説明をすることなく、金融商品取引契約を締結することを禁じている（38条9号、金商業府令117条1項1号）。

(3)　**大量推奨売買の禁止**　　金商法は、金融商品取引業者等又はその役員若しくは使用人が、不特定かつ多数の顧客に対し、特定かつ少数の銘柄の有価証券

の買付け・売付け・デリバティブ取引又はその委託等を、一定期間継続して一斉にかつ過度に勧誘し、公正な価格の形成を損なうおそれのある行為を禁止する（38条9号、金商業府令117条1項17号）。本来であれば、注文の集中により急激な価格変動が生じたとしてもそれは需給関係に基づくものであり問題はない。しかし、過度な勧誘により注文が集中する状況となれば急激な価格変動がもたらされ公正な価格形成を毀損するものとなり、市場の公正さを確保するという観点から問題がある。また、このような行為は、顧客の能力あるいは資金力を無視した強引な販売となりやすく、投資者保護の観点からも禁止される必要がある。

3 顧客の意思に反する投資勧誘

(1) **不招請勧誘・再勧誘の規制**　　金商法は、金融商品取引業者等又はその役員若しくは使用人は、①金融商品取引契約の締結の勧誘の要請をしていない顧客に対し、訪問し又は電話をかけて、金融商品取引契約の締結の勧誘をする行為、②金融商品取引契約の締結につき、その勧誘に先立って、顧客に対し、その勧誘を受ける意思の有無を確認することをしないで勧誘をする行為、③金融商品取引契約の締結の勧誘を受けた顧客が当該金融商品取引契約を締結しない旨の意思を表示したにもかかわらず、当該勧誘を継続する行為を禁じる（38条4号～6号）。これらの規制が設けられたのは、取引の勧誘の要請をしていない顧客に電話や訪問により勧誘することで執拗な勧誘のあまり適合性に反するような取引が行われるなど、このような勧誘の際にトラブルとなった事案がみられ、結果的に一般投資者に被害が生じるケースがあったからである［近藤＝吉原＝黒沼，2015：247-248］。

(2) **迷惑時間勧誘の禁止**　　金融商品取引業者等又はその役員若しくは使用人は、金融商品取引契約の締結又は解約に関し、顧客に迷惑を覚えさせるような時間に電話又は訪問により勧誘してはならない（38条9号、金商業府令117条1項7号）。これは投資者のプライバシーに配慮した規制である［黒沼，2016：534］。金商法上は、迷惑勧誘となる時間帯について具体的な定めはないが、人の生活習慣は様々であることから、顧客が迷惑を覚える時間である限り、その時間での勧誘は違法行為となると解されよう［神崎＝志谷＝川口，2012：787］。

4　クーリングオフ

　金融商品取引業者等と金融商品取引契約を締結した顧客は、内閣府令で定める場合を除き、契約締結書面を受領した日から起算して10日（金商法施行令16条の3第2項）が経過するまでの間、書面により当該金融商品取引契約の解除を行うことができる（37条の6第1項）。これは消費者を保護するために様々な契約で認められている**クーリングオフ**の制度であり、金融商品についても一般投資者を保護するために一定の範囲で認められている。ここにいう金融商品取引契約の解除は、解除を行う旨の書面を発したときに効力を生じ、金融商品取引業者等は、金融商品取引契約の解除があった場合には解除までの期間に相当する手数料、報酬その他の当該金融商品取引契約の額として内閣府令で定める金額を超えて損害賠償又は違約金の請求をしてはならず、前払いを受けているときは内閣府令で定める金額を控除してこれを顧客に返還しなければならない（37条の6第2項〜4項）。ここでの内閣府令で定める金額とは、例えば、投資顧問契約に基づき解除時までに助言を行わなかった場合には、投資顧問契約の締結のために通常要する費用の額に相当する金額とされており、助言の有無や回数等により場合を分けて定められている（金商業府令115条）。

3　取引に関する行為規制

1　顧客との利益相反にかかる行為規制

　(1)　**最良執行方針の策定義務**　　金商法では、金融商品取引業者等は、有価証券の売買及びデリバティブ取引に関する顧客の注文について、政令で定めるところにより、最良の取引の条件で執行するための方針及び方法（**最良執行方針等**）を定めることが求められている（40条の2第1項）。これを受けて政令は、最良執行方針等は、有価証券等取引について銘柄ごとに最良の取引の条件で執行するための方法及び当該方法を選択する理由を記載して定めないとならないとする（金商法施行令16条の6第2項）。この最良執行方針等を定める義務が金融商品取引業者等に課された背景には、PTS（私設取引システム）をはじめ様々な証券取引制度が整備・拡充されていることが挙げられる。すなわち、現在では様々な証券取引制度が整備・拡充されたことによって市場間競争が促されるよ

うになったが、その反面、多様な市場及び取引の選択肢が与えられた投資者に対して、金融商品取引業者等が顧客に最も有利な条件でその注文を執行することが求められるようになった［近藤＝吉原＝黒沼，2015：244］。なお、金融商品取引業者等は、最良執行方針等を公表しなければならないが（40条の2第2項）、内閣府令において最良執行方針等の公表方法が具体的に定められている（金商業府令124条2項）。金融商品取引業者等は、最良執行方針等に従い有価証券に関する注文を執行しなければならないのはもちろんのこと（40条の2第3項）、上場株券など及び店頭売買有価証券の売買に関して（金商法施行令16条の6第3項）、顧客の注文を受けようとするときには、予め顧客に対して当該取引に関する最良執行方針等を記載した書面を交付しなければならない（40条の2第4項。なお、既に書面を交付している場合は除かれる）。また、金融商品取引業者等は、有価証券取引に関する顧客の注文を執行した後、顧客から求められたときは、当該注文が最良執行方針等に従って執行された旨を説明した文書を、当該顧客に交付しなければならない（40条の2第5項）。

(2) **過当取引の禁止** 過当取引とは、金融商品取引業者等が、手数料稼ぎの目的で、顧客の属性に照らして不適切に多量・頻回の取引を顧客の計算で行うことをいう。このような取引は、手数料目当てに過大な取引をするもので、投資者の利益に反するものである。金商法は、金融商品取引業者等が、顧客との間で一任勘定取引の契約を締結した場合に、当該契約の委任の本旨あるいは契約の金額に照らして過当と認められる数量の有価証券の売買又はデリバティブ取引を行うことを禁じているが（161条1項、取引規制府令9条）、この他に過当取引を直接的に規制するものはない。そこで、過当取引を違法として顧客に対する損害賠償を認めるための法律構成をいかにするか問題となるが、一般的には、①取引の過度性、②口座支配、③悪意性の3要件により判断されている［神崎＝志谷＝川口，2012：791］。裁判例では、大阪高判平12・9・29・判タ1055・181〔百選38〕が「証券会社が、顧客の取引口座に対して支配を及ぼして、顧客の信頼を濫用し、顧客の利益を犠牲にして手数料稼ぎ等の自己の利益を図るために、顧客の資産状況、投資目的、投資傾向、投資知識、経験に照らして過当な頻度、数量の証券取引の勧誘をすることは、顧客に対する誠実義務に違反する詐欺的、背任的行為として、私法上も違法と評価すべきである」と

判示し、誠実義務違反（36条1項）に根拠を求めた上で上記3要件に依拠した。

　(3)　**フロントランニングの禁止**　　フロントランニングとは顧客の注文に先回りして自己の注文を成立させることであり、金融商品取引業者等が受託売買業務にかかる顧客の利益を犠牲にする行為である。これは顧客の利益を優先すべき受託者としての忠実義務に違反するものであり、金商法も、金融商品取引業者等又はその役員若しくは使用人が、顧客から受けた有価証券の売買・市場デリバティブ取引を成立させる前に、自己の計算で、顧客の委託価格と同じかそれよりも有利な価格で、同一の銘柄の有価証券の売買や同一の市場デリバティブ取引を成立させることを禁じる（38条9号、金商業府令117条1項10号）。

2　広告等の規制

　金融商品取引業者等は、その行う金融商品取引業の内容について広告等をするときには、①商号・名称又は氏名、②金融商品取引業者等である旨・登録番号、③金融商品取引業の内容に関する事項であって、顧客の判断に影響を及ぼすこととなる重要なものとして政令で定める事項を表示しなければならない（37条1項）。政令で定めるものとしては、顧客が支払うべき手数料、報酬その他の対価に関する事項であって内閣府令で定めるもの、金融商品取引契約に関して顧客が預託すべき委託証拠金その他の保証金その他内閣府令で定めるものがある場合にあってはその額又は計算方法などが挙げられる（金商法施行令16条）。また、これを受けた内閣府令では、手数料等のほか市場リスクによって損失が生じるおそれがあること（リスク情報）が一般的な広告等の表示事項として挙げられている（金商業府令74条・76条）。また、広告等の表示方法としては、明瞭かつ正確に表示しなければならず、とりわけリスク情報については最大の文字又は数字と著しく異ならない大きさで表示することが求められる（金商業府令73条）。なお、以上に述べた規制を受ける「広告等」とは、広告のほか、郵便、信書便、ファクシミリ送信、電子メール送信、ビラ又はパンフレットの配布等、多数の者に同様の内容で行う情報提供が対象となる。これら厳密には広告とはいえないものであっても規制対象となるのは、投資者の行動に大きな影響を与えるからである［近藤＝吉原＝黒沼，2015：252］。

3 禁止される取引

(1) **損失補てんの禁止**　金商法は、金融商品取引業者等が、有価証券売買取引等について顧客に対して損失補てん等を行うことを禁じる。すなわち、取引前の**損失補てん約束**（本節2(3)）に加えて、取引後には損失補てん・利益追加の申込み・約束をすること（39条1項2号）及び損失補てん・利益追加のための財産上の利益の提供をすることが禁じられている（39条1項3号）。ここにいう損失には、売買などによる実現損のみならず、評価損も含まれる。また、財産上の利益とは経済的価値を有するものすべてを意味し、現金や物品の贈与は当然これに含まれ、それに限らず物品の通常価格よりも安値で売却することや高値で購入すること、あるいは値上がりの蓋然性の高い商品の割当てなどがこれに当たる。なお、適正な対価による場合はこれに該当しない。

損失補てん等が禁止される趣旨は、「投資家が自己責任の原則の下で投資判断を行うようにし、市場の価格形成機能を維持するとともに、一部の投資家のみに利益提供行為がされることによって生ずる証券市場の中立性及び公正性に対する一般投資家の信頼の喪失を防ぐという経済政策に基づく目的を達成するため」である（最判平15・4・18民集57・4・366〔百選33〕）。このような趣旨から、市場仲介者として資本市場における公正な価格形成を保持する義務を負っている金融商品取引業者等が損失補てん等を行うことが禁止され、またその顧客についても金融商品取引業者等に損失補てん等の違法行為を行うよう要求することは、積極的に市場の価格形成機能を歪め、ひいては金融商品取引業者等の公正性・中立性を損なわせる行為に当たるとして禁止されている。

損失補てんの禁止規定が設けられた昭和40年証券取引法改正当時は、罰則規定は設けられていなかったが、大手証券会社において損失保証・損失補てんを行うという証券不祥事が多数生じたことから、平成3年の証券取引法改正で罰則規定が導入された（損失補てんに関する刑事事件として、東京地判平8・12・24判タ937・268〔百選34〕）。

(2) **作為的相場形成の禁止**　金融商品取引業者等又はその役員若しくは使用人は、金融商品取引所において上場されている金融商品、金融指標又はオプション（上場金融商品等）の相場若しくは取引高に基づいて算出した数値を変動させ、若しくは釘付けし、固定し、若しくは安定させ、又は取引高を増加させ

る目的をもって、当該上場金融商品等にかかる買付け若しくは売付若しくはデリバティブ取引又はこれらの申込み若しくは委託等をする行為が禁止される（38条9号、金商業府令117条1項20号）。なお、159条2項（「何人」にも適用される相場操縦規制）は取引を誘引する目的が要件となっているが、上記の規制においてはかかる要件は課されていない。

　このような規制があるのは、金融商品取引業者等の業務にあたっては、相場操縦に加担することはもちろんのこと、金融商品市場の仲介者として、公正な価格形成を損なうこととなる取引の勧誘を行い、又は作為的な相場を形成することとなる取引を行い、あるいは、これを受託するようなことがあってはならないからである。また作為的な相場形式を禁ずることで、我が国の経済の適正な運営や投資者保護といった金商法の政策目標の達成にも資する。

　(3)　**インサイダー取引の禁止・防止**　　個人である金融商品取引業者又はその役員（役員が法人であるときはその職務を行うべき社員を含む）若しくは使用人が、自己の職務上の地位を利用して、顧客の有価証券の売買その他の取引等にかかる注文の動向その他職務上知り得た特別の情報に基づいて、又は専ら投機的利益の追求を目的として有価証券の売買その他の取引をする行為が禁止される（38条9号・金商業府令117条1項12号）。顧客の注文動向は、多くの場合インサイダー取引の重要事実に該当しないが（166条2項各号）、上述のような職務上知り得た「特別の情報」に基づいて金融商品取引業者等の役員若しくは使用人が有価証券の取引等を行うことは、投資者との関係で不公正であると考えられるので禁止の対象となる。もっとも、これらの行為は、本来はインサイダー取引規制の対象となるべきである［黒沼，2016：561］。また、金融商品取引業者等又はその役員もしくは使用人は、顧客の注文がインサイダー取引に該当するおそれがあることを知りながら当該取引の受託等をすることが禁じられている（38条9号、金商業府令117条1項13号）。

　さらに、金融商品取引業者等又はその役員若しくは使用人は、顧客に対して有価証券の発行者の法人関係情報を提供して、有価証券の売買その他の取引（デリバティブ取引を含む）を勧誘をしてはならない（38条9号・金商業府令117条1項14号）。インサイダー取引の重要事実を提供して取引を勧誘する行為は、インサイダー取引が行われた場合に教唆犯に該当する可能性があるが、この規制

はインサイダー取引の未然防止の見地から、情報の提供による勧誘行為自体を禁止の対象とするものである。インサイダー取引規制においては、平成25年改正で、情報伝達行為・取引推奨行為が禁止され（167条の2）、これに違反したときは金商品取引業者も処分の対象となった。それでも、法人関係情報の範囲がインサイダー取引の重要事実あるいは公開買付け等事実よりも広いので、本条の規制には現在でも意義がある［黒沼, 2016：561］。なお、法人関係情報とは、上場会社等の運営、業務又は財産に関する公表されていない重要な情報であって顧客の投資判断に影響を及ぼすと認められているものと公開買付け・株式買い集めの実施又は中止の決定にかかる公表されてない情報をいう（金商業府令1条4項14号）。法人関係情報には軽微基準・重要基準が定められておらず、また投資判断に影響を及ぼすと認められれば足り「著しい影響」が不要であるため、インサイダー取引の重要事実よりも広い。

4 行為規制の特則

　金商法の3章は、「**金融商品取引業者等**」に関する業規制と行為規制を規定する章である（金商28条～65条の6）。その中でも、金商法の3章2節「業務」では、「**金融商品取引業者等**」に対して課される行為規制などを規定している（35条～45条）。**4**では、その内容に関する特則などについて解説する。

1 投資助言業務に関する特則

　投資助言業務は、金融商品取引業の1つであり、金商法の規制が原則として適用される。証券投資で経験の少ない投資者にとっては、専門家の助言が必要な場合がある。そこで、金融商品取引業者は、有価証券や金融商品の価値の分析に基づく投資判断に関し、投資顧問契約を締結し、投資顧問契約に基づき、投資助言業務を行う（金商2条8項11号）。

　投資助言業務では、業者が助言を与えるが、それに基づき、顧客が**自己責任**で投資判断を行う。この点につき、最終的な投資判断を専門家に任せる投資一任業務（2条8項12号ロ・28条4項1号）とは異なっている。金商法は、投資助言・代理業として、**登録制**を採用している（28条3項1号・29条）。

　また、金融商品取引業者の行為規範の中心概念は、**信認義務**（fiduciary duty）である。この信認義務は、**注意義務・忠実義務・自己執行義務・分別管理義務**の４つの義務が中心となる。金商法では、金融商品取引業者が投資助言業務を行う場合の行為規制（「**投資助言業務に関する特則**」）を定めている。そこで、金融商品取引業者は、上述の４つの義務の中でも、投資助言業務について、顧客に対する**忠実義務**（41条１項）・**善管注意義務**（同条２項）の規定を置いている。

　この忠実義務や善管注意義務を類型化する観点から、投資助言業務に関して特に禁止すべき行為を以下のように定めている（41条の２）。①他の顧客の利益を図るため特定の顧客の利益を害する顧客相互間取引の助言、②スキャルピング行為（**３章５**も参照）、③通常の取引条件と異なる取引の助言、④助言を受けた顧客の取引情報を利用した自己の計算における取引、⑤損失補てんなどを禁止している。

　その他にも、有価証券の売買の原則禁止（41条の３）、金銭・有価証券の預託の受入れの原則禁止（41条の４）、金銭・有価証券の貸付けの原則禁止（41条の５）などを定めている。

2　投資運用業に関する特則

　金融商品取引業には、他人の財産の運用を業とする行為が含まれ、これを**投資運用業**という（金商28条４項・２条８項12号・14号・15号）。投資運用業は、金融商品に興味はあるが知識や経験の不足している投資者や、豊富な資金で分散投資をしたい投資者のニーズに応えるためなどにある。投資運用業には、投資信託の信託財産の運用業務や、集団投資スキームに関連するファンドの運用業務などがある。

　また、投資運用業は、顧客との間に形成される高度な**信認関係**を前提に、顧客の財産形成に継続的に関与することから、業者は**利益相反の防止**などの**受託者責任**を負う。そこで、金商法では、金融商品取引業者が投資運用業を行う場合の行為規制（「**投資運用業に関する特則**」）を定めている。

　投資運用業を行う金融商品取引業者は、権利者に対する**忠実義務**（42条１項）・**善管注意義務**（同条２項）を負う。権利者には、①資産運用を委託した投資法人、②投資一任契約の相手方、③投資信託の受益者、④自己運用を行う集

団投資スキームの持分を有する者が含まれる（同条1項1号～3号）。

　忠実義務や善管注意義務を類型化する観点から、投資運用業に関して特に禁止すべき行為を以下のように定めている（42条の2）。①自己取引、②運用財産相互間取引、③スキャルピング行為、④通常の取引条件と異なる取引、⑤運用情報を利用した自己の計算における取引、⑤損失補てんなどを禁止している。

　また、投資運用権限の第三者への委託を禁止する規定（**自己執行義務**）がある（42条の3第2項）。そして、金融商品取引業者が集団投資スキームの自己運用を行う場合、投資者保護の観点から、運用財産と自己の固有財産につき、**分別管理義務**が定められている（42条の4）。

　その他にも、金銭・有価証券の預託の受入れの原則禁止（42条の5）や、金銭・有価証券の貸付けの原則禁止（42条の6）に加えて、運用報告書の交付義務（42条の7）などを定めている。

3　有価証券等管理業務に関する特則

　金商法では、**業規制の横断化**を図る観点から、「**販売・勧誘**」、「**資産運用・助言**」、「**資産管理**」を金融商品取引業の本来業務としている（金商2条8項）。このため、資産管理に関連する業務として、「**有価証券等管理業務**」を定義している（28条5項）。

　有価証券等管理業務とは、有価証券の売買などに関して、顧客から金銭を預かることや口座の開設を受けて社債の振替などを行うことを業として行うことである（28条5項・1項5号・2条8項16号・17号）。有価証券等管理業務の顧客の金銭や有価証券を適切に管理することは、投資者保護の観点から重要である。

　有価証券等管理業務を行う金融商品取引業者は、顧客に対する**善管注意義務**（43条）を負う。ただし、有価証券等管理業務においては、投資助言業や投資運用業のように、忠実義務は規定されていない。有価証券等管理業務は、もっぱら管理という保守的な業務であり、善管注意義務のみを規定したものと考えられる。

　そして、金融商品取引業者における財務状況の悪化が顧客へ波及することを防止するため、有価証券の分別管理義務（43条の2第1項）、金銭の分別管理義

務（同条2項）、デリバティブ取引に関する金銭の分別管理義務（43条の3第1項）を定めている。これらの**分別管理義務**の実効性を確保する観点から、金融商品取引業者は、顧客の有価証券を担保に供する行為について、顧客から書面による同意を得なければならない（43条の4第1項）。

なお、先物取引の委託証拠金などについて、顧客の資産と証券会社の資産が混在して管理され、証券会社が破綻して顧客の権利保全上の問題が生じたことから、顧客資産の管理方法が改善されている。

4 店頭デリバティブに関する義務

デリバティブ取引は、それが行われる場所によって、①市場デリバティブ取引、②店頭デリバティブ取引、③外国市場デリバティブ取引に分類される（金商2条20項）。この中でも、**店頭デリバティブ取引**とは、金融商品市場や外国金融商品市場によらないで行う一定類型のデリバティブ取引である（2条22項）。例えば、金融商品取引業者の金融機関同士や金融機関と法人で行う相対取引がある。

店頭デリバティブ取引に該当するものとして、①金融商品の先渡取引（2条22項1号）、②指標先渡取引（同項2号）、③オプション取引（同項3号）、④指標オプション取引（同項4号）、⑤スワップ取引（同項5号）、⑥クレジット・デリバティブ取引（同項6号）などが挙げられる（**1章2 3**も参照）。

なお、金商法では、店頭デリバティブ取引に関して、電子情報処理組織の使用義務などを定めている（40条の7）。電子情報処理組織を使用に供した者は、電子情報処理組織を使用して行われた特定店頭デリバティブ取引について、価格・数量などの事項を公表しなければならない（同条2項）。特定店頭デリバティブ取引の公正性と透明性を確保し、**迅速な情報開示**を促進する趣旨である。

5 登録金融機関に対する行為規制

「金融商品取引業者等」の概念には、**登録金融機関**も含まれる（金商34条）。そのために、行為規制を受ける者が「金融商品取引業者等」の場合には、金商法の定める行為規制の射程は、登録金融機関にも及ぶ。

登録金融機関の業務の運営状況に対する規制（40条2号・金商業府令123条）は、以下の2つに分類できる。第1に、顧客の財産などに関する情報の利用に関するものである。顧客の同意なく、金融機関の入手情報を目的外で提供・使用することを抑制する趣旨である。第2に、手数料などに関するものである。手数料の情報を事前に開示させることで、顧客との利益相反を防止する趣旨である。

6　弊害防止措置など

金商法では、金融商品取引業について、「第一種金融商品取引業」、「第二種金融商品取引業」、「投資助言・代理業」、「投資運用業」に区分している（金商28条1項～4項）。金融商品取引業者は、このような複数の種別業務を行うことに加えて、本業以外の「その他業務」を行うことができる。そこで、このような業務の多様化に伴う弊害を防止するため、禁止行為が定められている。

まず、複数の種別業務を行う場合、**顧客との利益相反**が生じるおそれがある。そこで、金融商品取引業者は、複数の業務の種別（29条の2第1項5号）にかかる業務を行う場合の禁止行為が制定されている（44条）。例えば、顧客の情報や顧客から委託された運用情報に関して、勧誘行為に利用することなどを禁止している。

また、金融商品取引業者が本業以外の「その他業務」を行う場合、金融商品取引業・付随業務の顧客利益とその他業務の顧客利益とが相反するおそれがある。そこで、金商法は、このような弊害を防止する観点から、①金融商品取引業者やその役員・使用人が禁止される行為（44条の2第1項）、②登録金融機関やその役員・使用人が禁止される行為（44条の2第2項）、③親法人・子法人が関与する行為の制限（44条の3）などを定めている。

この中でも、③に関して、銀行と証券が子会社を通じて相互の業務に参入する場合、（1）銀行の預金者保護が十分に図られない、（2）親子会社間で一方の利益を犠牲にして他方の利益を図る利益相反行為が行われる、（3）銀行の企業に対する影響力の行使により子会社の証券会社を支援することで、証券業の公正な競争が阻害されるおそれがある。そこで、**銀行の預金者保護、利益相反行為の防止、公正な競争の確保**のため、ファイアー・ウォール（防火壁・業

務隔壁）という様々な業務規制が定められている（44条の3）。例えば、親会社と子会社間で直接の取引を行う場合、原則として、独立当事者間の取引と同様の条件でなされることが要求される（アームズ・レングス・ルール）。

5　特定投資家

　投資家は、**一般投資家**（アマ）と**特定投資家**（プロ）に分けられる。金融商品取引業者が**一般投資家**との間で取引を行う場合、**投資者保護**の観点から、十分な行為規制を適用する。他方で、金融商品取引に精通した**特定投資家**については、金融商品取引業者に課せられる一定の行為規制の適用を除外している。**5**では、特定投資家に関する規制について解説する。

1　特定投資家の範囲

　特定投資家とは、①適格機関投資家、②国、③日本銀行、④投資者保護基金その他の内閣府令で定める法人である（金商2条31項）。この中でも、①**適格機関投資家**とは、有価証券に対する投資にかかる専門的知識や経験を有する者として内閣府令で定める者をいう（2条3項1号）。内閣府令で定める者は、第一種金融商品取引業者、投資運用業者、銀行、保険会社などである（定義府令10条）。

　特定投資家は、（1）一般投資家に移行できない特定投資家、（2）一般投資家に移行可能な特定投資家、（3）一般投資家から移行した特定投資家に分けられる。

　（1）一般投資家に移行できない特定投資家には、①適格機関投資家、②国、③日本銀行がある。

　（2）一般投資家に移行可能な特定投資家には、④投資者保護基金その他の内閣府令で定める法人がある。このような法人としては、特別の法律により特別の設立行為をもって設立された法人、投資者保護基金、預金保険機構、農水産業協同組合貯金保険機構、保険契約者保護機構、特定目的会社、上場株券の発行会社、取引の状況などから判断して資本金5億円以上と見込まれる株式会社、金融商品取引業者や特例業務届出者である法人、外国法人を定めている

（定義府令23条）。

（2）一般投資家に移行可能な特定投資家に関しては、特定投資家がその選択により特定投資家以外の顧客として取り扱われるために、以下のような制度が設けられている。それは、金融商品取引業者等の告知義務（金商34条）、特定投資家による取扱変更の申出権（34条の2第1項）、金融商品取引業者等の申出応諾義務・書面交付義務（同条2項・3項）、相手方金融商品取引業者等に対する告知義務（同条6項）である。

（3）一般投資家から移行した特定投資家に関しては、法人が特定投資家になる場合（34条の3）と個人が特定投資家になる場合（34条の4）の規定が設けられている。

なお、一般投資家と特定投資家を区別する趣旨・目的として、（a）プロである特定投資家は、豊富な専門知識や経験から、自ら適切な投資判断ができ、一般投資家と同様の規制による保護を必要としない、（b）プロである特定投資家は、**市場の規律**に委ねることで、過剰規制による取引コストを削減し、**取引の円滑化**を促進することが挙げられる。

2　適用除外の範囲

特定投資家は、専門知識・経験・財産の状況から、**金融取引の適切なリスク管理**を行うことが可能と考えられる。そこで、取引相手が特定投資家である場合、金融商品取引業者に適用される行為規制のうち、業者と顧客との間の情報格差の是正を目的とする行為規制などの適用を除外している。他方で、損失補てんの禁止など、**市場の公正確保**を目的とする行為規制は適用を除外していない。

適用除外となる場面は、具体的に次の4つに分類されている（金商45条）。

①業者が行う取引の勧誘の相手方に特定投資家がなる場面である。この場合に、広告等の規制（37条）、不招請勧誘の禁止（38条4号）、顧客の勧誘意思の確認義務（同条5号）、再勧誘の禁止（同条6号）、適合性の原則（40条1号）が、適用除外となる。

②業者が取引の申込みを受け、又は取引を行う相手方に特定投資家がなる場面である。この場合に、取引態様の事前明示義務（37条の2）、契約締結前の書

面交付義務（37条の3）、契約締結時の書面交付義務（37条の4）、保証金の受領にかかる書面交付義務（37条の5）、書面による解除（クーリング・オフ）（37条の6）、最良執行方針等を記載した書面の事前交付義務（40条の2第4項）、顧客の有価証券を担保に供する行為の制限（43条の4）が、適用除外となる。書面の交付は、情報量の乏しい一般の投資家を保護するための制度だが、豊富な情報を有する特定投資家は、このような情報提供を必要としておらず、適用されない。

　③業者が締結した投資顧問契約の相手方に特定投資家がなる場面である。この場合に、金銭・有価証券の預託の受入れの禁止（41条の4）、金銭・有価証券の貸付けの禁止（41条の5）が、適用除外となる。41条の4の規定は、悪質な投資顧問業者が顧客から預かった金銭を勝手に有価証券の売買に活用することなどを防止するための規定であり、特定投資家に適用する必要はない。

　④業者が締結した投資一任契約の相手方に特定投資家がなる場面である。この場合に、金銭・有価証券の預託の受入れの禁止（42条の5）、金銭・有価証券の貸付けの禁止（42条の6）、運用報告書の交付義務（42条の7）が、適用除外となる。42条の5の規定は、顧客資産の保管による顧客への不測の損害を回避するための規定であり、特定投資家に適用する必要はない。

6　集団投資スキームを対象とする規制

1　総　　論

　近年、金融やIT技術の進歩、法制度の整備による新たな器（ビーグル）の導入、資金調達・運用手法の多様化などにより、新しいファンド型の金融商品が登場している。

　金商法では、「みなし有価証券」に該当する権利として、包括的な定義を「集団投資スキーム（ファンド）持分」と呼ぶ。集団投資スキーム（ファンド）の包括的な定義は、投資者保護のための**包括的・横断的かつ柔軟な法制の構築**という側面を有する。

　集団投資スキーム持分では、①投資者から金銭の出資・拠出を受け、②出資・拠出された金銭を用いて事業・投資を行い、③当該事業から生じる収益を

出資者に分配する、という3つの要素がみられる（金商2条2項5号）。この要素を全て備える権利は、適用除外に該当しない限り、いかなる法形式か事業かに関係なく、集団投資スキーム持分として、金商法の適用対象となる。ここで列挙される集団投資スキーム持分は、民法上の組合契約、商法上の匿名組合契約、投資事業有限責任組合契約や有限責任事業組合契約に基づく権利、社団法人の社員権がある。

　金商法では、集団投資スキームの出資対象事業を特に限定していない。そこで、集団投資スキーム持分に該当すると、金商法上の有価証券とみなされる（2条2項本文）。例えば、ラーメン店の事業に投資するラーメン・ファンド、アイドルのCDや写真集の販売に投資するアイドル・ファンド、映画製作に投資する映画ファンド、一定の設備を取得してリース事業を営む設備投資ファンドなども、適用対象となる。

　また、集団投資スキームに対する行為規制として、集団投資スキーム持分を自己募集する場合、第二種金融商品取引業の登録が必要となる（2条8項7号ヘ・28条2項1号・29条）。そのため、第二種金融商品取引業の登録を受けた金融商品取引業者として行為規制に従う。例えば、集団投資スキーム持分を内容とする契約を締結する場合、原則として、顧客に対し、事前に書面を交付しなければならない（37条の3第1項）。

　他方で、投資運用業に対する行為規制の範囲は、集団投資スキームの類型として、有価証券・デリバティブ取引にかかる権利に対する投資（2条8項15号）を目的とする投資型ファンドかどうかによって異なる。例えば、投資型ファンドの場合、原則として、顧客に対し、運用報告書を交付しなければならない（42条の7第1項）。これに対して、投資型ファンド以外のファンドによる運用行為は、原則として、金商法上の投資運用業に対する行為規制が及ばない。

2　適格機関投資家等特例業務

　金商法は、投資者保護の観点から、一般の投資家を対象とする集団投資スキーム持分の販売・勧誘又は投資運用を行う業者については、登録（金商29条）を義務付ける。他方で、プロの投資家のみを対象とする集団投資スキームを取り扱う業者については、**適格機関投資家等特例業務**の特例を設けている（63条

～63条の7）。これは、金融イノベーションを阻害する規制とならないように配慮したためである。

　具体的には、①適格機関投資家等（63条1項1号）のみを対象とする業務（適格機関投資家等特例業務）については、登録制ではなく**届出制**が適用される（63条2項・63条の3第1項）。プロ向けファンドを取り扱う業者の届出制は、**市場の公正性・透明性を確保**する観点から、実態の把握を目的とする。

　②適格機関投資家等特例業務については、行為規制の適用も限定される。特例業務届出者については、原則として、一般投資家を対象とするファンドを取り扱う登録業者に適用される契約締結前の書面交付義務の行為規制を適用除外している。もっとも、虚偽告知の禁止（38条1号）や損失補てんの禁止（39条）の規制は適用される。これらの規定は、**取引の公正性を確保**する規定であることから、適格機関投資家等特例業務にも適用される。

　なお、適格機関投資家等特例業務の下で、プロ向けファンドが、アマの一般投資家に対して、緩やかな規制で出資の勧誘を行うことができ、詐欺的な勧誘による投資者被害が増加していた。そこで、2015年改正では、適格機関投資家等特例業務を行う者について、届出の欠格事由の導入、届出書の記載事項の拡充・公表、行為規制の拡充、問題業者に対する各種行政処分（業務改善・停止・廃止命令）の導入、罰則の強化などの措置が講じられた。

7　外　務　員

1　総　　論

　証券会社が顧客から注文を受ける場合、**外務員**と呼ぶ従業員が対応する。名称としては、外務員以外に、勧誘員、販売員、外交員とも呼ばれる。金商法上の外務員とは、金融商品取引業者等の役員・使用人のうち、有価証券に関連する行為を行う者である（金商64条）。

　外務員が行う行為としては、有価証券の売買・市場デリバティブ取引・外国市場デリバティブ、それらの媒介・取次ぎ・代理、有価証券等清算取次ぎ、有価証券の募集・売出しなどがある（64条1項1号イ・2条8項1号～3号・5号・8号・9号）。これらの業務については、会社内で行うか会社外で行うか問われ

ない。

2　外務員の登録

　金融商品取引業者は、外務員の職務を行う役員などについて、**外務員の登録**を受ける必要がある（金商64条1項）。外務員の登録は、監督官庁が金融商品取引業者の役員などを正確に把握し、不適格者の排除など適切な規制を及ぼすためにある。登録を受けようとする金融商品取引業者は、登録申請者の商号・名称・氏名、外務員の氏名・生年月日・期間などを記載した登録申請書を内閣総理大臣に提出する必要がある（64条3項）。

　登録対象となる外務員は、①勧誘を目的とした金融商品取引の内容説明、②金融商品取引の勧誘、③注文の受注、④勧誘を目的とした情報の提供などの行為を行う者である（金融商品取引業者等向けの総合的な監督指針）。

　登録の申請を受けた内閣総理大臣は、登録拒否事由がない限り、外務員の氏名などを登録原簿に登録しなければならない（64条5項）。**登録拒否事由**としては、登録を受けている外務員が、①成年被後見人や破産手続開始の決定を受けて復権を得ない者、②外務員の登録を取り消された日から5年を経過しない者などの場合である（64条の2第1項1号・2号など）。

　外務員の登録制度では、外務員の法令違反があれば、登録取消しや職務停止の処分（64条の5）を行い、不適格な者を排除できる。外務員の登録制度によって、顧客とのトラブルが生じやすい**外務員に対する監督体制**を整備している。

3　外務員の権限

　外務員は、その所属する金融商品取引業者等に代わって、有価証券の販売など（金商64条1項各号）に関し、**一切の裁判外の行為を行う権限**を有するものとみなされる（64条の3第1項）。この規定は、**外務員の代理権の範囲を明確**にすることで、**外務員と取引する投資者の保護**を目的とする。この規定により、顧客である投資者は、外務員の行為について、金融商品取引業者等の契約上の責任を追及することができる。

　また、外務員の名称を用いていたが、登録がされていない者について、64条

の3の適用はあるのか。この点については、外務員の行為を信頼した投資者を保護する観点から、登録の有無に関係なく、本条は適用され、登録がされていない者にも責任を負わせると考えられる。仮に登録されていない場合に本条の適用がないと、顧客が外務員との取引前に、登録の有無を調査する必要性が生じるからである。

　そして、金融商品取引業者等は、外務員のした行為について、原則として、責任を負わなくてはならない。しかし、取引をした顧客が、外務員に金融商品取引業者のためにする権限がないことを知っていた場合（**悪意**）には、外務員の権限についての規定（64条の3第1項）は適用されない（同条2項）。悪意の顧客については、投資者保護のため、外務員の効果を金融商品取引業者等に帰属させる必要がないからである。この点につき、この悪意に重過失を含めるべきかが問題となる。下級審裁判例も学説も、重過失を含める立場と含めない立場に分かれている。

　なお、64条の3は、外務員が金融商品取引業者のために行動している場合の権限を定めている。したがって、外務員が金融商品取引業者のためではなく、顧客である投資者個人の代理人として行動している場合は、本条の適用がない。すなわち、当該取引の特殊な事情から、このような事実が認定される場合には、証券会社の責任は否定される（最判昭38・12・3民集17・12・1596〔百選42〕）。

5章

章

有価証券の取引等に関する規制

1　取引所金融商品市場における有価証券の売買等

1　総　　説

(1)　**金融商品取引所の機能**　　**金融商品市場**とは、有価証券の売買又はデリバ
ティブ取引を行う市場（ただし商品関連デリバティブ取引のみを行うものを除く）を
いう（2条14項）。このような市場の中でも、**取引所金融商品市場**とは、金融商
品取引所によって開設された金融商品取引市場を指す（2条17項）。取引所金融
商品市場として、上場会社の株式を取引する東京証券取引所第1部、第2部が
有名であり、ベンチャー企業の新興市場として、同取引所のマザーズやジャス
ダックがある。東京証券取引所は、有価証券の売買を中心とした市場を開設
し、大阪取引所は、有価証券関連デリバティブ取引を中心とした市場を開設す
る。一方、東京金融先物取引所は、主としてこれら以外の金融デリバティブ取
引を中心に市場を開設する。なお、商品関連デリバティブ取引のみを行う市場
として、金融先物取引法上の商品取引所がある。同取引所は、金融庁ではな
く、農林水産大臣及び経済産業大臣の監督の下に置かれている。

　金融商品取引所の機能は、高度に組織化された市場を開設し大量の需給を集
中させることで、売買の対象となる金融商品の流通性を高め、需給が反映した
公正な価格を形成し、かつその価格を公示することにある。したがって、金融
商品取引市場は、投資家に対して金融商品の取引機会を保障するだけでなく、
公正な価格を形成することで、企業評価を行い、発行市場での証券の発行価格
の基準となって、資本・資金の適切な配分に資する機能を有する。公正な資源
の配分という社会的機能を担うゆえに、金融商品取引市場は、経済活動のイン

フラストラクチャーとして、金融商品取引法（以下、金商法とする）に基づく規制の下に置かれている。

(2)　**市場開設の免許制**　金融商品市場は、内閣総理大臣の免許を受けた者でなければ開設してはならない（80条1項）。開設には、免許制が採用されている。なお、認可金融商品取引業協会が金融商品市場を開設する場合（80条1項）、及び金融商品取引業者等・金融商品仲介業者が金商法の定めるところに従い有価証券の売買若しくは市場デリバティブ取引又はこれらの取引の媒介、取次ぎ若しくは代理を行う場合（80条2項）が、免許制の例外とされている。店頭売買有価証券市場やPTS（私設取引システム）がこれに該当する。

　免許制が取引所の免許でありかつ会員制取引所のみが認められていた平成12年以前において、免許制が採用された理由は、市場の経済的機能を十分に発揮させ、かつ（投機的売買の場であるゆえに）社会風教上の弊害の防止を図るため、取引所の管理能力が適切でなければならないこと、とされていた。しかし、今日、株式会社取引所が認められるようになり、かつ運営主体でなく市場に対する免許制が採用されるようになったことから、取引所の管理能力という説明では一面的な説明に留まり、十分でないと考えられている。つまり、今日では、金商法が、下記のような市場開設のための免許基準を達成することを求めていることから、このような基準に適合している市場の開設のみを許容する趣旨であると説明されている［神田＝黒沼＝松尾，2012：206〔大島眞担当〕〕。

　さて、その免許付与の審査基準とは、①定款、業務規程及び受託契約準則の規定が法令に適合し、かつ取引所金融商品市場における有価証券の売買及び市場デリバティブ取引を公正かつ円滑にし、並びに投資者を保護するために十分であること、②取引所金融商品市場を適切に運営するに足りる人的構成を有するものであること、③取引所として金商法の規定に適合するように組織されたものであることの3つである（82条1項）。なお、無免許で市場を開設した者には、3年以下の懲役若しくは300万円以下の罰金に処し又はこれを併科する（198条4号）。無免許市場で売買を行った者にも、1年以下の懲役若しくは100万円以下の罰金又はこれを併科する（200条19号）。いずれも故意犯である。法人の場合、両罰規定によって法人に対しては、無許可開設に対して3億円以下の罰金（207条3号）、売買に対しては1億円以下の罰金（207条5号）が科され

る。私法上の効力については、80条を取締法規として捉えた上で、公序良俗（民90条）の問題として柔軟に解釈すべきだという見解［黒沼＝太田編，2014：491〔高橋真弓担当〕］がある。しかし、無免許開設市場での売買を無効と解する見解［近藤＝吉原＝黒沼，2015：477］も有力である。

(3) **金融商品取引所に対する監督**　　金融商品取引所は設立後も、継続的に行政上の監督を受ける。金融商品取引所は、定款、業務規定又は受託契約準則を変更しようとするときは、内閣総理大臣の認可を受けなければならない（149条1項）。

　内閣総理大臣は、不正の手段により金融商品取引所の役員となった者を発見したとき、又は役員が法令、定款若しくは法令に基づく行政官庁の処分に違反したときは、当該取引所に対し、当該役員の解任を命ずることができる（150条1項）。

　内閣総理大臣は、公益又は投資者保護のため必要かつ適当であると認めるときは、金融商品取引所、その子会社、その商品取引参加者（112条2項及び113条2項により取引資格を与えられた者）、当該取引所に上場されている有価証券の発行者又は取引所から業務の委託を受けた者に対して、これらの者たちの業務・財産に関して参考となるべき報告若しくは資料の提出を命じ、又はこれらの者たちの業務・財産の状況若しくは帳簿書類その他の物件の検査を命ずることができる（151条）。

　内閣総理大臣は、法令、法令に基づく行政官庁の処分又は定款その他の規則に違反したとき等において、公益又は投資者保護のため必要かつ適当であると認めるときは、市場開設免許の取消し、1年以内の業務全部若しくは一部の停止、その業務の変更若しくはその業務の一部の禁止、その役員の解任を、又は定款その他の規則に定める必要な措置をとることを、命ずることができる（152条1項）。

　内閣総理大臣は、金融商品取引所の定款、業務規程、受託契約準則その他の規則若しくは取引の慣行、又は業務の運営若しくは財産の状況に関し、公益又は投資者保護のため必要かつ適当であると認めるときは、その必要の限度において、取引所の定款、業務規程、受託契約準則その他の規則又は取引の慣行の変更その他監督上必要な措置を命じることができる（153条）。

2　上場の意義

(1)　**上場のメリット・デメリット**　　発行された証券が金融商品取引所におい
て売買の対象となっている企業を**上場企業**という。上場を希望する企業がすべ
て上場できるわけではない。上場するためには、金融商品取引所が定める上場
基準をクリアし、取引所によって上場を承認してもらわなければならない。つ
まり、上場企業とは、選ばれた企業である。

　上場によって、発行された証券が取引所市場において売買されるため、証券
の流動性が高くなる。取引所市場において価格付けがなされることで、公正な
価格付けが行われる。このような公正な価格を前提として、発行会社は、発行
市場において資金調達を行うことができる。証券市場を通じての資金調達の円
滑化と資金調達手段の多様化は、発行会社にとって魅力的である。また、上場
会社になることで、会社の知名度が上がる。優秀な従業員を集めやすくなるこ
とで、人材確保に有利である。上場によって情報開示が強制されることにな
り、会社のリスク管理体制の充実と会計士監査による外部的なチェックが入る
ことで、組織的な企業運営が図られる。上場によって、同族企業経営でなく、
いわゆるパブリック・カンパニーとして、経営者・従業員のモチベーションを
高めることができる。

　もっとも、上場を維持するために、一定のリスク管理体制を保持することが
必要であり、企業統治にかかるコスト負担が大きくなる。また、上場基準を維
持できない場合、上場廃止や指定替えになる場合がある。例えば、第1部上場
企業・マザーズ上場企業の場合、最近2年間の経常利益が5億円以上あること
等、利益に関する項目が定められている。また時価総額や株主数などの項目も
ある。上場することで、一定の利益を維持しなければならないなど、経営に関
する規制を受けることになる。

(2)　**上場基準**　　金融商品取引所によって、上場を認める基準が定められて
いる。新興企業の市場であるマザーズやジャスダックの上場基準に対して、東
京証券取引所2部、更に東京証券取引所1部の上場基準は、より高いものに
なっている。

図表 5-1　上場基準

	東京証券取引所第1部	東京証券取引所第2部	マザーズ内国株	ジャスダック内国株（スタンダード）	ジャスダック内国株（グロース）
株主数（ジャスダックの場合、株券等の分布状況）	2,200人以上	800人以上	200人以上（上場時までに500単位以上の公募を行うこと）	a．公募又は売出し株式数が1,000単位又は上場株式数の10％いずれか多い株式数以上	同左
				b．株主数200人以上	同左
流通株式（上場時見込み）	a．流通株式数2万単位以上　b．流通株式数（比率）上場株券等の35％以上	a．流通株式数4,000単位以上　b．流通株式時価総額10億円以上　c．流通株式数（比率）上場株券等の30％以上	a．流通株式数2,000単位以上　b．流通株式時価総額5億円以上　c．流通株式数（比率）上場株券等の25％以上	なし	なし
時価総額（上場時見込み）	250億円以上	20億円以上	10億円以上	5億円以上	同左
事業継続年数	新規上場申請日の末日から起算して、3か年以前から取締役会を設置して、継続的に事業活動をしていること	同左	新規上場申請日から起算して、1年以上前から取締役会を設置して継続的に事業活動していること	なし	同左
純資産の額（上場時見込み）	連結純資産の額が10億円以上（かつ、単体純資産の額が負でないこと）	同左	なし	2億円以上	正であること
利益の額又は時価総額	次のa又はbに適合すること	同左	なし	次のa又はbに適合すること	なし
	a．最近2年間の利益の額が5億円以上であること	同左	なし	a．最近1年間の利益の額が1億円以上であること	なし
	b．時価総額が500億円以上（最近1年間における売上高が100億円未満である場合を除く）	同左	なし	b．時価総額が50億円以上	なし

出所：日本取引所グループ　ホームページを基にして作成

3　金融商品取引所とは何か

(1)　**総　説**　　**金融商品取引所**とは、内閣総理大臣の免許を受けて金融商品市場を開設する金融商品会員制法人又は株式会社をいう（2条16項）。従来、取引所は、会員制法人による組織のみが設立可能であった。市場にかかわる関係者によって組織され、取引の専門家に取引所の運営を委ねることが妥当だと考えられてきたからである。しかし、平成12年証券取引法改正によって、株式会社組織による設立が可能になった。金融商品取引所は、取引所間での厳しい国際競争にさらされている。このような取引所間競争の中で、取引システムのIT化に関係して巨額の資金力が必要となっており、また組織として意思決定の迅速化を図る必要がある。このような状況に対応するため、株式会社形態での取引所の設立が認められるようになった。なお、平成15年証券取引法改正によって、「**証券取引所持株会社**」の設立が可能になった。現行法の下での「**金融商品取引所持株会社**」である。金融商品取引所持株会社とは、取引所金融商品市場を開設する株式会社を子会社（87条の3第3項）とする株式会社であり、内閣総理大臣の認可を受けたものである（2条18項）。取引所の国際競争力を確保し、取引所間の資本連携を図ることを意図する。

　現在、我が国には、東京証券取引所、大阪取引所、札幌証券取引所、名古屋証券取引所、福岡証券取引所及び東京金融取引所という6つの取引所がある。札幌証券取引所及び福岡証券取引所の2つが、金融商品会員制法人であり、その他の取引所は、株式会社金融商品取引所である。

(2)　**金融商品会員制法人**　　金融商品会員制法人は法人である（88条1項）。会員は、金融商品取引業者等に限定される（91条）。会員には、定款の定めるところにより、出資の義務がある（92条1項）。法人に対する会員の責任は、定款に定める経費及び当該会員が当該法人に与えた損害の負担のほか、その出資額を限度とする（92条2項）。法人は、営利の目的をもって業務を行ってはならない（97条）。

　会員の通常総会は、年に1回開催されなければならない（88条の14）。法人の事務は、定款で理事その他の役員に委任したものを除き、すべて総会の決議によって行う（88条の17）。総会において各会員の議決権は、平等である（88条の19第1項）。法人は、役員として、理事長1人、理事2人以上及び監事2人以上

を置かなければならない（98条1項）。理事及び監事は、次項（3項）に定める場合を除き、定款の定めるところにより会員が選挙し、理事長は、理事が選挙する（98条2項）。なお、第3項において、定款に特別の定めがある場合、理事長は、理事の過半数の同意を得て、定款で定める数の理事を選任することができると規定されている（98条3項）。理事長は、法人を代表し、その事務を総理する（99条1項）。理事は、定款の定めるところにより、法人を代表し、理事長を補佐して法人の事務を掌理し、理事長に欠員があるときはその職務を代理し、理事長に欠員があるときはその職務を行う（99条2項）。監事は、法人の事務を監査する（99条3項）。

　金融商品会員制法人は、その組織を変更して、株式会社金融商品取引所になることができる（101条）。組織変更には、組織変更計画を作成し、総会による承認を得なければならない（101条の2第1項）。承認は、定款に別段の定めがあるときを除き、総会員の4分の3以上の賛成がなければ、組織変更の決議をすることができない（101条の2第2項）。組織変更には、内閣総理大臣の認可が必要である（101条の18第1項・2項）。

(3)　**株式会社金融商品取引所**　　**株式会社金融商品取引所**は、資本金額が10億円以上の株式会社であって（金商法施行令19条）、監査役会設置会社、監査等委員会設置会社又は指名委員会設置会社でなければならない（83条の2）。東京証券取引所、大阪取引所、名古屋証券取引所及び東京金融取引所はいずれも監査役会設置会社である。東京証券取引所と大阪取引所は、日本取引所グループの子会社である。株式会社日本取引所グループは、金融商品取引所持株会社であり、指名委員会等設置会社である。

　株式会社金融商品取引所には議決権につき保有制限規制がなされている。金融商品取引所の総株主の5％を超える議決権の保有者となった者は、議決権保有割合、保有の目的その他内閣府令で定める事項を記載した対象議決権保有届出書を、遅滞なく内閣総理大臣に提出しなければならない（103条の3）。また、何人も、議決権の20％（その財務及び営業の方針の決定に対して重要な影響を与えることが推測される事実として内閣府令で定める事実がある場合には15％）以上の議決権（「保有基準割合」という）を取得し、又は保有してはならない（103条の2第1項本文）。ただし、認可金融商品取引業協会、金融商品取引所・同持株会

社、商品取引所又は同持株会社の場合は、この限りではない（同1項但書）。また、地方公共団体その他政令で定める者は、内閣総理大臣の認可を受けて、議決権の保有基準割合以上、50％以下の数の議決権を取得し、又は保有することができる（106条の3第1項）。保有規制の趣旨は、特定の株主によって取引所の経営が支配され、取引所の公正・運営に支障が生じないための事前規制である。

(4)　**自主規制業務**　　金融商品取引所は、金融商品市場における売買・取引を公正にし、投資者を保護するため、**自主規制業務**を適切に行わなければならない（84条1項）。自主規制業務は、金融商品等の上場・上場廃止に関する業務、会員等の法令、法令に基づく行政官庁の処分若しくは定款その他の規則、又は取引の信義則の遵守の状況の調査等を対象とする（84条2項・取引所府令7条）。

　平成12年に株式会社形態による取引所の開設が認められ、取引所の営利性と自主規制業務の間で利益相反が問題となった。金商法や取引所における自主規制業務の目的が、投資者保護にある場合、営利性は投資者保護という目的と矛盾する。したがって、金商法は、非営利の法人である自主規制法人に関して規定を定める（102条の2以下）。金融商品取引所は、内閣総理大臣の認可を受けて、自主規制法人に対して、自主規制業務の全部または一部を委任することができる（85条1項）。自主規制法人として、平成19年設立の日本取引所自主規制法人がある。

4　取引の仕組み

(1)　**取引所金融商品市場**　　金融商品市場（2条14項）とは、①取引所金融商品市場（2条17項）及び②認可金融商品取引業協会によって開設される店頭売買有価証券市場（67条2項）を指す。現在、店頭売買有価証券市場は開設されていない。なお、PTS（私設取引システム）は、金融商品取引業者が行う取引所外取引である（2条8項10号）。

　取引所金融商品市場は、上場証券の売買方法から①取引所取引（市場内取引）と②取引所外取引（市場外取引）に分かれる。①取引所取引（市場内取引）の代表的市場は、立会市場であり、東京証券取引所1部・2部、マザーズ・ジャスダックがある。立会市場は、現物株式の場合、午前9時から取引が開始され、午前11時30分までを前場という。午後12時30分から取引が再開され、午後3時

に市場が終了するが、これを後場という。

　東京証券取引所は、このような立会市場のほかに、同じく取引所取引であるが、立会外取引制度として、ToSTNeT市場を設けている。機関投資家等による大口取引や自己株式取得の便宜等のために設けられた市場である。ToST-NeT-1は、相手方、銘柄、数量等を指定し、値段が合致することで約定が成立する。市場は、午前8時20分から午後5時30分まで開かれている。ToST-NeT-2は、終値に基づく固定価格によって、数量の合致によって約定が成立する。市場は、午前8時20分から25分間、午前11時30分から45分間、及び午後3時から1時間、開かれる。発行会社の自己株式取得に利用されていたが、発行会社以外の者も買付注文ができるため、予定数量の買付けが完了できないことが生じた。そのため、買主を発行会社に限定したToSTNeT-3が開設されるようになった。この市場は、午前8時から45分間に注文を受け付け、午前8時45分後に約定を成立させる。自己株式取得のための専門市場である。

　かつて証券市場は、立会場において、トレーダーが、主に手信号を用いて意思表示を行って、証券の売買を成立させていた。しかし、今日、我が国において、このような立会場は廃止され、手信号を基にした売買は行われていない。立会市場、立会外市場共に、電子取引化されてコンピュータ市場となっている。

　(2)　**競争売買**　　金融商品市場において、その売買契約は、**競争売買**（オークション）によって成立する。競争売買は、「**価格優先の原則**」及び「**時間優先の原則**」に従う。

　価格優先の原則において、売り呼び値に関して、より安い売り呼び値の方が優先し、一方、買い呼び値に関しては、より高い買い呼び値の方が優先する。このようなルールの下で、売りと買いの注文の間で、値段と数量が一致することで売買が成立する。売り呼び値・買い呼び値のそれぞれにおいて、同じ値段であった場合は、時間的に先であった方が、後であった方より優先する。これを時間優先の原則という。売買は、値段だけでなく、数量が合致する必要があるため、一時に大量の売りの注文あるいは大量の買いの注文が入ると、売買が成立しない場合がある。したがって、競争売買を成立させるため、取引を集中させる必要がある。物理的に面積の限られていた立会場において、一定の数の人間が、手信号によって売買を実行していた時代に比べ、このような物理的制

約を受けない今日の電子取引化されたコンピュータ市場では、金融商品の売買は、より効率的なものになっている。

(3)　**取引参加資格**　取引所金融商品市場において、有価証券の売買又は市場デリバティブ取引は、会員等によってのみ行うことができる（111条1項）。会員等とは、会員又は取引参加者である（81条1項3号）。会員は、金融商品会員制法人の会員である。同法人においては会員のほか、定款の定めるところにより、取引所における取引資格を与えることができ、これが取引参加者である（112条1項）。株式会社金融商品取引所においては、業務規程の定めるところにより、取引所における取引資格を与えることができる（113条1項）。

取引参加者とは、金融商品販売業者、取引所取引許可業者及び登録金融機関である。なお、**取引所取引許可業者**とは、60条1項の許可を受けた外国証券業者である（60条の4第1項）。また、**登録金融機関**とは、33条の2の登録を受けた銀行、協同組織金融機関その他政令で定める金融機関である（2条11項）。いずれにしても、取引所金融商品市場において取引を行うことができるのは、会員又は取引参加者（「会員等」という）に限られる。投資者が有価証券・市場デリバティブ取引を行う場合、投資者は、売り又は買いの注文を、会員等を通じて行うことになる。会員等とは、証券会社・銀行等である。

図表5-2　取引所金融商品市場概念図

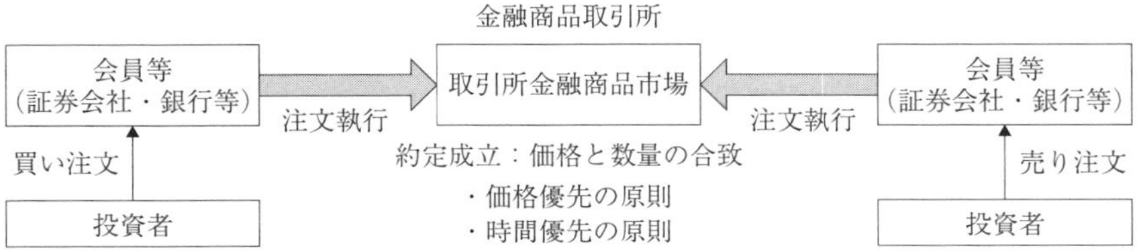

(4)　**受託契約準則**　会員等が投資者から有価証券・デリバティブ取引に関する売買の委託を受ける場合、会員等は、商法上の問屋に該当する（商551条）。会員等は、その名をもって投資者（委託者）の計算において物品の販売又は買入をすることを業とする者である。会員等と投資者の間には、問屋営業に関する商法の規定の外、民法の委任及び代理に関する規定が準用される（商552条2項）。契約自由の原則から、契約の内容は、本来、当事者間において任

意に決定されるべきであろう。しかし、金商法は、会員等によって作成される**受託契約準則**に拠るべきだと定める（133条1項）。受託契約準則によって規定されることで、会員等と投資者との関係は、類型的な取引として画一的なものとして取り扱われる。金融商品市場においては、類型的な取引が大量かつ繰り返して行われる。このような市場取引において、①個々的に契約内容を定めることは煩雑であり、取引成立の迅速性という観点から適切ではない。また、②金融商品取引所に対する金融庁による監督において、取引所の定款、業務規程及び寄託契約準則その他の規則等が、監督の下にあり、変更命令等の対象となっている。したがって、委託契約に関する投資者保護の観点において、受託契約準則によって規律されるべきだという。もっとも、②の投資者保護を理由とする見解に対しては、批判がある。法の趣旨として投資者保護を図るために受託契約準則が用いられるというのならわかる。しかし、先に受託契約準則ありきで、それが普通取引約款であることを根拠として、法の趣旨を投資者保護とするのは、本末転倒であるというのである［神田・川村，1997：1031］。

　受託契約準則は、会員等によって定められるものであるが、会員等と投資者の間における**普通取引約款**である。判例によっても、「いわゆる普通取引約款の一種に属するものと解すべく、普通取引約款の支配する取引においては当事者間に別段の特約がないかぎり当事者がたとえ約款内容を具体的に了知しなくとも当該約款によって契約したものと認められるべき効力を生ずる」と解されている（最判昭37・2・6裁判集民58・513）。

　普通取引約款の拘束力に関して、判例は、約款を契約と解し、約款によって契約した以上、別段の意思表示がない限り、約款に記載された内容において拘束力を認める（大判大4・12・24民録21・2182）。**意思推定説**といわれる立場である。このような立場に対しては、約款の拘束力が弱く妥当でないとして、約款が用いられてきた商慣習を根拠として、約款の拘束力を肯定すべきだとする学説が主張された。一方、近年では、約款を用いた契約であることを知らせない場合、約款の拘束力を認めず、知らせていた場合には拘束力を認める。しかし、個々の約款条項に関しては、顧客側の合理的な期待に反する場合、意思の合致がないとして条項に拘束力を認めないとする見解が有力に主張されていた。**新契約理論**という立場である。

　平成29年民法改正において、**定型約款**に関する規定が新設された（民548条の2以下）。ある特定の者が不特定多数の者を相手方として行う取引であって、その内容の全部又は一部が画一的であることがその双方にとって合理的である場合、これを定型取引とする。受託契約準則は、定型取引に該当するゆえに、民法で規定される定型約款である。定型約款につき、予め定型約款を契約の内容とする旨の表示等がなされていれば、定型約款の個々の条項についても合意をしたものとみなされる（民548条の2第1項）。しかし、信義誠実の原則に反して相手方の利益を一方的に害する場合等において、相手方の権利を制限しあるいは義務を加重する条項は、合意しなかったとみなされる（民548条の2第2項）。受託契約準則に関し、その拘束力に関する問題は、新契約理論に沿った形で一定の立法的解決をみたといえる。

5　清算・決済機関

(1)　**証券保管振替機構等**　　**証券保管振替機構**は、愛称を「ほふり」という。社債、株券等の振替に関する法律（平成13年法律75号）に基づく振替機関である。国債に関しては、日本銀行が振替機関である。一方、口座管理機関は、振替機関に口座を開設して、顧客等のために振替を行う者であり、証券会社、銀行等である。

　特定の銘柄の振替株式について、振替の申請があった場合、振替機関等は、その備える振替口座簿における減少若しくは増加の記載・記録又は通知を行わなければならない（社債株式振替132条1項）。振替株式の譲渡は、振替の申請により、譲受人がその口座における保有欄に当該譲渡にかかる数の増加の記載・記録を受けなければその効力を生じない（社債株式振替140条）。振替の申請によりその口座において、特定の銘柄の振替株式についての増加の記載・記録を受けた加入者は、当該銘柄の振替株式についての当該増加の記載・記録にかかる権利を取得する（社債株式振替144条本文）。ただし、当該加入者に悪意又は重大な過失があるときは、この限りでない（社債株式振替144条但書）。

(2)　**日本証券クリアリング機構（JSCC）**　　**日本証券クリアリング機構**（JSCC）が清算業務を行っている。取引所金融市場における売買量は膨大である。ところが、JSCCに決済を一元化することで、取引の決済数量を大幅に削減するこ

とができる。複数の金融商品取引について、売付数量と買付数量を相互に相殺し、その差額のみを受渡すことで決済に関する手間を省くことができる。これをネッティングという。JSCC は、金融商品の売主・買主の双方から、相手方との間に発生した債務を引き受けるとともに、対応する債権を取得することで、発生した債権・債務の当事者になる。これにより、清算参加者は、取引相手方に対する信用リスクを心配せずに済む。このように決済において JSCC が債権・債務の当事者になるため、JSCC が決済の履行を保証することになる。

2 店頭市場等における取引

　株券等の取引は、その多くが東京証券取引所等の金融商品取引所で行われているが、そこに上場しなければ取引することができないというわけではない。他の取引同様、株券等も当事者同士が交渉して合意に至れば、売買が有効に成立する。もっとも、株券等については、その取引相手（自分が有している株券を買ってくれる相手又は自分が欲しいと思っている株券を売ってくれる相手）を自分で見つけるのは簡単なことではない。そこで、金融商品取引所に上場されていない株券（非上場株券）の売り手と買い手をつなぐ場として、次のような制度が用意されている。店頭売買有価証券市場、PTS 取引、フェニックス銘柄制度、株主コミュニティ、クラウドファンディング制度等である（ただし、日本における非上場株券等の取引は、あまり活発に行われておらず、外国〔特に米国〕と比較しても、ほんのわずかにとどまる）。

1 店頭売買有価証券市場
　店頭売買有価証券市場とは、証券会社が顧客との間で非上場株券の売買を行うことが盛んになってきたことに伴って、組織化され発展してきた取引の場である（取引が、証券取引所のような場所ではなく、証券会社の「店頭」で行われてきたことから店頭市場とよばれてきた）。ここでは、情報開示の充実や不公正取引規制などのためのルールが一定の範囲で整備され、非上場株式の流通の場を提供するという役割が歴史的に担われてきた。
　平成16（2004）年に、当時、店頭売買有価証券市場として存在していたジャ

スダック市場が、証券取引所の市場に改組され（その後大阪証券取引所に吸収）、現在は、店頭売買有価証券市場は存在していない。

2　私設取引システム（PTS, Proprietary Trading System）

PTS（Proprietary Trading System）とは、金融商品取引所を経由せずに株券（上場していても非上場でもよい）の売買が可能な電子取引システムであり、証券会社が認可を得て運営するものである（30I, 2VIII⑩）。平成10（1998）年に、上場株券の取引所集中義務（上場株券等の売買は原則として取引所で執行しなければならないという義務）が撤廃されたのに伴って、米国の制度にならって日本に導入された。平成12（2000）年6月に、PTS業務の認可がはじめて2社に対して与えられ、その後もいくつかの証券会社がPTSの運営を開始するに至った。割安な手数料などから売買代金は増加したが、その後に日本におけるPTSの利用はそれほど進んでいない。

3　グリーンシート銘柄制度・フェニックス銘柄制度

日本証券業協会は、非上場会社（特に将来的に上場しようとしているベンチャー企業等）の株券の売買を可能にすることで、当該非上場会社への資金調達を円滑ならしめ、また投資者に換金の場を提供しようと、**グリーンシート銘柄**という制度をかつて設けていた。この制度は、平成9（1997）年7月に創設され、多いとき（平成16（2004）年末）には100近くの銘柄がこれに指定され取引されていた。しかし、制度改正で、同銘柄の発行者に課せられる情報開示義務が強化されたこと、更に、取引所が上場基準の緩い新興企業向け市場を相次いで開設し、多くのベンチャー企業は取引の場としてこういった市場を選ぶようになったことから、その数は減少していった。その結果、グリーンシート銘柄制度は、その存在意義を次第に失っていき、平成30（2018）年3月に廃止されるに至った。

他方、日本証券業協会は、取引所で上場廃止になった銘柄について、投資者の換金の場を与え、また当該上場廃止会社の再生をサポートしようと、**フェニックス銘柄**という制度を設けている。これは、上記グリーンシート銘柄制度から分離させる形で、平成20（2008）年3月から開始された。しかし、この制

度は、銘柄の発行者に上場会社に近い水準の情報開示義務を課していること、まだ一般にそれほど周知されていないことなどから、あまり利用されていない。平成28（2016）年 6 月30日以降、指定されている銘柄はない。

4 株主コミュニティ

更に、日本証券業協会が非上場株券の取引及び資金調達の場として設けるものとして、**株主コミュニティ**という制度も存在する。この制度は、日本証券業協会から指定された証券会社が非上場株券の銘柄ごとに株主コミュニティを組成し、それに参加する投資者に対してのみ投資勧誘を認め、当該株主コミュニティ間（参加者間又は証券会社と参加者との間）で取引ができる仕組みである。地域に根差した会社などの資金調達を支援しようと、平成27（2015）年 5 月に創設された。2019年 7 月現在、同制度を運営する証券会社として、 6 社が指定されている。勧誘の対象者が株主コミュニティ参加者に限定されるため、グリーンシート銘柄の発行者に課せられたような情報開示義務などの負担はない。ただし、株主コミュニティへの参加は、原則として投資者側からその申し出があった場合のみ可能とされており（証券会社は投資者に株主コミュニティへの参加を勧誘することが禁じられる）、その普及が課題となっている。

5 クラウドファンディング

クラウドファンディングとは、新規企業や成長企業等と投資者をウェブサイト上で結び付け、多数の投資者から少額ずつ資金を集めることをいう。銀行による融資や株式発行といった従来の方法では資金調達が困難なベンチャー企業や団体・個人らがこれを利用し、個人の投資者から資金を集めることに成功している。具体的には、日本の伝統的な建築物や技術の維持・再生や先進的な技術の開発・発展を目指すプロジェクトや事業、発展途上国の経済の活性化、アーティストの育成や映画の製作に向けられたプロジェクトや事業に、資金が流れている。投資者がこういったものに資金提供するのは、どれだけのリターンがあるかといった視点というよりむしろ、地域再生や社会問題の解決に貢献したい・応援したいという気持ちであることが多く、通常の上場会社の株券を購入するのとは少し違った意味合いを有しているといえるかもしれない。

　クラウドファンディングは、資金提供に対する対価という点から、いくつか
の種類に分けられる（例えば、「寄付型」や「購入型」などがある）が、金商法と
大きく関係するのは、「投資型」である。例えば、投資者が仲介業者を通じて
資金を提供し、未公開株式等（非上場株券）を受け取るといった形態のクラウ
ドファンディングである。非上場株券は流動性が低く（売りたくても売れず換金
できない可能性があり）、その投資には高いリスクを伴う。そこで、金商法は、
投資型クラウドファンディングに関する業務を「**電子募集取扱業務**」とし、少
額（発行総額1億円未満で、個々の投資者が払い込む額が50万円以下のもの）の電子
募集取扱業務を行う者（投資型クラウドファンディングのみを行う者）を、少額電
子募集取扱業者として規制している。ただし、業務が限定されている分、通常
の証券会社（第一種金融商品取引業者）より緩やかな規制である。クラウドファ
ンディングの資金調達の円滑化のために、クラウドファンディングのみを行う
業者について業規制の一部が緩和されたためである。

3　不公正取引等の規制①──インサイダー取引規制

　金商法は、証券取引をめぐる様々な行為を「不公正」として禁止又は制限し
ている。それらは、法の究極目的である「国民経済の健全な発展及び投資者の
保護」（1条）を阻害するものと考えられるからである。具体的には、インサ
イダー取引、相場操縦行為、風説の流布・偽計に当たる行為等がそれに該当す
る。まず、インサイダー取引から取り上げる。

1　概　　要

　インサイダー取引（内部者取引）とは、その名の示す通り、会社の内部者（イ
ンサイダー）による取引である。取締役や従業員といった会社の内部者が一般
の投資者がアクセスできない会社の内部情報を知りながら当該会社の株式を取
引したら（例えば、当該会社が法に触れる行為をしたことを知り、自分の保有する当
該会社の株式を、その情報が公にされる前に売却していたら）、誰もが不公正と思う
だろう。そのような取引が放置されるなら、市場に対する信頼は失われ、多く
の投資者は取引をしなくなるかもしれない。それでは法の目的は大きく損なわ

れてしまう。そこで、法は会社の内部者に対して、いくつかの義務や制限を課している。

　具体的に、金商法は、これらの者が、まだ市場に公表されていない当該会社の内部情報を知った場合に、(a) 同情報が公表されるまで取引を制限したり、(b) 他人にその情報を教えることを禁じている。また、これらの者がまだ市場に公表されていない会社の内部情報を知った場合でなくても、その立場上、会社の内部情報にふれる可能性が高いと考えられるこれらの者に、(c) 当該会社の株式を取引した場合にはその報告をするよう義務付けたり、(d) 6か月以内に当該会社の株式の購入と売却の両方を行った結果、利益を得た場合には、当該会社によってその利益を吐き出させることを可能にしている。(a) は金商法166条・167条で、(b) は167条の2で、(c) は163条で、(d) は164条で、それぞれ規定されている。(a) と (b) は、インサイダー取引自体（又はそれと同視できる取引）を直接的に禁ずるものであり、(c) と (d) はインサイダー取引を未然に防止しようとする点で間接的に禁ずるものといえる。

2　インサイダー取引自体を禁ずる規定（法166条・167条）

　(1)　**法166条の禁ずるもの**　　法166条は、(i)会社と一定の関係を有する者（「会社関係者」という・1項）で、(ii)内部情報（「重要事実」という・2項）を、(iii)規定の方法により知った者（及びそのような会社関係者から情報を得た者〔「第一次情報受領者」という・1、3項〕）は、(iv)当該重要事実の公表（4項）がされた後でなければ、当該会社の株券等を取引してはならない、と規定する。以下、各要件につき、概観する。

　(i)　規制を受ける要件①——取引者は、「会社関係者」又はその第一次情報受領者か？　　会社関係者とは、会社と一定の関係を有し、その地位・職務から当該会社の未公開情報を入手しやすい立場にあると考えられる者である。具体的には、当該会社（その親会社、子会社も含む）の役員や従業員等（1号・当該会社の取締役や監査役等や正社員に加えてアルバイト等も含む）、当該会社に対して会計帳簿閲覧謄写請求権（会社433条）等を有する株主等（2号）（同投資主等〔2号の2〕）、当該会社に対して法令に基づく権限を有する者（3号・関連法令に基づいて捜査や許認可などの権限を有する公務員のみならず、法令の委任を受けて検査な

どを行う団体の職員なども含む）、上場会社等と契約を締結している者・その交渉をしている者（4号・会社とかかわるあらゆる契約の相手方が含まれるが、会社の取締役〔当該会社と委任契約を締結〕や従業員〔当該会社と雇用契約を締結〕は、1号の「会社関係者」となり4号では除外される）、上記2号、2号の2及び4号に当たる者が法人の場合の役員等（5号・この意味するところは、(iii)の「重要事実」を知った方法との関係で述べる）である。なお、会社関係者でなくなった（例えば当該会社を退職した等の）場合でも、その後1年間は会社関係者同様の規制に服すことになる。

　更に、上記の会社関係者から情報を受領した者等（166条3項）は、会社関係者同様に、当該事実が公表されるまで、当該上場会社等の株式等を取引できない。ただし、第二次情報受領者（会社関係者から情報を得た者〔第一次情報受領者〕から情報を得た者）は、インサイダー取引規制の対象にはなっていない（これは、第二次以降の情報受領者も規制対象に含めると、処罰の範囲が不明確となり無用の社会的混乱が生ずることが考慮されたとされている）。

　(ii)　規制を受ける要件②──知っていた情報は「重要事実」に当たるか？
重要事実とは、投資者の投資判断に著しい影響を及ぼすと一般的に考えられる事実であり、法は、決定事実、発生事実、業績予想等の修正、包括条項（バスケット条項）に分けて規定している。

　(a)　決定事実　　**決定事実**とは、当該会社等の「業務執行を決定する機関」が当該事実について「決定」したこと（その決定を公表後に当該事実を行わないことを「決定」したこと）を指す。

　決定の主体となる「業務執行を決定する機関」として、典型的には取締役会が挙げられるが、取締役会のみならず、実質的に会社の意思決定と同視されるような意思決定を行うことができる機関（例えば会社の社長自身）も含まれると解されている（日本織物加工事件〔最判平11・6・10刑集53・5・415〕）。また「決定」も、それに向けた作業等を会社の業務として行う旨を決定したことをいい、その実現が意図されていたことは要するが、確実に実行されるとの予測が成り立つことまでは必要ないと解されている（上記日本織物加工事件）。

　「決定」の対象となる事項とは、例えば、募集株式・新株予約権の発行（166条2項1号イ）、業務提携・解消（同号ヨ、施行令28条1号）及び民事再生・会社

更生（同号ヨ、施行令28条8号）等である（これら3つの決定事実は、実際よく問題となっているものである。例えば、証券取引等監視委員会による、インサイダー取引規制違反に関する課徴金納付命令の勧告事例は、課徴金制度が導入された平成17〔2005〕年4月から令和2〔2020〕年3月末までに336件あり、そのうち募集株式・新株予約権の発行の決定事実に関する事案が53件〔全体の15.0％〕、業務提携・解消の決定事実に関する事案が60件〔17.0％〕、民事再生・会社更生の決定事実に関する事案が17件〔4.8％〕である〔証券取引等監視委員会事務局『金融商品取引法における課徴金事例集〜不公正取引編〜』〈令和2年6月〉17頁〈以下、『課徴金事例集』〉〕。また、当該会社の子会社の決定についても決定事実として重要事実の対象となり得る〔166条1項5号〕。なお、当該会社及びその子会社の決定事実ともに、投資家の投資判断に及ぼす影響が軽微と考えられるものについては、重要事実に該当しないとして除外されている〔いわゆる軽微基準、取引規制府令49条・52条〕）。

　　(b)　発生事実　　**発生事実**とは、上場会社等の意思によらない重要事実で、次のような事実が発生するときに認められる。具体的には、災害に起因する、又は業務遂行の過程で生じた損害（2項2号イ、子会社については同6号イ）、主要株主の異動（2項2号ロ）等である。これについても、決定事実同様、軽微基準が存在する（取引規制府令50条・53条）。

　　(c)　業績予想等の修正　　**業績予想等の修正**とは、当該会社等又はそのグループ全体の売上高・経常利益・純利益・剰余金の配当について、公表された直近の予想値に比較して、当該会社が新たに算出した予想値又は決算において、差異が生じたことを指す（2項3号、子会社については同7号）。「新たに算出した」とは、「取締役会において予想値の修正公表が避けられない事態に立ち至っていることについての報告がなされてそれが承認されたこと」が必要と解されている（谷藤機械工業〔マクロス〕事件〔東京地判平4・9・25判タ814・237〕）。算出された「差異」は、投資者の投資判断に及ぼす影響が重要である必要があり、例えば、売上高の差異は、直近の予想値からの増減額が10％以上とされている（取引規制府令51条1号、子会社については同55条2項1号）。この業績予想等の修正に関するインサイダー取引事例は比較的多い（令和2〔2020〕年の『課徴金事例集』17頁によれば、平成17〔2005〕年4月から令和2〔2020〕年3月末までの勧告事例336件のうち、業績予想等の修正は56件〔15.9％〕あった）。

　(d)　包括条項　　**包括（バスケット）条項**とは、上記３つの事実には該当しないが、投資者の投資判断に著しい影響を及ぼす、上場会社等の運営、業務又は財産に関する重要な事実を指す。例えば、約40億円の架空売上が存在する事実及びその結果現に営業資金不足を招来しているという事実（谷藤機械工業〔マクロス〕事件〔東京地判平４・９・25・判タ814・237〕）や新薬（当該会社が実質上初めて開発して販売を開始し同社の株価上昇のもとになっていた）につき副作用とみられる死亡例が発生した事実（日本商事事件〔最判平11・２・16刑集53・２・１〕）がこれに当たると解されている。また、課徴金事例の中には、決算や財務等に不適切な処理や過誤があることが判明したこと、製品等のデータの改ざんが発覚したこと、有価証券報告書虚偽記載の嫌疑で証券取引等監視委員会の強制捜査を受けたことについて、包括条項が適用され、重要事実があったとされている（令和２〔2020〕年の『課徴金事例集』93頁。なお、平成17〔2005〕年４月から令和２〔2020〕年３月末までの勧告事例336件のうち、包括条項は19件〔5.3％〕であった〔同17頁〕）。

　(iii)　規制を受ける条件③──情報をどのように知ったか？　　インサイダー取引規制が課せられるためには、１項で掲げられた者（上記(a)の「会社関係者」）が２項で掲げられた情報（上記(b)の「重要事実」）を、本条１項各号所定の方法で知る必要がある。それは、１項で掲げられた、役員等（１号及び５号）については「その者の職務に関し」、会社の株主等（２号・２号の２）については「当該権利の行使に関し」、会社に対して権限を有する者（３号）については「当該権限の行使に関し」、契約締結・交渉者（４号）について「当該契約の締結若しくはその交渉又は履行に関し」知ったとき、とされている。

　(a)　その者の職務に関し知ったとき　　「その者の職務に関し知ったとき」（１号及び５号）とは、職務自体により知った場合のみならず（職務とは、その者の地位に応じた任務として取扱うべき一切の執務をいい、具体的に担当している事務であることを要しない）、特権的な地位ゆえに知ることができた場合も広く含むと解される。例えば、取締役や監査役が取締役会に出席して重要事実を知った場合は「職務に関し知った」ことの典型であろうが、それ以外でも、新聞社・テレビ局など業種上情報が集まる会社で、会社の端末を通じて未発表情報を閲覧しそれに関する取引（インサイダー取引）が行われた事件において、その端末利

用がインサイダー取引を行った者にとって業務上通常といえる場合はもちろん（日本経済新聞従業員事件〔東京地判平18・12・25判例集未登載〕）、少なくとも常時端末を利用する業務上の必要性はなかったと考えられるような場合でも、「その者の職務に関し知ったとき」と解釈されている（NHK職員によるインサイダー取引事件〔平成20年3月19日決定平成19事務年度〈判〉第15号、第16号、第17号〕）。

　(b)　権利の行使に関し知ったとき　「権利の行使に関し知ったとき」（2号・2号の2）とは、会計帳簿閲覧謄写請求権等の行使の結果として知った場合のみならず、当該権利を行使するための準備・調査・交渉等の過程で知った場合等、当該権利の行使と密接に関連する行為も含む。また、「行使に関し」という文言から、当該権利を実際行使したか否かは問わないと解されている。

　(c)　当該権限の行使に関し知ったとき　「当該権限の行使に関し知ったとき」（3号）とは、法令に基づく権限の行使の結果として知った場合のほか、当該権限の行為と密接に関連する行為によって知った場合も含むとされている。例えば、経済産業省大臣官房審議官の立場にあり、半導体素子，集積回路その他情報通信機器等の部品等に関する事業の発達、改善及び調整等の事務の企画及び立案に参画し、関係事務を総括整理するなどの職務に従事していた者が、半導体素子等の電子部品の開発及び製造等を業とするN社のA社と合併する旨の決定事実（重要事実）を知ってインサイダー取引を行った（N社株を買い付けた）ことが問題となった事案で、当該審議官が166条1項3項に基づいて会社関係者であるとされた（後掲最判平28・11・28、コラム5-1参照）。

　(d)　当該契約の締結若しくはその交渉又は履行に関し知ったとき　「当該契約の締結若しくはその交渉又は履行に関し知ったとき」（4号）とは、契約の締結・交渉・履行行為自体によって知った場合のみならず、これと密接に関連する行為により知った場合も含むとされ（例えばCSKコミュニケーションズ事件〔東京地判平18・8・10判例集未登載〕）、また、契約の締結・交渉・履行につき権限を有し義務を負う者が、これらの行為の際に知った場合だけでなく、これを補助する担当者が知った場合も含み、さらに、この担当者からその職務上当該契約の締結・交渉・履行の状況等について報告を受ける立場にある上司等がその報告等の機会に知った場合をも含むと解されている（三笠コカ・コーラボトリング・三陽パックス事件〔東京地判平15・5・2判タ1139・311〕）。更に「契約」

についても広く解釈されている（インテック事件〔最判平15・12・3判時1845・147〕）。

　なお、166条1項2号・2号の2及び4号に当たる者が法人の場合の役員等（同項5号）が独立して規定されているのは、ここで述べた「知った方法」が関係している。すなわち、重要事実を、会社の株主・投資主等が「当該権利の行使に関し知ったとき」（同2号及び2号の2）や、会社の取引先等が「当該契約の締結若しくはその交渉又は履行に関し知ったとき」（同4号）にはインサイダー取引規制がかかるが、株主等や取引先等が会社の場合で、内部で当該事実が伝えられ自らの職務を執行する中で知ったようなとき、当該知った者は「当該権利の行使に関し知った」又は「当該契約の締結……に関し知った」といえるだろうか。いえないとするなら、これらの者にはインサイダー取引規制が及ばなくなってしまうが、こう解することは、規制の趣旨を没却させてしまうおそれがある。そこで、法人を一体と捉え、ある部門で取得した情報を他の部門の者が知ることになっても規制の対象になるように規定されたのが、166条1項5号なのである。すなわち、166条1項2号、2号の2及び4号に当たる者が法人の場合の役員等が「その者の職務に関し知ったとき」（同5号）にも規制が及ぶようにしたのである。

　(iv)　規制を受ける条件④——情報は「公表」されていないものか？
「**公表**」とは、重要事実に該当する事項について、多数の者の知り得る状態に置く措置がとられたことをいう（166条4項）。具体的には、上場会社等が、2以上の報道機関に対して公開し、かつ、公開後12時間経過したこと（金商法施行令30条1項1号・2項）、あるいは、その上場する金融商品取引所の規則に従って当該取引所に通知し、かつ、当該取引所で電磁的方法（東京証券取引所のTDnet等）により日本語で公衆の縦覧に供されたこと（適時開示）（金商法施行令30条1項2号、取引規制府令56条1項）である。また、有価証券届出書・有価証券報告書等にこれらの事項を記載し、公衆の縦覧に供されたことでも「公表」されたことになる（166条4項）。

　「公表」の概念が問題となった事案として、NECエレクトロニクス事件がある（コラム5-1参照）。

　(v)　違反に対する責任　　上記(ⅰ)から(ⅳ)をすべて満たして、当該会社の株式

コラム 5 - 1 NEC エレクトロニクス事件（最判平28・11・28刑集70・7・609）

　これは、当時、経済産業省大臣官房審議官の立場にあったＹが、NEC エレクトロニクス社（以下エレクトロ）がＡ社と合併することを決定した事実を知り、エレクトロの株式を買い付けたことがインサイダー取引に該当するか否かが争われた事案である。Ｙは、当該買付けを行う前に、当該合併がエレクトロの代表取締役等によって２以上の報道機関に公開されたことにより、「公表」され、166条１項による規制の対象外となったとして、また、日経新聞等の一連の報道で当該合併は既に公知の状態になっており法166条の「重要事実」性を喪失したとして、無罪を主張した。

　第一審、控訴審ともに、被告人が株式の買付けをした時点では、本件重要事実（エレクトロがＡ社と合併することを決定した事実・166条２項１号ヌ）は公表されていなかったとした。

　最高裁判所は、「公表」の方法について限定列挙され、詳細な規定が設けられている趣旨は、「投資家の投資判断に影響を及ぼすべき情報が……公平かつ平等に投資家に開示されることにより……市場取引の公平・公正及び市場に対する投資家の信頼の確保に資するとともに、インサイダー取引規制の対象者に対し、個々の取引が処罰等の対象となるか否かを区別する基準を明確に示すことにある」とし、〔法166条４項から委任を受けた〕施行令30条１項１号は、重要事実の公表の方法の一つとして、上場会社等の代表取締役、執行役又はそれらの委任を受けた者等が、２以上を含む報道機関に対して公開し、かつ、公開後12時間を経過したことを規定するところ、上記の趣旨に照らせば、この方法は、当該報道機関が行う報道の内容が、同号所定の主体によって公開された情報に基づくものであることを、投資家において確定的に知ることができる態様で行われることを前提としていると解され、よって、「情報源を公にしないことを前提とした報道機関に対する重要事実の伝達は、たとえその主体が同号に該当する者であったとしても、同号いう重要事実の報道機関に対する『公開』には当たらないと解すべき」と述べた。また、「会社の意思決定に関する重要事実を内容とする報道がされたとしても、情報源が公にされない限り、法166条１項によるインサイダー取引規制の効力が失われることはないと解すべき」とした。

を取引した場合、インサイダー取引に該当する。この場合、刑事罰の対象になる（197条の2第13号）。また、課徴金納付命令の対象ともなる（175条）。課徴金制度は、刑事罰の謙抑的運用から違法行為に対する制裁が加えられない問題を克服する手段として導入されたものであるところ、インサイダー取引違反でも積極的に活用されてきている（前述の通り、平成17〔2005〕年4月から令和2〔2020〕年3月末までの間に、インサイダー取引違反に関する課徴金勧告事例は合計336件あり、この勧告を受けて令和2年3月末までに課徴金納付命令が決定された事例は331件ある〔金融庁「課徴金納付命令等一覧」の平成17事務年度から令和元年度までを集計、なお、取り消された納付命令事例は除いている〕）。また、インサイダー取引行為により得た財産は没収・追徴される（198条の2）。

　(2)　**法167条の禁ずるもの**　法167条もインサイダー取引自体を禁ずる規定である。具体的に、同条は、(i) 公開買付者と一定の関係を有する者（「公開買付者等関係者」という・1項）で、(ii) 公開買付けに関する事実（「公開買付け等事実」と言う・2項・3項）を、(iii) 規定の方法により知った者（及びそのような公開買付等関係者から情報を得た者〔「第一次情報受領者」という・1項・3項〕）は、(iv) 当該事実の公表（4項）がされた後でなければ、当該公開買付けの対象となる会社の株券等を取引してはならない、と規定している。一見すると、166条に類似しているように思えるが、どこがどう異なるのであろうか。

　細かな違いは後述するとして、大きな違いは2つ指摘できるように思われる。1つは、取引する際に知っていた情報の内容、もう1つは取引が禁じられる対象である。まず、取引の規制対象となる情報であるが、166条ではその会社に関する「重要事実」がそれに該当し、その内容は、当該会社が新株を発行することやどこかと業務提携をすることを決定したことや業績予想を修正することなど多岐にわたっていた。これに対し、167条ではその会社が公開買付け等をすることを決定したこと（又は公開買付け等をすることを決定したことを公表した後に行わないことを決定したこと、これらをあわせて「公開買付け等事実」という・167条3項）、これに限られる。

　次に、取引が禁じられる対象は、166条では当該「重要事実」が生じた会社自身（例えば、O社が新株発行をすることを決定したなら、その決定をしたO社自身）の株式等であるのに対し、167条では「公開買付け等事実」が生じた会社自身

ではなく、当該公開買付けの対象となる会社（例えば、O社がP社を公開買付けすることを決定したなら、O社ではなくP社）の株式等となる。公開買付けは、会社を買収するときに使われるものであるから、資産規模のより大きい者が小さい者（会社）を対象に行うのが一般的である。そうすると、その公開買付けが行われる結果、公開買付けをする側（資産規模がより大きい）よりも公開買付けをされる側（資産規模がより小さい）の方が株価に大きな変動があることが予想される。なぜなら、公開買付けによって、資産規模がより小さい会社がより大きい会社のグループの一員になり、豊富な資金の下、発展拡大していく期待が生まれるからである（実際、公開買付けをめぐるインサイダー取引は比較的多い。課徴金事例でも、インサイダー取引に関する勧告類型件数336件のうち、公開買付け等事実は最も多く、85件で全体の24.1％を占めている〔令和2〈2020〉年の『課徴金事例集』10頁〕）。そこで、法は166条に加えて167条で、公開買付けをする者（これは株式会社に限らない）の関係者（そこで働く者やその取引先など）が公開買付け等をすることを決定した事実を知った場合に、公開買付けの対象となる会社の株式を取得することを制限するよう規定したのである。

　(ⅰ)　規制を受ける要件①——取引者は、「公開買付者等関係者」又はその第一次情報受領者か？　　公開買付等関係者とは、公開買付けを行おうとする者と一定の関係を有し、その地位・職務から当該会社の未公開情報を入手しやすい立場にあると考えられる者である。具体的には、166条同様、公開買付けを行おうとする者の役員や従業員等（1号）、当該公開買付者等に対して会計帳簿閲覧謄写請求権（会社433条）等を有する株主等（2号）、当該公開買付者等に対して法令に基づく権限を有する者（3号）、当該公開買付者等と契約を締結している者・その交渉をしている者（4号）、上記2号、4号に当たる者が法人の場合の役員等（6号）がそれに該当する。さらに、166条では挙げられていないが167条では規制対象とされている主体として、当該公開買付けの対象となる会社及びその役員等（5号・6号）がある。なお、公開買付者等関係者でなくなった場合でも、その後6か月は同様の規制に服することになる。

　更に、上記の公開買付等関係者から情報を受領した者等（167条3項）も、同様に、当該事実が公表されるまで、当該公開買付けの対象会社の株式を取引することが制限される。第二次情報受領者は、インサイダー取引規制の対象には

なっていないのは166条と同様である。

(ii)　規制を受ける要件②——知っていた情報は「公開買付け等事実」に当たるか？　　公開買付け等事実とは、公開買付者等（当該公開買付者等が法人であるときは、その業務執行を決定する機関）が、公開買付け等を行うことについての決定をしたこと又は公表された当該決定にかかる公開買付け等を行わないことを決定したことをいう（2項・3項）。166条同様、投資者の投資判断に及ぼす影響が軽微なものは除かれている（いわゆる軽微基準、取引規制府令62条）。

なお、公開買付け等事実を行うことについて「業務執行を決定する機関」が「決定」したことの解釈については、村上ファンド事件（最決平23・6・6刑集65・4・385）が166条とほぼ同様の解釈を示している。

(iii)　規制を受ける条件③——情報をどのように知ったか？　　情報をどう知ったかについては、166条と同様に規定されている。166条では規制がかからないが167条では対象とされている、当該公開買付けの対象となる会社及びその役員等は、「当該公開買付者等からの伝達により知ったとき」に取引が制限される（5号）。公開買付けが行われる前に、対象会社にその旨が伝えられることが多い実務に鑑み、平成25年改正で上記の者も規制の対象に加えられたのである。同時に、対象会社内部で当該公開買付等事実が報告されるなどして、当該公開買付者等から直接伝えられていない者も、「その者の職務に関し知った」といえるなら、同様に規制が及ぶとされた（6号）。

(iv)　規制を受ける条件④——情報は「公表」されていないものか？　　「公表」については法166条と同様である。

(v)　違反に対する責任　　これらの(i)から(iv)をすべて満たして、当該公開買付け対象会社の株式を取引した場合、インサイダー取引に該当する。この場合、166条違反同様、刑事罰の対象になるし（197条の2第13号）、課徴金納付命令の対象ともなる（175条）。また、インサイダー取引によって得た財産は没収・追徴される（198条の2）。

インサイダー取引を行った者に対する民事責任の追及？

　インサイダー取引に関する民事責任の規定は、金商法上存在しない。よって、インサイダー取引を行った者に対して損害賠償請求をしようとするなら、民法709条を根拠にする必要がある。実際、そういった訴訟が提起されたことがある。それは、ジャパンライン事件（東京地判平3・10・29金法1321・23）といって、以下のような事案である。

　Xは、ジャパンライン（以下、J社）の株式を購入したが、その直後に、J社がA社と合併すること及び8割減資することを発表し、同社株価は下がり続けた。他方、Y（東京海上火災保険株式会社）は、J社株の裏面に前主として記載されており、J社とA社の安定大株主であったが、Xが購入した日に売却していた。Xは、J社の大株主であったYは合併及び資本の減少の事実を知り、保有する株式の価値の下落を避けるため、買い受けた投資家が株価の暴落による損害を被ることを認識しながら売却した、いわゆるインサイダー取引を行ったことから、損害を被ったとして、損害賠償を請求した。

　さて、この請求は認められるであろうか。認められるなら、Xは何を立証することが必要であろうか。Yが仮にインサイダー取引をしたとしたら、XはYの取引によって損害を被っているのだろうか。インサイダー取引によって損害を受けるのは、いったい誰なのか（何なのか）、考えてみてほしい。

　なお、上記事案の東京地裁は、Xの請求が認められるためには、Xの損害とYの行為との間に「AなければBなし」という関係が認められることが必要とした。Xは、「Yの（J社株の）売却なければXの（J社株の）購入もなし（よって損害もなし）」と主張したが、判旨は、XはYの売り注文とXの買い注文とが現実に結び付けられたことが主張立証できていないとして、Xの主張を認めなかった。

3　インサイダー取引を助長したり潜脱したりする行為を禁ずる規定
（167条の2）

(1)　制定の背景──「増資インサイダー」事件　　このような法166条と167条が、インサイダー取引規制の中核的規定として長いこと運用されてきた。しかし、2012（平成24）年、それだけでは不十分であることがある事件をきっかけに明らかになる。それは、いわゆる「**増資インサイダー**」事件である。

　「増資インサイダー」事件とは、ある上場会社の公募増資の情報（重要事実に該当する〔166条2項1号イ〕）を職務上知った証券会社等（会社関係者に該当する

〔166条1項4号・5号〕）が、当該情報を一部の顧客に知らせ、その顧客（第1次情報受領者となり、取引が禁じられる〔166条3項〕）が当該上場会社の株式を取引したことが問題となったというものである。専門家としてルールを遵守すべき証券会社が、自ら違法行為の片棒を担ぐようなことをしていたことは社会的にも問題となり、これまでのインサイダー取引規制に加えて新たな規定が平成25年改正で新設された。それが法167条の2である。この規定の趣旨は、166条・167条の「会社関係者」・「公開買付者等関係者」に対して、（自ら取引することを制限することに加えて、）内部情報（「重要事実」・「公開買付け等事実」）を伝達したり、取引を推奨したりすることを規制することにあった。たとえ自分で取引しなくても、他人に当該内部情報に基づいて取引させることは、自分でインサイダー取引を行うこと同様に禁じられるべきとされ、167条の2が制定されたのである。

(2)　**167条の2の禁ずるもの**　　具体的に、本条は、会社関係者又は公開買付者等関係者に対して、重要事実又は公開買付け等事実を166条1項、167条1項の各号の定めるところにより知った場合に、他人に対し、当該事実の公表がなされる前に、取引から利益を得させたり損失を回避させたりする目的で、重要事実または当該公開買付等事実を伝達したり、取引を勧めてはならないと規定する。本条が規定される前は、取引しなければ違法にならなかったが（内部情報が伝えられた場合、その情報を受け取った側が取引することは規制されるが、伝える行為自体は規制されていなかった）、本条によって取引しなかったとしても、誰かに内部情報を伝達したり（内部情報に基づいて）取引の推奨をしたりする自体が違法となったのである。ただし、後述するように、情報が伝達された相手又は取引が推奨された相手が取引しなければ、刑事罰は科せられないし、課徴金の対象にもならない。

(3)　**違反に対する責任**　　本条違反者に対しては、当該情報伝達・取引推奨を受けた者が取引を行った場合に、罰則（197条の2第14号・15号）及び課徴金納付命令の対象（175条の2）となる。よって、そのような取引がなければ、本条に違反したとしても、罰則・課徴金は適用されない。しかし、取引がなくても法には違反しているのであり、何の責任も問われないというわけではない。例えば、本条違反行為者が金融商品取引業者等の場合には行政処分の対象になり

得るし、上場会社等の役職員の場合には、社内の規則違反に該当するであろう。また、情報伝達・取引推奨規制の違反行為を行った証券会社等の役職員、取引上の立場を利用して未公表の重要事実を要求するなどによってインサイダー取引を行った者のうち、繰返し違反行為を行う可能性が高いと考えられる者については、氏名等を公表することが考えられる（192条の2）。

4 インサイダー取引を防止するための規定

(1) **上場会社の役員及び主要株主に対する規制（163条・164条）**　法は、上場会社等の役員及び主要株主に対して、当該会社の株式等を購入又は売却した場合に、取引をした翌月の15日までに、内閣総理大臣に報告することを義務付け（163条）、更に、それらの者が6か月以内に当該会社の株式の売買の両方を行って利益を得た場合に、当該会社の請求に基づいてその利益を当該会社に提供（返還）すべき旨を規定する（164条）。

前者の売買報告義務は、後者の利益の提供を実効的にするための規定といえ、両者あわせてインサイダー取引を間接的に防止しようとする趣旨とされている。すなわち、163条と164条は、上場会社等の役員及び主要株主といった、客観的に会社の未公開情報を知ることができる立場にいる者を対象に、取引の報告をさせ、また当該取引から生じた利益を会社に提供させることで、インサイダー取引を行う動機付けを与えないようにする規定と解されている。なお、164条の下、会社の役員・主要株主は内部情報を利用して取引していなくても利益を提供しなければならないと解されているが、これも、客観的な適用要件を定めて、内部者による未公開情報の不当利用を一般的に防止しようとする規定ゆえと説明されている。

(2) **上場会社の役員による空売り規制（165条）**　法165条は、上場会社等の役員又は主要株主に対して、**空売り**を禁ずる。本条も、163条・164条同様、法が、当該会社の内部情報を入手しやすい立場にいる上場会社等の役員又は主要株主に対して、内部情報を得て利得を得ようとした場合に出る蓋然性が高いと思われる行動——短期間の間に売買の両方を行うこと、及び空売りすること——を、一定の要件の下、類型的に明示的に禁じたのである。よって、この空売り規制についても、164条同様、内部情報の利用は要件とされないと解されている。

(3)　**フェア・ディスクロージャー・ルール（27条の36）**　法は、未公開情報が選択的に（特定の第三者にのみ）提供されるのを禁ずることによっても、インサイダー取引を防止しようとしているといえる。具体的に、法は、上場会社やその取締役や従業員といった者が、その業務に関して、金融商品取引業者や登録金融機関のような第三者に未公表の重要な情報を伝達する場合には、その伝達と同時にこれを他の投資者にも公表することを要求しているが（27条の36第1項）、このルールに従って重要な情報が（特定の者だけにではなく）市場に平等に開示されるのなら、未公表の情報は公知の事実となり、インサイダー取引が起きにくくなると考えられるからである。こういったルールは、米国やEU諸国では以前から存在していたところ、我が国においても平成29（2017）年の金商法改正で導入されるに至った。公平かつ適時な情報開示を確保することがこのルールの趣旨であり、臨時報告書制度（24条の5第4項）や取引所の適時開示制度で一定程度実現していた公正・公平な適時開示が、これにより、より強化されることになろう。

4　不公正取引等の規制②──相場操縦規制

　金商法が「不公正」として禁止・制限する行為の2つ目は、相場操縦行為である。

1　概　　要
　株価は、市場における需要と供給のバランスによって決まるものである。すなわち、A社の株式を買いたい人が多ければA社の株価は上がり、A社の株式を売りたい人が多ければ価格は下がる。それぞれの投資者が買いたい又は売りたいと思う理由は、その会社が売れそうな商品を開発したとか、業績がとてもよく今後もその傾向が続きそうだとか、又は粉飾決算の疑いがあるらしいとか、その会社自身が公表した、又はマスコミが報道したことに基づいている場合もあるだろうし、（理由は明確ではないが）その会社の株価が高騰しているとか、投資者からの売り注文が殺到しているとか、そういった他の投資者の行動に影響されている場合もあろう。いずれの理由であれ、自己（又は自己に資金を

託した他人）の利益のために取引することは適法であるし、当然想定されていることである。

　しかし、本当はそれほど売買されていない株式について、売買されているかのようにみせるために、又は他の投資者に取引させるようにするために、取引したら、どうであろうか。例えば、これを行う方法として、自分1人で同じ会社の株式について同じ価格で同じ時期に買い注文と売り注文を出すもの（仮装取引）や他の者と結託して同じ会社の株式について同じ価格で同じ時期に買い注文と売り注文を出すもの（馴合取引）があるが、これらは許されるべきであろうか。これらは、権利の移転を目的としないものであるにもかかわらず、他の投資者からみたら、独立した買主及び売主によってなされた現実の取引と区別することができないものである。また、上記の目的で現実の取引をした場合はどうであろうか。上記の仮装取引や馴合取引をした場合と同じように考えられるであろうか。

　法は、これらすべてを禁じている。これが、**相場操縦**（相場〔市場における株価〕を操作すること）規制である。すなわち、金商法159条は、他人に取引されているかのように誤解させ、他人に取引することを誘い込む目的のために、仮装取引や馴合取引といった人工的な取引を行うこと及び現実の取引を行うことを違法行為と規定しているのである。

　なぜこういった行為を規制するかというと、投資者は、市場における有価証券等の価格が、人工的な作為が加えられていない状態での需要と供給によって形成されたものと信じて取引しているからである。金商法はそういった信頼を保護し、市場としての健全な機能を十分果たせるようにしているのである。具体的に法159条は、自然な需給関係による価格形成を阻み得る行為として、仮装取引・馴合取引（同条1項）、現実取引による相場操縦（同条2項1号）、表示等による相場操縦（同条2項2号・3号）、安定操作（3項）を禁じている。

2　仮装取引・馴合取引

　金商法159条1項は、仮装取引及び馴合取引を禁じている（前者については同1号から3号、後者については4号から8号）。**仮装取引**とは、単一の者が同一の有価証券等について同一の価格で同時期に買付け及び売付け等の取引をするこ

とをいい、例えば、Ａ社の株式を１株1000円で100株の買付注文を出すと同時期に、他の証券会社にＡ社株式を１株1000円で100株の売付注文を出すような場合がこれに当たる。これらの行為により、市場の他の投資者には、独立した買主及び売主によってなされた現実の取引と区別することができない記録上の取引が作り出されることになる。他方、**馴合取引**とは、複数の者が予め通謀の上、同一の有価証券等について同一の価格で同時期に買付け及び売付け等をして、仮装取引と実質的に同様の結果を作り出すことである。これらが禁じられるのは、取引が繁盛に行われていると誤解させる等、他人に誤解させる目的をもっている場合とされているが、仮装取引・馴合取引の目的がこれら以外であることは現実にはほとんど考えられないことから、仮装取引・馴合取引の外形が証明されたときは、相場操縦を否定する者がこれらの目的を有していなかったことを立証する必要があると解されている。

　また、仮装取引・馴合取引は、それ自体が禁じられているのみならず、その委託又は受託自体も禁じられている（159条１項９号）。すなわち、仮装取引・馴合取引のための委託（売り注文・買い注文）の執行の有無に関係なく、そのような売買の委託又は受託が相場操縦規制に触れることになる。ただし、このような売買の受託が違法になるためには、受託した者が委託された取引が仮装取引又は馴合取引であることを知っていることを要する。

3　現実の取引による相場操縦

　金商法159条２項１号は、有価証券の売買等を誘引する目的（誘引目的）をもって、ⓐ有価証券売買等が繁盛であると誤解させるべき一連の有価証券売買等又はその申込み、委託等若しくは受託等をすること、又は、ⓑ（取引所金融商品市場における上場金融商品等若しくは店頭売買有価証券市場における店頭売買有価証券の）相場を変動させるべき一連の有価証券売買等（変動取引）又はその申込み、委託等若しくは受託等をすることを禁じている。正常な売買でも大量の取引が行われれば相場が変動するのであり、そのことを認識しながら取引を行ったとしてもそれだけで違法にはならない。違法と解釈されるためには、上記の誘引目的とⓐ又はⓑが必要である。もっとも、実際にはⓐの「売買等が繁盛であると誤解」させる要素だけが問題となることはほとんどなく、また、判例で

も⑥の「相場を変動させる」（変動取引）要素が問題となってきた。そこで、⑥の変動取引と誘引目的について解釈を示した有名な判例である、協同飼料事件を以下紹介する。

(1) **協同飼料事件**　協同飼料事件とは、ある会社が30億円の資金の調達を図ることを目的として取締役会において決定した時価発行公募を含む12億円の増資の際に、当時の終値で一株170円ないし180円台であった同社の株価を2か月ほどで280円位にまで高騰させて、時価発行の公募価格を一株200円位とすることにより、約18億円のプレミアムを得ようと企て、当該2か月間、買い上がり買付け、買支え等の方法により、当該会社株式計約615万株を継続して買付け（また同株式計約10万株につき仮装売買）をしたことが、当時の証券取引法（以下、証取法とする）125条2項1号（現在の金商159条2項1号）に当たるかが問題となった事案である。

これに対して最高裁（最決平6・7・20刑集48・5・201）は、上記誘引目的を「人為的な操作を加えて相場を変動させるにもかかわらず、投資者にその相場が自然の需給関係により形成されるものであると誤認させて有価証券市場における有価証券の売買取引に誘い込む目的」と限定的に解釈し、変動取引を「相場を変動させる可能性のある売買取引等」と広く解した（相場変動の可能性があればよく、必ずしも実際に相場の変動があったことは必要ないとされている）。

(2) **誘引目的**　では、誘引目的の存否はどのように判断されるのであろうか。これは主観的要素であるから、これを直接立証することは困難であるところ、取引態様などの客観的事実から推認するしかないことになる。具体的には、取引の動機、売買取引の態様及び売買取引に付随した前後の状況等が考慮されている。具体的に、取引の動機として、株価を引き上げることに通常の取引から得るキャピタルゲイン（株価の変動によって得られる収益）とは別の利益を有している場合に、相場操縦が認定されているように思われる（例えば、協同飼料事件では、市場における株価を高くすることについて、公募価格を引き上げるという利益を有していた）。取引の態様としては、注文内容や頻度などが通常の投資者のものとしては不自然又は異常な場合に、相場操縦が認定されているようである（例えば、協同飼料事件では、注文当時の市場における株価より相当高い値で買い注文を大量に出したりしており、経済的合理性に欠ける注文を出していた）。

　(3)　**変動取引**　　変動取引の手法として、実際よく問題になっているもの
は、買い上がり買付け（現在値の売り注文及び高値の売り注文を消化するため、高値
の買い注文を大量に発注して、高値の売り注文もすべて取引成立させながら、株価を当
日の高値圏に引き上げつつ、出来高を増加させて取引が繁盛であるとみせかけ、一般投
資者の更なる高値での買い注文を誘引する手法）や終値関与（取引終了時刻の直前
に、あえて高値で買い注文を入れて高値で取引成立させ、終値を引き上げ、翌日以降の
一般投資者の高値の買い注文を誘引する手法）等である（令和2〔2020〕年の『課徴
金事例集』67頁～72頁参照）。

　また、インターネットの普及に伴い（特にデイトレーダーなどによって）使わ
れるようになったとされる「見せ玉」も、変動取引の手法の1つである。これ
は、買付けの意図のない大量の買い注文（「見せ玉」）を出し（この注文は取引成
立前に取り消すから「見せ玉」）、インターネットの板情報画面（全体の注文を示す
画面）でこのような発注状況をみた他の一般投資者に対し、買い注文が優勢で
あるかのように思わせ、より上値での買い注文を誘引し、意図的に株価を上昇
させるものである。以前、大学サークルの学生が、この手法で（大学卒業後も）
何年にもわたって常習的に相場操縦を繰り返し、数十億の利益を不正にあげて
いた事件が起きたことでも有名である。

4　安定操作

　更に、相場操縦として規制されているものに、安定操作がある（金商159条3
項）。**安定操作**とは、相場（市場における株価）をくぎ付けし、固定し、又は安
定させる目的をもって、取引することである。その申込み、委託・受託も禁じ
られる。安定操作は、積極的に相場を高騰させたり下落させたりするものでは
ないものの、相場操縦の規制の趣旨である自然の需給関係による価格形成を阻
む行為であり、また、安定操作終了後には安定操作の対象となっていた有価証
券の価格が大きく下落することが多く、安定操作中に株式を買い付けた投資者
に不測の損害を与える可能性があることから、規制されている。ただし、その
一方で、安定操作が有用な場面もある。具体的には、有価証券の募集・売出し
等によって有価証券が大量に市場に供給される際に、一時的に供給過剰で需要
と供給のバランスが崩れて価格が下落して、企業の資金調達に困難をきたすと

いった場合であり、この場合は、一定条件の下安定操作が認められている（金商法施行令20条）。

5 違反に対する責任

(1) **刑事責任**　相場操縦規制に違反した場合には、10年以下の懲役若しくは1000万円以下の罰金又はこの併科がなされる上に（197条1項5号、なお同2項も参照）、法人の両罰規定として7億円以下の罰金刑が定められている（207条1項1号）。また、相場操縦規制に違反して得た財産は原則として没収又は追徴される（198条の2）。

(2) **民事責任・課徴金**　更に、本条違反には、課徴金制度（174条〜174条の3）及び民事責任（160条）が用意されている。相場操縦に関する課徴金納付命令は、インサイダー取引ほどではないが、相当数出されている（具体的に、平成20事務年度に初めて出されてから令和2年3月末までに合計82件の命令が出されている〔金融庁「課徴金納付命令等一覧」の平成17事務年度から令和元年度までを集計〕）。

民事責任について、金商法160条1項は、相場操縦を禁ずる規定（金商159条）に違反した者に対し、当該違反行為により形成された価格で有価証券等の売買又はその委託をした者がその売買等又は委託について受けた損害を賠償する責任を負う旨規定する（金商160条1項）。この賠償請求権は、請求権者が違反行為があったことを知った時から1年間又は当該行為があった時から3年間、行使しなければ時効によって消滅する（同条2項）。民法上の不法行為とは別に、こうした規定が設けられたのは、不正に操作された相場を信頼して取引し損害を被った投資者を保護しようとする趣旨で、相場操縦に対する厳しい態度の表れといえようが、投資者が立証責任を負うものと解する限り、投資者が救済を得ることは容易ではない。

5　不公正取引等の規制③──風説の流布・偽計規制

金融商品取引法が「不公正」として禁止している3つ目のものとして、「風説の流布」・「偽計」がある。具体的に、金商法158条は、有価証券の募集・売出し、売買等のため、又は有価証券等の相場の変動を図る目的をもって、風説

を流布したり偽計を用いることを禁じている。

1　風説の流布

「風説の流布」とは、合理的な根拠を有していない風評を不特定又は多数の者に伝播させること（伝播する可能性があり、行為者もそれを認識していたこと）と解されている。風説は虚偽である必要はないが、合理的根拠のないことを認識していることは必要とされる（ただし、風説の流布が肯定された裁判例では、そのほとんどで虚偽の言明の伝播が認められている）。

「風説の流布」については、肯定された裁判例がいくつか存在するが、ここでは、テーエスデー事件（東京地判平8・3・22判時1566・143）を紹介する。

(1)　**事　実**　　コンピューターソフトウェア関連会社Aの代表取締役であった被告人（以下Y）は、転換社債の償還のための資金調達に窮していたところ、東京証券取引所内の記者クラブにおいて、Z放送の記者らに対し、AがB大学医学部教授Cが開発したエイズワクチンの特許実施権を所有していること、既にタイでエイズワクチンの製造目的の合併会社が設立され臨床試験が開始されたこと、それに続いてロシアでも臨床試験及び共同研究を実施することが決定した旨公表をした。しかし、実際は、当該エイズワクチンの臨床試験はタイでまだ開始されておらず、エイズワクチンの製造のための合併会社も設立されていない上に、ロシアの臨床試験及び共同研究についても正式な調印には至っていなかった。

Yは、上記公表が公表に係る事実が虚偽であることを知りながら、A社の転換社債の転換を促すためA社株式の価格を騰貴させようと、有価証券の相場の変動を図る目的で、証取法158条に違反して風説を流布したものであるとして、起訴された。

(2)　**判　旨**　　「……本件で公表された内容は、いずれも合理的根拠に基づかない虚偽の事実であり、Yもそれを認識していたのであるから、Yが本件行為により風説を流布したことは明らかである。……なお、弁護人は、本件の公表内容はいずれも近い将来実現する蓋然性のある事項を既に実現したようにいわば大げさに表現したにすぎず、風説を流布したことにはならないと主張する。しかし、本件の公表内容は、一定の前提条件の下で将来の事実を予測して公表

したのではなく、将来実現するかもしれないことを既に実現したとして公表している点で、明らかな虚偽である。将来の事実と実現した事実とは明らかにその信頼度に差があり、投資家に与える影響も大きいことは明らかである。したがって、このように将来の事実を現在の事実として公表することは風説の流布に当たるといわなければならない。」

(3) **検 討**　このように、テーエスデー事件では、臨床試験の開始等に関する虚偽の言明を公衆に対して伝播させたことをもって、「風説の流布」に該当するとされた。また、A社株式の価格を引き上げて転換社債の転換を促そうとしていたことから、「有価証券等の相場の変動を図る目的」が認められた。

2　偽　　計

　「偽計」とは、他人に錯誤を生じさせる詐欺的ないし不公正な策略、手段であると解されている。「偽計」についても、多くはないが、その解釈を示した裁判例がいくつか存在する。

　まず、クレスベール証券事件（「証券取引等監視委員会の活動状況」平成12年9月版「I　監視委員会の活動状況」第2章第2、2（5）（6））であるが、これをめぐっては2つの偽計が認められている。1つは、A証券会社の取締役であったY1及び部長であったY2が、顧客にプリンストン債を販売するに当たり、プリンストン債について大蔵省又は日本銀行が承認した事実がないにもかかわらず、「当局の承認が得られている商品である」旨の虚偽の記載がある資料を交付したことであり、もう1つは、同証券会社の代表取締役会長であったY3が、米国プリンストン社から送付されてくるプリンストン債の月間運用成果報告書の時価資産残高が過大に粉飾され、あるいは、約定通りに期限前償還がされないおそれが高いことを認識しながら、顧客にプリンストン債を販売するに当たり、「プリンストン債は顧客の資産の安全を第一の運用哲学としている」などと虚偽の説明をしたことである。すなわち、本件では、事実とは異なる内容の（当局の承認が得られている商品である旨の）虚偽の記載がなされた資料を交付したこと、及びプリンストン債は安全との虚偽の説明をしたことが偽計とされているのである。

　また、エムティーシーアイ事件（「証券取引等監視委員会の活動状況」平成15年8

月版「I 監視委員会の活動状況」第 2 章第2.2（4））では、A 社の代表取締役会長 Y が、同社の公募増資に当たり、虚偽の事実を公表して多数の一般投資者から株式払込金を得ようと企て、セミナー講演などで多数の一般投資者に対して、同社は無借金経営を貫いており徹底したディスクロージャーにも努めている旨述べるなどの事実を公表したが、それは虚偽であったところ、株券の募集のため偽計を用いたとされた。

　更に、近年の傾向として、架空増資（不公正ファイナンス）の事件で158条の「偽計」が認められるようになってきたことが指摘されている。その事件は、例えば、経営不振に陥った上場会社 A からその再建に係る支援の依頼を受けた者が、A社に対し、自ら支配する投資ファンドを引受先として第三者割当増資をさせ、実際は当該投資ファンドが払い込む資金の大半は直ちに社外に流出させるものであるのに、あたかも当該払込みによって相応の資本充実が図られたものであるかのような虚偽の事実を公表させ、A 社に払い込まれた株式払込金を直ちに社外流出させる一方、同投資ファンドが取得した A 社株券を市場で売却して利益を得るといったものである（ペイントハウス事件〔東京地判平22・2・18判タ1330・275〕）。

3　違反に対する責任

　(1)　**刑事責任**　　本条に違反した場合には、10年以下の懲役若しくは1000万円以下の罰金又はこれらが併科される上に（197条1項5号）、法人の両罰規定として7億円以下の罰金刑が定められている（207条1項1号）。これは、他の不公正取引同様、金商法上最も重い水準の刑事罰である。これら犯罪行為によって得た財産は没収・追徴される（198条の2）。

　(2)　**民事責任・課徴金**　　本条は、私人が、本条違反を基礎に損害賠償請求ができるようには規定されていないことから、民事責任を追及するためには、民法709条等に基づいてなされる必要があろう。

　また、風説の流布又は偽計により有価証券等の価格に影響を与えた場合には課徴金が課せられる（173条）。実際、偽計に関する事案に対する課徴金納付命令が、平成28年度に初めて出され、令和2年3月末までの間に5件出されている〔金融庁「課徴金納付命令等一覧」の平成17事務年度から令和元年度までを集計〕）。

6 不公正取引等の規制④──それ以外の不公正取引に対する規制

　これまで、金商法が「不公正」として禁ずる取引・行為としてのインサイダー取引、相場操縦行為、風説の流布・偽計、及びそれらに対する規制をみてきた。最後に、これらには該当しないが不公正と考えられる取引・行為に対処することを可能とする規定を取り上げる。「不正行為」を一般的包括的に禁ずる法157条である。

1　概　　要

　法157条は、有価証券の売買等について、誰に対しても、以下の３つの行為を禁じている。それは、不正の手段、計画又は技巧をすること（１号）、重要な事項について虚偽の表示又は不開示によって金銭その他の財産を取得すること（２号）、取引を誘引する目的で虚偽の相場を利用すること（３号）である。

　変化の激しい市場において、不公正な取引をすべて事前に特定して対処しようとすることには無理がある。そこで、当該行為を禁ずる個別具体的な条文がなかったとしても、一般条項（法157条）があれば、それらに対応することが可能となろう。すなわち、法157条は、個別具体的な規定だけでは捉えきれない「不正行為」を包括的に規制しようとする点で意義があると考えられている。

　しかし、後述するように、この規定は、証取法（金商法の前身）の制定当初から存在しているにもかかわらず、実際にはその意義が十分に発揮されているとはいいにくい状況にある。具体的な事例をみてみよう。

2　先駆的事例──那須硫黄礦業株式事件

　本条の解釈について示した先駆的事例は那須硫黄礦業株式事件である。これは、ほとんど価値を有さないある会社の株式に市場性があるかのような外観をもたせるために行った、権利移転を目的としない偽装の取引が、証取法58条１号（金商157条１号）に違反しないかが問題となった事案であった。これについて東京高裁（東京高判昭38・7・10東高刑時報14・7・116）は、「『不正の手段』とは、……有価証券の売買その他の取引について、詐欺的行為、すなわち、人を

コラム5-3　　一般条項は好まれない？

　証取法58条（金商157条）の文言が、最高裁で広く解釈されたにもかかわらず、同条は訴訟でほとんど使われてこなかったことは本文で述べた通りであるが、このことは、立法当初想定されていなかった不正な行為が問題となった時の対応としても同様であった。具体的に、インサイダー取引を規制する条文がまだ存在しなかった1987（昭和62）年、タテホ化学工業事件というインサイダー取引事件――同社が同年9月に債券先物取引で多額の損失を被ったことを公表し、同社の株価は暴落したが、公表直前に損失を被ったことをいち早く知った、同社及び取引先関係者といった内部者が同社の株を売り抜けた事件――が起きた時に、インサイダー取引をどう規制するかについて様々な議論がなされたが、結局対応策として採用されたのは、証取法改正、すなわち同法に「株券等の売買に関する報告書の提出」（188条、現金商163条）、「会社関係者の禁止行為」（190条の2、現金商166条）、「公開買付者等関係者の禁止行為」の条項（190条の3、現金商167条）を新しく追加することであった。

　これは、当時の証取法58条がインサイダー取引を規制対象として掲げてはいないが、インサイダー取引行為が同条1号規定の「不正の手段、計画又は技巧をなすこと」に該当すると解釈することは「学説の上では異説を見ないほどになっている」［鈴木＝河本，1984：554］と述べられるほどであったことに鑑みると、わが国の法の発展の特徴を示しているようで興味深い。

　また、損失補てんや大量推奨販売といった証券不祥事に対しても、「不正行為」を禁ずる一般条項を活用するというより、むしろそれらの行為を個別具体的に禁じた新しいルールが制定することで対処された。

錯誤におとし入れることによつて、自ら、または他人の利益を計ろうとすることであると解するを相当とする」と述べたのに対し、最高裁（最決昭40・5・25裁判集刑155・831）は、「不正の手段」を、「有価証券の取引に限定して、それに関し、社会通念上不正と認められる一切の手段」と解する旨明らかにした。

　同法58条1号（金商157条1号）は、最高裁によってこのような広く解釈されたにもかかわらず、その後の訴訟では、法定刑の重さに比して文言が抽象的であるからか（同条違反には、197条1項5号で10年以下の懲役若しくは1000万円以下の罰金又はこれらの併科、207条1号で法人の両罰規定は7億円以下の罰金と規定されて

いる）、ほとんど活用されてこなかった。また、いくつかの民事訴訟で、同条違反の主張がなされることはあったものの、数えるほどであった（具体的に当該規定違反が主張された多くの事例は、証券会社の従業員から勧誘され金融商品に投資して損害を被った者が、当該従業員の属する証券会社〔及び当該従業員〕に対して損害賠償請求をする、といったものであった）。

3　違反に対する責任

(1)　**刑事責任**　　本条に違反した場合には、10年以下の懲役若しくは1000万円以下の罰金又はこれらが併科される上に（197条1項5号）、法人の両罰規定として7億円以下の罰金刑が定められている（207条1項1号）。これは、金商法上最も重い水準の刑罰である。また、当該犯罪行為により得た財産は没収・追徴される（198条の2）。

(2)　**民事責任・課徴金**　　当該規定は、私人が同条違反を基礎に損害賠償請求ができるようには定められていない。よって、本条違反の民事責任を問おうとする場合には、民法709条等に基づいて損害賠償請求をする必要がある。

また、課徴金の対象とはなっていない。

6章 金融商品取引にかかわる機構

Ⅰ 金融商品取引所

1 金融商品取引所の意義

　「**金融商品取引所**」とは、金融商品取引法（以下、金商法）80条1項により内閣総理大臣の免許を受けて金融商品市場を開設する金融商品会員制法人又は株式会社をいう（金商2条16項）。具体例として、東京証券取引所、大阪取引所、名古屋証券取引所、札幌証券取引所、福岡証券取引所、東京金融取引所などがある。

　有価証券の売買又は市場デリバティブ取引を行う市場である「**金融商品市場**」（金商2条14項）は、①企業等にとっては資金調達につながる場（発行市場と流通市場は密接に関連している）、②投資者にとっては資産運用を行う場、③経済全体にとっては効率的な資源配分につながる場であり、これらの場に共通して必要になるのが公正な価格形成の確保である。金融商品市場で形成される株価は、経済の鏡といわれることもある。

　金融商品市場がもつこうした重要な機能に鑑み、金融商品市場は、認可金融商品取引業協会を除き、内閣総理大臣の免許を受けた者でなければ開設してはならない（金商80条1項）。無免許市場における取引は禁止され（金商167条の3・200条19号）、無免許市場開設者には3年以下の懲役・300万円以下の罰金が科される（金商198条4号。両罰規定については207条参照）。免許審査基準として、定款・業務規程・受託契約準則の法令適合性や十分性、人的構成の適切性、組織の法律適合性などが法定されている（金商82条1項。定款・業務規程・受託契約準則の記載事項について、金商87条・88条の3・103条・117条・133条等参照）。

金融商品取引所の開設する金融商品市場のことを、「取引所金融商品市場」という（金商２条17項）。取引所金融商品市場のうち、一般投資家等買付けが禁止される（つまり買付けができるのはプロである特定投資家や非居住者などに限られる）ものを、「特定取引所金融商品市場」（いわゆるプロ向け市場）という（同32項）。例えば、東京証券取引所が開設する株式市場には、市場第一部、市場第二部、マザーズ、ジャスダック及びTOKYO PRO Marketがあり、このうちTOKYO PRO Marketは特定取引所金融商品市場である。なお、東京証券取引所の市場区分の見直しについては、東京証券取引所「新市場区分の概要等について」（2020年２月21日）参照。

「金融商品会員制法人」とは、金融商品市場の開設を目的として金商法の規定に基づいて設立された会員組織の社団をいい（金商２条15項）、取引所金融商品市場を開設する金融商品会員制法人のことを、「会員金融商品取引所」という（金商87条の６第１項）。これに対し、取引所金融商品市場を開設する株式会社のことを、「株式会社金融商品取引所」という（金商２条18項）。株式会社金融商品取引所を子会社とする株式会社であって、金商法の規定により内閣総理大臣の認可を受けて設立され又は内閣総理大臣の認可を受けているものを、「金融商品取引所持株会社」という（同項）。例えば、東京証券取引所、大阪取引所、名古屋証券取引所、東京金融取引所は、株式会社金融商品取引所であり、東京証券取引所と大阪取引所を子会社とする日本取引所グループは、金融商品取引所持株会社である（図表６−１参照）。ちなみに、日本取引所グループの株式は東京証券取引所の市場第一部に上場されており、日本取引所グループ自身が上場会社となっている。金融商品取引所の業務の健全性や運営の適切性などを確保するために、株式会社金融商品取引所や金融商品取引所持株会社がその有価証券を上場する場合には、内閣総理大臣への届出制（後述参照）ではなく、内閣総理大臣の承認制となっている（金商122条〜124条）。大株主が株式会社金融商品取引所や金融商品取引所持株会社の公共性を歪めることのないように、株式保有規制も設けられている（金商103条の２・103条の３・106条の３・106条の14・106条の15・106条の17等参照）。

個人投資家Ａが、Ｂ証券取引所が開設する株式市場に上場されているＣ社株式を当該市場で売買したいと考えた場合、どうすればよいか。金商法は、取

図表 6-1　日本取引所グループの子会社及び関連会社の役割

日本取引所グループ（子会社である取引所及び自主規制法人の経営管理等）			
	現物市場	デリバティブ市場	自主規制機能
上場	東京証券取引所 ■ 市場第一部、市場第二部 ■ マザーズ、JASDAQ ■ TOKYO PRO Market ■ TOKYO PRO-BOND Market	大阪取引所 ■ 株価指数　■ 個別株式　■ 債券 ■ 貴金属　　■ ゴム　　　■ 農産物 東京商品取引所 ■ エネルギー	日本取引所 自主規制法人
売買	✓ 有価証券上場規程等によるルールや規範の適用 ✓ 売買等の執行　✓ 適時開示の支援等 ✓ 相場情報・指数等の配信		✓ 上場審査　✓ 上場管理 ✓ 売買審査　✓ 考査
清算	日本証券クリアリング機構　清算機能（現物取引、デリバティブ取引、店頭取引）		
決済	証券保管振替機構　決済機能（有価証券の保管・振替等）		

出所：日本取引所グループのウェブサイト（http://www.jpx.co.jp/corporate/about-jpx/business/index.html）

引所金融商品市場における有価証券の売買及び市場デリバティブ取引は、当該市場を開設する金融商品取引所の会員等に限り、行うことができるものとしている（金商111条1項）。したがって、Aは、B証券取引所の会員等であるD証券会社に口座を開設し、D証券会社にC社株式の売買注文を出し、D証券会社がB証券取引所においてC社株式の売買を行う（損益はAに帰属する）ことになる。証券会社の誤発注（61万円で1株の売り注文→誤って1円で61万株の売り注文）に対する証券取引所の対応等が問題となった事案として、東京高判平25・7・24判時2198・27参照。

　株式上場の主なメリットとしては、資金調達力の増大、会社の知名度・信用力や従業員の士気の向上、社内管理体制の充実などが挙げられる。主なデメリットとしては、遵守すべき法規制や事務負担の増加、上場維持費用の発生、買収リスクの増加などが挙げられる。株式会社は、こうした株式上場のメリットとデメリットを比較衡量し、上場を目指すか否かを決めることになる。例えば、E社が、B証券取引所が開設する株式市場にE社の株式を上場させたい

と考えた場合、E社は、B証券取引所が策定する上場基準を満たすべく、証券会社や監査法人などの指導を受けながら、上場の準備を進める。準備が整いE社から上場申請がなされると、B証券取引所は上場審査を行う。上場審査によりE社の上場適格性が確認されれば、B証券取引所はE社株式の上場を承認する（内閣総理大臣に対する上場の届出について金商121条参照）。

　金融商品取引所は、質の高い金融商品市場を提供することで、市場間競争を勝ち抜いていくことが期待される。しかし、金融商品取引所の中には、例えば上場基準や上場審査などを甘くし上場会社数を増やすことで、収益を確保しようとするところが出てくるかもしれない。もちろん、そのようなことをすれば、市場適格性に欠ける上場会社が増え、当該市場の評判が悪くなる結果、投資者が当該市場での取引を控えるとか、良い会社が当該市場での上場を敬遠するなどの事態を招いてしまい、当該取引所の収益は逆に悪化する可能性もある。それゆえ、金融商品取引所が目先の収益のために規制を劣化させる危険性は、それほど大きくないと考えることもできる。しかし、国境を超えた市場間

コラム6-2　グローバルな市場間競争

　東京証券取引所は、ニューヨーク証券取引所、ナスダック、ロンドン証券取引所などと並び、世界を代表する証券取引所の1つである。日本国内の株式市場における東京証券取引所のシェアは圧倒的に大きいが、その地位は安泰であるというわけでもない。国境を超えた市場間競争が厳しさを増しているからである。近時では、（欧州委員会の承認を得られず話が止まってしまったが）ロンドン証券取引所グループとドイツ取引所の経営統合が進められていたし、アジアでは、上海証券取引所や香港取引所などが急成長している。2019年には、香港取引所がロンドン証券取引所グループの買収を提案するも、同グループ側から拒絶され、買収を断念するということもあった。証券・金融・商品を一体として取り扱う総合取引所の構想もある（日本取引所グループは、2019年に東京商品取引所を完全子会社化し、2020年に東京商品取引所に上場する一部商品を大阪取引所に移管した）。企業や投資者にとって魅力的な市場を提供できなければ、東京証券取引所（や大阪取引所・東京商品取引所を擁する日本取引所グループ）といえども、厳しい競争に勝ち抜くことはできないのである。

競争は厳しさを増しており、ある取引所が規制を緩和し多くの企業を誘致し始めた場合に、他の取引所がそれ以上の規制緩和に踏み切る可能性が絶対にないとも言い切れない。いわゆる Race to the bottom（底辺への競争）の始まりである。そこで、金商法としては、金融商品取引所が質の高い金融商品市場を提供し続けることを確保するための仕組みを設けることが、重要となる。

2　金融商品取引所による規制

(1) 自主規制業務・自主規制法人・自主規制委員会　　金融商品市場では時々刻々と取引が行われており、専門的な知識や経験をもつ現場の者でなければ、市場で起きている現象を正しく理解し、これに臨機応変に対応することは困難な場合がある。法令や政府機関だけで金融商品市場に対応しようとしても、過少規制となったり、過剰規制となるおそれがある。「取引所金融商品市場は、有価証券の売買及び市場デリバティブ取引を公正かつ円滑にし、並びに投資者の保護に資するよう運営されなければならない」（金商110条）が、そのためには金融商品取引所自身による自主規制の役割が重要となるのである。他方で、

自主規制にも、例えば底辺への競争（前述参照）により過少規制となるのではないか、恣意的で不公正な運用がなされるのではないかなどの懸念もある。そこで、金商法は、金融商品取引所による自主規制の意義を認めつつ、自主規制が適切に行われるための仕組み（換言すれば、法令と自主規制を適切に組み合わせることにより、質の高い金融商品市場を確保しようとする仕組み）を設けている。なお、法令をハードロー、自主規制をソフトローと呼ぶことがあるが、金商法が求める金融商品取引所の自主規制は法律によって義務付けられた自主規制であり、業界団体が任意で行う自主規制とは異なる。金融商品取引所の自主規制は法令よりも重要性が劣るなどと勘違いしてはならない。

「金融商品取引所は、この法律及び定款その他の規則に従い、取引所金融商品市場における有価証券の売買及び市場デリバティブ取引を公正にし、並びに投資者を保護するため、自主規制業務を適切に行わなければならない」（金商84条1項）。ここでいう「**自主規制業務**」とは、①金融商品等の上場・上場廃止に関する業務（内閣府令で定めるものを除く）、②会員等の法令・行政処分・定款その他の規則・取引の信義則の遵守状況の調査、③その他内閣府令で定めるものであり（金商84条2項1号〜3号）、③として、(a)会員等が行う取引所金融商品市場における有価証券の売買・市場デリバティブ取引の内容の審査（即時に行うものを除く）、(b)会員等の資格の審査、(c)会員等に対する処分その他の措置に関する業務、(d)上場証券発行者が行う当該発行者に係る情報の開示・提供に関する審査及び上場証券発行者に対する処分その他の措置に関する業務、(e)特定自主規制業務（上記①②③(a)〜(d)に掲げる業務）に関する業務規程その他の規則（上場・上場廃止基準や会員等資格付与基準を除く）の作成・変更・廃止、(f)特定自主規制業務に関する定款の変更（上場・上場廃止基準や会員等資格付与基準に関する定款の変更を除く）にかかる総会等の議案の概要の作成が定められている（取引所府令7条1号〜6号）。留意すべき点として、上場審査は金融商品取引所の「自主規制業務」に含まれているが、上場基準の作成等はどのような市場を開設するのかという市場設計方針にかかわるものでもあるため「自主規制業務」から除かれていることが挙げられる（ただし、後述する自主規制法人や自主規制委員会を設けている金融商品取引所が上場基準の変更等を行う場合には、自主規制法人の同意や自主規制委員会の同意が必要となる。金商102条の32・取引所府令35条、金

商105条の11・取引所府令50条）。

　金融商品取引所が収益確保を優先し自主規制業務を不当に歪めないようにするための仕組みの１つとして、金商法は「自主規制法人」と「自主規制委員会」を用意し、自主規制業務の独立性を確保できるようにしている。「**自主規制法人**」とは、自主規制業務を行うことを目的として、金商法の規定に基づいて設立された法人のことであり、金融商品取引所は、内閣総理大臣の認可を受けて、自主規制法人に対し、当該金融商品取引所に係る自主規制業務の全部又は一部を委託することができる（金商85条１項）。「**自主規制委員会**」とは、当該委員会を設置する株式会社金融商品取引所の自主規制業務に関する事項の決定を行う委員会であり、株式会社金融商品取引所は、自主規制業務を自主規制法人に委託している場合を除き、定款の定めるところにより、自主規制委員会を置くことができる（金商105条の４第１項・２項）。自主規制法人や自主規制委員会の独立性を確保するために、自主規制法人の理事の過半数は外部理事でなければならないとか（金商102条の23第３項）、自主規制委員会の委員の過半数は社外取締役でなければならない（金商105条の５第１項）などの措置が講じられている。

　自主規制法人の例としては、日本取引所グループにおける日本取引所自主規制法人がある。日本取引所自主規制法人は、東京証券取引所と大阪取引所から自主規制業務を受託し、「取引所の品質管理センター」として、①新規に上場を希望する企業の適格性を審査する「上場審査」、②既に上場している企業に関する情報開示や企業行動をチェックし上場適格性を審査する「上場管理」、③取引参加者（証券会社等）の業務の信頼性を確保するためその法令遵守状況や財務の健全性を審査する「考査」、④市場での取引を監視し相場操縦やインサイダー取引などの不公正取引の有無を審査する「売買審査」などの業務を行っている。詳細については、日本取引所自主規制法人「JPX自主規制法人の年次報告2020」（2020年７月）等参照。自主規制委員会の例としては、東京金融取引所が自主規制委員会を置いている。

　⑵　**東証上場規程**　　東京証券取引所における有価証券の上場、上場管理、上場廃止その他上場有価証券に関する事項は、東京証券取引所の有価証券上場規程（以下、東証上場規程）に定められている。東証上場規程には、上場審査に

関する規定もあるが、ここでは上場管理（や実効性確保・上場廃止）に関する規定を概観してみよう。

東証上場規程第2編第4章は「上場管理」について定めている。その中でも重要なのは、同章第2節の「会社情報の適時開示等」と第4節の「企業行動規範」である。

会社情報の**適時開示**（タイムリーディスクロージャー）とは、上場会社に対し、当該会社の運営等に関する重要な事実であって投資者の投資判断に著しい影響を及ぼすものを直ちに開示するよう義務付けるものである（東証上場規程402条等）。投資者に対する会社情報の適時適切な開示は、金融商品市場における公正な価格形成にとって必要不可欠なものであり、適時開示規制は極めて重要な上場会社規制の1つである。

企業行動規範とは、投資者保護及び市場機能を適切に発揮するという観点から、上場会社に対し適切な企業行動をとることを求めるものであり、上場会社として守らなければならない事項を定めた「遵守すべき事項」と、努力すべき事項を定めた「望まれる事項」から構成されている。「遵守すべき事項」の例として、「上場内国株券の発行者は、一般株主保護のため、独立役員（一般株主と利益相反が生じるおそれのない社外取締役……又は社外監査役……をいう……）を1名以上確保しなければならない」（東証上場規程436条の2第1項）とされており、「望まれる事項」の例として、「上場内国株券の発行者は、取締役である独立役員を少なくとも1名以上確保するよう努めなければならない」（東証上場規程445条の4）とされている。また、「遵守すべき事項」の中でもとりわけ重要なのが、コーポレートガバナンス・コードの各原則について**コンプライ・オア・エクスプレイン**（comply or explain）を行うことを求める東証上場規程436条の3である。同条は、「上場内国株券の発行者は、別添「コーポレートガバナンス・コード」の各原則を実施するか、実施しない場合にはその理由を第419条に規定する報告書において説明するものとする。この場合において、「実施するか、実施しない場合にはその理由を説明する」ことが必要となる各原則の範囲については、次の各号に掲げる上場会社の区分に従い、当該各号に定めるところによる。(1)本則市場の上場会社　基本原則・原則・補充原則　(2)マザーズ及びJASDAQの上場会社　基本原則」と定めている。**コーポレートガ**

コラム6-3　コーポレートガバナンス・コードとスチュワードシップ・コード

　日本政府の成長戦略である「『日本再興戦略』改訂2014」及び金融庁・東京証券取引所を事務局とする有識者会議での議論などを踏まえ、2015年にコーポレートガバナンス・コードが策定された。コーポレートガバナンス・コードにおける「コーポレートガバナンス」とは、会社が、株主をはじめ顧客・従業員・地域社会等の立場を踏まえた上で、透明・公正かつ迅速・果断な意思決定を行うための仕組みのことをいう。上場会社は、コーポレートガバナンス・コードの各原則についてコンプライ・オア・エクスプレインを行うことを義務付けられているが、このような方式は英国をはじめとする各国のコーポレートガバナンス・コードにおいてみられるものであり、法令よりも高い水準のコーポレートガバナンスを各社の事情を踏まえつつ実現しようとするものといえる。2018年には、改訂コーポレートガバナンス・コードが公表された。改訂部分の一例として、例えば、原則5-2（経営戦略や経営計画の策定・公表）は、「経営戦略や経営計画の策定・公表に当たっては、自社の資本コストを的確に把握した上で、収益計画や資本政策の基本的な方針を示すとともに、収益力・資本効率等に関する目標を提示し、その実現のために、事業ポートフォリオの見直しや、設備投資・研究開発投資・人材投資等を含む経営資源の配分等に関し具体的に何を実行するのかについて、株主に分かりやすい言葉・論理で明確に説明を行うべきである」（下線部分が改訂により追加された部分）とされている。

　コーポレートガバナンス・コードにおけるコンプライ・オア・エクスプレインが機能するための条件の1つとして、投資家側がこれに適切に対応することが重要となる。この点、コーポレートガバナンス・コードと車の両輪の関係にあるのが、スチュワードシップ・コードである。スチュワードシップ・コードの本家もコーポレートガバナンス・コードと同じく英国であり、日本では2013年の「日本再興戦略」及び金融庁の有識者検討会における議論などを踏まえ、2014年に「「責任ある機関投資家」の諸原則《日本版スチュワードシップ・コード》」が策定された。機関投資家が、投資先企業やその事業環境等に関する深い理解に基づく建設的な「目的を持った対話」（エンゲージメント）などを通じて、当該企業の企業価値の向上や持続的成長を促すことにより、顧客・受益者（最終受益者を含む）の中長期的な投資リターンの拡大を図る責任のことを「スチュワードシップ責任」というが、日本版スチュワードシップ・コードは、機関投資家が、顧客・受益者と投資先企業の双方を視野に入れ、「責任ある機関投資家」として当該スチュワードシップ責任を果たすに当たり有用と考えられる諸原則を定めるものである。日本版スチュワード

シップ・コードは機関投資家を法的に拘束するものではなく、機関投資家がこれを受け入れる場合であってもコンプライ・オア・エクスプレイン方式が採用されている。2017年には、日本版スチュワードシップ・コードの改訂版が公表され、2020年には、再改訂版が公表された。再改訂版では、スチュワードシップ責任を、「機関投資家が、投資先企業やその事業環境等に関する深い理解のほか運用戦略に応じたサステナビリティ（ESG 要素を含む中長期的な持続可能性）の考慮に基づく建設的な「目的を持った対話」（エンゲージメント）などを通じて、当該企業の企業価値の向上や持続的成長を促すことにより、「顧客・受益者」（最終受益者を含む。以下同じ。）の中長期的な投資リターンの拡大を図る責任を意味する」（下線部分が再改訂により追加された部分）と定義している。近時、環境（E）、社会（S）、ガバナンス（G）を重視した ESG 投資が拡大しているが、皆さんはこれについてどう考えるだろうか。

バナンス・コードとは、実効的なコーポレートガバナンスの実現に資する主要な原則を取りまとめたものであり、例えば、コーポレートガバナンス・コードの原則4-8は、「独立社外取締役は会社の持続的な成長と中長期的な企業価値の向上に寄与するように役割・責務を果たすべきであり、上場会社はそのような資質を十分に備えた独立社外取締役を少なくとも2名以上選任すべきである。……」と定めているため、本則市場の上場会社は、この原則についてコンプライ・オア・エクスプレインを行うことになる。2015年6月のコーポレートガバナンス・コード適用後、監査役会設置会社においても独立社外取締役を選任する動きが急速に高まっており、コーポレートガバナンス・コードの影響力は大きいといえる（東京証券取引所「東証上場会社コーポレートガバナンス白書2017」〔2017年〕74頁等参照）。

東証上場規程第2編第5章は、「実効性の確保」に関する手段として、特設注意市場銘柄の指定、改善報告書の提出、公表措置、上場契約違約金などについて定めている。例えば、2015年9月、東芝に対し、特設注意市場銘柄の指定及び上場契約違約金の徴求が行われている（2017年10月に特設注意市場銘柄の指定解除）。

東証上場規程第2編第6章は、「上場廃止」について定めている。東京証券

取引所が開設する市場ごとに上場廃止基準が定められているほか、上場廃止に
かかる手続などが定められている。上場会社の中には、自ら望んで上場を廃止
する会社もあるが、強制的に上場廃止となる会社もある。後者の場合、上場廃
止の当否が裁判で争われることもある。上場廃止処分の対象となった会社が、
上場廃止処分の効力の停止を求めた事案として、東京地決平18・7・7判タ
1232・341や東京高決平22・8・6金法1907・84、損害賠償を求めた事案とし
て、東京地判平24・9・24判タ1385・236参照。

3　金融商品取引所に対する監督

　金融商品取引所の運営が適切に行われるようにするために、行政による監督
の仕組みが設けられている。

　例えば、金融商品取引所が定款・業務規程・受託契約準則を変更するには、
内閣総理大臣の認可を受けなければならない（金商149条1項。認可対象外の規則
の変更等は届出制。同2項）。内閣総理大臣は、金融商品取引所が法令などに違
反した場合や法令違反等をした会員等や上場証券発行者に対し必要な措置をと
ることを怠った場合において、公益又は投資者保護のため必要かつ適当である
と認めるときは、免許の取消し、（1年以内の）業務の全部・一部停止、業務の
変更・一部禁止、役員の解任、又は定款その他の規則に定める必要な措置をと
ることを命ずることができる（金商152条1項1号。2号以下は省略）。内閣総理大
臣はまた、金融商品取引所の業務の運営等に関し、公益又は投資者保護のため
必要かつ適当であると認めるときは、その必要の限度において、金融商品取引
所に対し、定款・業務規程・受託契約準則・その他の規則又は取引の慣行の変
更その他監督上必要な措置をとることを命ずることができる（金商153条）。内
閣総理大臣による金融商品取引所等に対する報告の徴取・検査に関する規定も
ある（金商151条）。

　実例として、システム障害に関連して業務改善命令が出されたケースなどが
ある（例えば、金融庁のホームページにおいて「証券取引所命令」でサイト内検索して
みるとよい）。

2　金融商品取引業協会

1　金融商品取引業協会の意義

　金商法上の自主規制機関としては、金融商品取引所の他に、金融商品取引業協会が重要である（自主規制の重要性については前述参照）。**金融商品取引業協会**は、内閣総理大臣の認可を受けて設立される「**認可金融商品取引業協会**」（金商2条13項・67条の2第2項）と、一般社団法人であって内閣総理大臣の認定を受ける「**認定金融商品取引業協会**」（金商78条1項・2項）に分かれる。認可金融商品取引業協会（以下、認可協会）の例としては、日本証券業協会があり、認定金融商品取引業協会（以下、認定協会）の例としては、投資信託協会、日本投資顧問業協会、金融先物取引業協会、第二種金融商品取引業協会、日本暗号資産取引業協会、日本STO協会などがある。金融庁のウェブサイトで紹介されている各金融商品取引業協会の主な目的や事業は**図表6-2**の通り。

　認可協会も認定協会も、金融商品取引業者によって設立されるものであり（金商67条の2第1項・78条1項。67の2第3項も参照）、「有価証券の売買その他の取引及びデリバティブ取引等を公正かつ円滑にし、並びに金融商品取引業の健全な発展及び投資者の保護に資することを目的とする」ことに変わりはない（金商67条1項・78条1項1号）。

　認可協会と認定協会の最大の違いは、認可協会のみが、「有価証券（金融商品取引所に上場されていないものに限る……）の流通を円滑にし、有価証券の売買その他の取引の公正を確保し、かつ、投資者の保護に資するため、店頭売買有価証券の売買……のための市場（以下「店頭売買有価証券市場」という。）を開設することができる」とされていることである（金商67条2項。2条8項10号ハも参照）。そもそも金融商品取引所に上場されていない有価証券は、金商法上、①店頭売買有価証券、②取扱有価証券、③その他に分けることができるところ、店頭売買有価証券市場は①を売買するための市場である。もっとも、本稿執筆時点では、店頭売買有価証券市場は開設されておらず、①は存在しない（かつてジャスダック市場は店頭売買有価証券市場であったが、ジャスダック証券取引所の創設に伴い店頭売買有価証券市場から取引所有価証券市場という位置付けとなった。その

図表 6-2　各金融商品取引業協会の主な目的・事業

団体名	主な目的・事業
日本証券業協会	（目的）　(1)協会員の行う有価証券の売買その他の取引等を公正かつ円滑ならしめ、もって投資者の保護に資すること。(2)我が国経済の成長・発展に貢献するため、証券市場の活性化に向けた諸施策を推進すること。 （事業）　(1)自主規制ルールの制定・実施、(2)資格試験・資格更新研修の実施及び証券外務員の登録、(3)証券取引の苦情・相談、あっせん、(4)証券市場に関する調査研究及び意見表明、(5)証券知識の普及・啓発
投資信託協会	投資信託及び投資法人など投資運用業等の健全な発展、並びに投資者の保護に資することを目的とする。
日本投資顧問業協会	会員の行う投資運用業及び投資助言・代理業の公正かつ円滑な運営を確保することにより投資者の保護を図るとともに、投資運用業及び投資助言・代理業の健全な発展に資することを目的とする。
金融先物取引業協会	会員の行う金融商品取引業（定款に定めるものに限る）の業務の適正かつ円滑な運営の確保により、投資者保護と金融商品取引業の健全な発展に資することを目的としており、自主規制、苦情の解決、調査、企画、広報研修等の業務を行っている。
第二種金融商品取引業協会	正会員の行う第二種金融商品取引業等を公正かつ円滑にし、並びに第二種金融商品取引業等の健全な発展及び投資者の保護に資することを目的とする。
日本暗号資産取引業協会	会員の行う暗号資産関連デリバティブ取引業の適切かつ円滑な実施を確保し、その健全な発展及び利用者の保護並びに投資者の保護に資することを目的とする。
日本STO協会	正会員の電子記録移転権利等の売買その他の取引等を公正かつ円滑にならしめ、金融商品取引業の健全な発展を図り、もって投資者の保護に資することを目的とする。

出所：金融庁ウェブサイト（https://www.fsa.go.jp/koueki/koueki10a.html 及び https://www.fsa.go.jp/koueki/koueki10b.html）。

後、大阪証券取引所がジャスダック証券取引所を吸収合併し、現在のジャスダックは、東京証券取引所が開設する株式市場の1つとなっている）。②は、認可協会の規則において、売買その他の取引の勧誘を行うことを禁じていない株券・新株予約権付社債券その他内閣府令で定める有価証券（ただし上場有価証券・店頭売買有価証券・内閣総理大臣が定めるもの〔具体的には株主コミュニティ銘柄〕を除く）をいう（金商67条の18第4号）。②の例として、グリーンシート銘柄とフェニックス銘柄があったが、グリーンシート銘柄制度は2018年3月31日をもって廃止された。フェニックス銘柄制度は、上場廃止銘柄を売買するために設けられた制度である。なお、2015年5月に、地域に根差した企業等の資金調達を支援する観点か

ら、非上場株式の取引・換金ニーズに応えることを目的として、株主コミュニティ制度が創設されたが、株主コミュニティ銘柄は③に該当する（平成27年5月28日金融庁告示第32号により②の取扱有価証券の定義から除外されている）。

　金融商品取引業者は、認可協会や認定協会に加入する義務はない。しかし、これらの協会に加入しない者が、第一種金融商品取引業、第二種金融商品取引業又は投資運用業の登録申請を行った場合、当該申請者が行おうとする業務に関連する協会の定款その他の規則に準ずる内容の社内規則を作成していなかったり、当該社内規則を遵守するための体制を整備していなければ、登録は拒否されることになる（金商29条の4第1項第4号ニ）。

2　金融商品取引業協会による規制

　ここでは日本証券業協会（以下、日証協）による自主規制規則と制裁措置を概観してみよう。日証協の自主規制ウェブハンドブックによると、日証協の自主規制規則は、①協会員における顧客管理、内部管理等、②従業員、外務員関係、③広告関係、④個人情報関係、⑤株式関係、⑥債券関係、⑦外国証券・取引関係、⑧証券化商品関係、⑨デリバティブ関係、⑩倫理コード関係に分類される。

　例えば、①のカテゴリーには、協会員が行う有価証券の売買その他の取引等の勧誘や顧客管理等の適正化を図ることを目的とする「協会員の投資勧誘、顧客管理等に関する規則」があり、例えば自己責任原則の徹底（同規則4条）、顧客カードの整備等（同規則5条）、勧誘開始基準（同規則5条の2）、高齢顧客に対する勧誘による販売（同規則5条の3）、取引開始基準（同規則6条）、注意喚起文書の交付等（同規則6条の2）、店頭有価証券の投資勧誘の禁止（同規則12条の2）、内部者登録カードの整備等（同規則15条）などの規定が設けられている。日本社会における高齢化が進む中、高齢顧客に対する投資勧誘の適正化が重要課題の1つになっているが、これについては、「協会員の投資勧誘、顧客管理等に関する規則第5条の3の考え方（高齢顧客への勧誘による販売に係るガイドライン）」というものも定められている。

　②のカテゴリーには、協会員における外務員（金商64条1項参照）の資格、職務、研修制度等及び金商法64条の7第1項の規定に基づく外務員の登録に関す

る委任事務の内容等を定めることにより、外務員の資質の向上及び外務員登録
制度の的確かつ円滑な運営を図り、もって投資者の保護に資することを目的と
する「協会員の外務員の資格、登録等に関する規則」などがある。外務員は、
金商法上、その所属する金融商品取引業者等に代わって、証券取引の勧誘等に
関し、一切の裁判外の行為を行う権限を有するものとみなされている（相手方
が悪意であった場合を除く。金商64条の３。この悪意には、外務員の行為が一般的代理
権限を濫用したものであることについて、相手方に悪意と同視できる程度の重大な過失
のある場合も含まれる、と判示したものとして、大阪高判平元・３・30判タ701・265参
照）。

　⑤のカテゴリーには、店頭有価証券の店頭取引を公正かつ円滑ならしめ、
もって投資者の保護に資することを目的とする「店頭有価証券に関する規則」
がある（フェニックス銘柄については「フェニックス銘柄に関する規則」がある）。店
頭有価証券に関する規則でいう「**店頭有価証券**」とは、「我が国の法人が国内
において発行する取引所金融商品市場に上場されていない株券、新株予約権証
券及び新株予約権付社債券」のことであり、そのうち所定の有価証券報告書提
出会社又は会社内容説明書作成会社が発行するものを「**店頭取扱有価証券**」と
いう（同規則２条１号・４号）。協会員は、経営権の移転等を目的とした店頭有
価証券の取引にかかる投資勧誘（同規則３条の２）、店頭有価証券の適格機関投
資家に対する投資勧誘（同規則４条）、店頭取扱有価証券の投資勧誘（同規則６
条）若しくは上場有価証券の発行会社が発行した店頭取扱有価証券の投資勧誘
（同規則８条）、「株主コミュニティに関する規則」又は「株式投資型クラウド
ファンディング業務に関する規則」の規定による場合を除き、店頭有価証券に
ついては、顧客に対し、投資勧誘を行ってはならない（店頭有価証券に関する規
則３条）。

　日証協は、協会員が法令・行政処分・定款その他の規則等に違反したときや
取引の信義則に反する行為をしたときなど所定の事項に該当すると認める場合
には、当該協会員に対し、譴責、過怠金の賦課、会員権の停止・制限又は除名
といった処分を行うことができる（日証協定款28条・30条・33条。金商68条の２・
79条の２も参照）。

3　金融商品取引業協会に対する監督

　金融商品取引業協会の運営が適切に行われるようにするために、行政による監督の仕組みが設けられている。

　例えば、認可協会が定款を変更するには、内閣総理大臣の認可を受けなければならない（金商67条の8第2項。定款や店頭売買有価証券市場に関する規則以外の規則の変更等は届出制。同3項のほか67条の12も参照）。内閣総理大臣は、認可協会の業務の運営等に関し公益又は投資者保護のため必要かつ適当であると認めるときは、その必要の限度において、認可協会に対し、定款その他の規則又は取引の慣行の変更その他監督上必要な措置をとることを命ずることができる（金商73条）。内閣総理大臣はまた、認可協会が法令等に違反した場合や法令違反等をした協会員等に対し必要な措置をすることを怠った場合において、公益又は投資者保護のため必要かつ適当であると認めるときは、認可の取消し、（1年以内の）業務の全部・一部停止、業務の方法の変更・一部禁止、役員の解任、又は定款その他の規則に定める必要な措置をすることを命ずることができる（金商74条1項）。内閣総理大臣による認可協会等に対する報告の徴取・検査に関する規定もある（金商75条）。認定協会に対する監督については金商79条の2以下参照。

3　金融 ADR

　金融 ADR（Alternative Dispute Resolution）とは、銀行・証券会社・保険会社などの金融機関と顧客間の紛争を、裁判外で解決する仕組みをいう。消費者が金融機関との紛争を裁判で争うとなると、時間や費用がかかる場合があり、泣き寝入りする者も出てくるかもしれない。この点、金融 ADR を利用すれば、金融 ADR 機関に所属する中立・公正な専門家が紛争当事者の間に入り、裁判よりも迅速かつ低コストで紛争の解決を図ることができる可能性がある。金融ADR 機関は金融業態ごとに分かれており、証券分野の金融 ADR 機関としては、**証券・金融商品あっせん相談センター（略称：FINMAC）**がある。業態横断的な金融 ADR 機関の創設は将来的な課題である。

　FINMAC が対象とする業者は、①加入第一種金融商品取引業者、②協定事

業者、③特定事業者である。①は、特定第一種金融商品取引業務に関する指定
紛争解決機関（指定第一種紛争解決機関）である FINMAC との間で、特定第一
種金融商品取引業務にかかる手続実施基本契約を締結した第一種金融商品取引
業者のことである。②は、FINMAC に苦情解決・あっせん業務を委託してい
る金融商品取引業協会（日本証券業協会、投資信託協会、日本投資顧問業協会、金融
先物取引業協会、第二種金融商品取引業協会、日本暗号資産取引業協会、日本 STO 協
会）の会員等である金融商品取引業者等のことである。③は、認定投資者保護
団体である FINMAC に対し個別に利用登録を行った第二種金融商品取引業者
等のことである。FINMAC は、これらの業者と顧客との間における証券取引
等に関するトラブルを取り扱っているわけである。

　①に関し、**指定紛争解決機関**とは、紛争解決等業務（苦情処理手続及び紛争解
決手続にかかる業務並びにこれに付随する業務）を行う者として、内閣総理大臣の
指定を受けた者をいう（金商156条の38第1項・11項・156条の39第1項）。加入金融
商品取引関係業者とは、指定紛争解決機関と手続実施基本契約を締結した金融
商品取引関係業者のことをいうが（金商156条の42第2項・156条の38第13項）、
FINMAC の場合、第一種金融商品取引業者は、指定第一種紛争解決機関であ
る FINMAC との間で特定第一種金融商品取引業務にかかる手続実施基本契約
を締結する措置を講じなければならないことになる（金商37条の7第1項1号イ
参照）。指定紛争解決機関は、加入金融商品取引関係業者の顧客から苦情解決
の申立てがあったときは、その相談に応じるなどするとともに、当該業者に対
し、当該苦情の内容を通知してその迅速な処理を求めなければならない（金商
156条の49）。指定紛争解決機関はまた、加入金融商品取引関係業者又はその顧
客から紛争解決手続の申立てを受けたときは、紛争解決委員（人格が高潔で識見
の高い所定の要件を満たす弁護士等）を選任し、当該申立てを紛争解決委員によ
る紛争解決手続に付することになる（金商156条の50第1項〜第5項）。紛争解決
委員は、当事者から意見を聴取するなどして、和解案を作成し、その受諾を勧
告し、又は特別調停案（和解案であって所定の場合を除き加入金融商品取引関係業者
が受諾しなければならないもの）を提示することができる（金商156条の50第6項・
156条の44第6項）。金融 ADR の実効性を高めるべく、加入金融商品取引関係業
者には、原則として、苦情処理手続・紛争解決手続応諾義務、資料提出義務、

図表6-3　相談・苦情・あっせんの受付件数

	相　　談	苦　　情	あっせん
21年度	1,659	198	38
22年度	7,017	1,190	309
23年度	6,626	1,530	467
24年度	6,136	1,152	334
25年度	7,406	975	159
26年度	9,065	629	110
27年度	7,616	1,374	140
28年度	6,736	1,226	152
29年度	5,615	1,013	129
30年度	4,691	1,631	712
合　　計	62,567	10,918	2,550

出所：FINMAC「金融 ADR の実務」（2019年5月）24頁

特別調停案受諾義務が課されている（金商156条の44第2項2号・3号・5号・6項）。

　②に関し、**金融商品取引業協会**は、金商法上、その協会員等の行う業務に関する苦情の解決業務及び紛争解決のためのあっせん業務を行うものとされているが（認可協会について金商77条・77条の2、認定協会について金商78条の6・78条の7）、金融商品取引業協会は、これらの業務を適確に遂行するに足りる財産的基礎及び人的構成を有する者に、これらの業務を委託することが可能であり（認可協会について金商77条の3、認定協会について金商78条の8）、実際に、日本証券業協会・投資信託協会・日本投資顧問業協会・金融先物取引業協会・第二種金融商品取引業協会・日本暗号資産取引業協会・日本 STO 協会は、FINMAC にこれらの業務を委託している。

　③に関し、**認定投資者保護団体**とは、金融商品取引業に対する苦情解決業務、金融商品取引業に争いがある場合のあっせん業務、金融商品取引業の健全な発展又は投資者の保護に資する業務を行う法人として、内閣総大臣の認定を受けた者をいう（金商79条の7・79条の10第1項。金商79条の12・79条の13も参照）。認定投資者保護団体の業務の対象となる金融商品取引業者等のことを対象事業者というが（金商79条の11第1項）、認定投資者保護団体としての FINMAC の

対象事業者としては、FINMACに個別利用登録を行った第二種金融商品取引業者等が存在する。

FINMAC「金融ADRの実務」（2019年5月）によると、FINMACにおける平成21年度からの相談・苦情・あっせんの受付件数は図表6-3の通りである。この受付件数（とりわけあっせんの受付件数）を見ると、平成22年度以降の3年間のあっせん件数と、平成30年度のあっせん件数が多いことがわかる。同冊子によると、前者は、リーマンショック後の急激な円高の進行により、通貨オプションをめぐるトラブルが急増したことなどが原因であり、後者は、S&P500VIX短期先物インバース日次指数に連動するETNの期限前償還をめぐって、トラブルが多発したことが原因であるとのことである。

4　投資者保護基金

金融商品取引業者等は、顧客から預託を受けた有価証券や金銭について、所定の要件に従い自己の固有財産と分別して管理しなければならない（分別管理義務。金商43条の2）。それゆえ、金融商品取引業者等が破綻しても、分別管理が適切に行われていれば、顧客の資産は守られるはずであるが、分別管理が適切に行われていないこともあり得る。このような場合に備え、顧客の資産を守るための仕組みとして創設されたのが、**投資者保護基金**である。現時点では、証券会社を会員とする日本投資者保護基金が存在する。

投資者保護基金は、金商法の規定による一般顧客に対する支払その他の業務を行うことにより投資者の保護を図り、もって証券取引又は商品関連市場デリバティブ取引に対する信頼性を維持することを目的とする法人であり、その設立には内閣総理大臣及び財務大臣による認可が必要となる（金商79の21・79条の30・79条の31）。金融商品取引業者（第一種金融商品取引業を行わない金融商品取引業者及び第一種少額電子募集取扱業者を除く）は、いずれか一の投資者保護基金にその会員として加入しなければならない（金商79条の27第1項・金商法施行令18条の7の2第1項。負担金納付義務について金商79条の64参照）。投資者保護基金は、会員である金融商品取引業者について顧客資産の返還にかかる債務の円滑な履行が困難であると認定した場合に、当該業者の一般顧客の請求に基づいて、当

図表6-4　日本投資者保護基金の補償対象となるもの／ならないもの

○	×
国内、海外で発行された ・株式 ・債券 ・投資信託 ・その他取引所取引における証拠金など ・上記取引に関する金銭	・有価証券店頭デリバティブ取引 　（有価証券先物、オプション、CFD取引） ・外国の取引所で取引される先物、オプション、CFD取引 ・くりっく365取引（取引所の通貨関連取引） ・信託受益権、組合契約、匿名組合契約、有限責任組合契約など（第二種金融商品取引業に該当する取引） ・FX取引（外国為替証拠金取引）

出所：日本投資者保護基金ウェブサイト（http://jipf.or.jp/introduction/index.html）

該一般顧客が当該業者に対して有する当該一般顧客の顧客資産にかかる債権であって当該業者による円滑な弁済が困難であると認められるものにつき、所定の金額（1人当たりの上限1000万円）の支払を行う（金商79条の53〜79条の57・金商法施行令18条の12等）。

　投資者保護基金の補償対象となる一般顧客とは、有価証券関連業又は商品デリバティブ取引関連業務を行う金融商品取引業者の国内営業所等の顧客であって、当該業者と対象有価証券関連取引又は対象商品デリバティブ取引関連取引をする者（適格機関投資家及び国、地方公共団体その他の政令で定める者を除く）をいう（金商79条の20第1項。顧客資産の定義について同3項参照）。補償対象となる顧客が限定されているだけでなく（いわゆるプロ投資家は除かれている）、補償対象となる取引も限定されていることに注意する必要がある（日本投資者保護基金の補償対象となるもの／ならないものについて図表6-4参照）。なお、証券会社が証券業にかかる取引の実体を有しないのに同取引のように仮装して行った取引も補償の対象である証券業にかかる取引に含まれる（ただし顧客に悪意・重過失がある場合を除く）と判示したものとして、最判平18・7・13民集60・6・2336。

5　金融庁・証券取引等監視委員会と法執行（エンフォースメント）

1　内閣総理大臣・金融庁長官・証券取引等監視委員会・財務（支）局長

　金商法における内閣総理大臣の権限は、金融商品市場開設免許の付与など特に重要なものを除き、金融庁長官に委任される（金商194条の7第1項・金商法施

行令37条の３）。金融庁長官に委任された権限のうち一定のものは、証券取引等監視委員会（以下、証券監視委ということがある）に委任されるほか（同条２項～５項。より正確には金融庁長官から証券監視委に当然に委任される権限と金融庁長官が証券監視委に委任できる権限がある）、金融庁長官・証券監視委から財務局長・財務支局長に一部の権限を委任することもできる（同条６項～８項）。証券監視委の職員はまた、相場操縦やインサイダー取引などの犯則事件の調査等に関する権限を有している（金商210条以下）。内閣総理大臣・金融庁長官・証券監視委・財務（支）局長における権限の委任関係等を示した図の一例として、証券監視委「証券取引等監視委員会の活動状況」（令和２年６月）の附属資料97頁参照。

(1)　**金融庁**　　金融庁は、内閣府の外局として設置されている庁であり（金融庁設置２条１項）、「我が国の金融の機能の安定を確保し、預金者、保険契約者、有価証券の投資者その他これらに準ずる者の保護を図るとともに、金融の円滑を図ることを任務」としている（同３条１項）。有価証券の投資者の保護だけでなく、預金者や保険契約者などの保護も金融庁の任務とされていることからも分かるように、金融庁が所管する法律には、金融商品取引法だけでなく、銀行法や保険業法なども含まれている。

　金融庁「平成29事務年度金融行政方針」（平成29年11月）によると、「金融とは、身体をめぐる血液のようなものであり、資金が適切に供給されていくことで、経済成長や国民の生活の向上が図られる。金融庁は、①金融システムの安定／金融仲介機能の発揮、②利用者保護／利用者利便、③市場の公正性・透明性／市場の活力のそれぞれを両立させることを通じ、企業・経済の持続的成長と安定的な資産形成等による国民の厚生の増大を目指すことが金融行政の目標である旨を明確にしている」ほか、検査・監督のあり方として、「金融機関が対応すべき項目だけをチェックリストとして示し、それに該当しているかどうかを機械的かつ網羅的に確認するルールベースの検査・監督ではなく、金融行政の目標を踏まえた考え方（プリンシプル）を示した上で、ルールとプリンシプルのバランスに配慮しつつ、各金融機関の自主性や創意工夫を尊重し、より良いプラクティスの実現を目指した議論を行う」などとされている（同１頁・５頁）。

その後、金融庁は、金融行政が抱える新たな課題に的確に対応していく観点から、平成30年に、「総務企画局」「検査局」「監督局」という内部組織を、「総合政策局」「企画市場局」「監督局」に再編した。この点を含め、金融庁の活動状況については、金融庁「金融庁の1年（2018事務年度版）」（2019年12月）等参照。

(2) **証券取引等監視委員会**　　金融庁に置かれる審議会等のうちの1つが、**証券取引等監視委員会**である（内閣府設置54条、金融庁設置6条1項）。証券監視委は、金商法等の規定によりその権限に属させられた事項を処理する委員会であり（金融庁設置8条）、委員長及び2人の委員で構成される（同10条。委員会の事務を処理するための事務局が置かれる。同19条）。証券監視委の委員長及び委員は、独立してその職権を行う（同9条）。独立性を確保するには身分保障が重要になるところ、証券監視委の委員長及び委員は、両議院の同意を得て、内閣総理大臣により任命されるものとされており（同12条1項）、心身の故障のため職務の執行ができないと委員会により認められた場合など所定の場合を除き、在任中、その意に反して罷免されることはない（同14条）。

　証券監視委「中期活動方針（第10期）」（令和2年1月）によると、証券監視委の使命として、「的確・適切な市場監視による1.市場の公正性・透明性の確保及び投資者保護の実現、2.資本市場の健全な発展への貢献、3.国民経済の持続的な成長への貢献」が挙げられている（同1頁）。証券監視委が行う具体的な事務としては、①監視（これには、(a) 金融・資本市場全体について情報の収集・分析を行う「市場分析審査」、(b) 金融商品取引業者等の業務・財産の状況を検査する「証券モニタリング」、(c) 内部者取引・相場操縦等について調査を行う「取引調査」、(d) 有価証券報告書等の開示書類の提出者等に対し検査を行う「開示検査」、(e) 犯則事件の調査を行う「犯則調査」などが含まれる）、②勧告（内閣総理大臣及び金融庁長官に対し行政処分等を行うよう求めること。なお、証券監視委から勧告がなされると、金融庁による行政処分等が行われるのが通例であるが、常にそうなるわけではない）、③建議（金融庁長官等に対し法規制の見直し等を求めること）、④告発（検察官に対し犯則事件に関する告発を行うこと）、⑤裁判所への申立て（裁判所に対し禁止・停止命令〔金商192条〕を申し立てること）などがある。これらの詳細については、証券監視委のウェブサイトや、証券監視委「証券取引等監視委員会の活動状況」（令

コラム6-4　世界各国の金融規制システム

　金融規制システムの形は、世界各国で一様ではない。日本では、金融庁（証券取引等監視委員会は金融庁に置かれる審議会等のうちの1つ）が、銀行・証券・保険などの金融分野を横断的に規制している。横断的な金融規制機関をもつ国は他にもあり、ドイツの連邦金融監督庁（BaFin）はその一例である。イギリスの場合、かつては金融サービス機構（FSA）という横断的な金融規制機関を有していたが、現在では、銀行等の健全性規制を担う健全性規制機構（PRA）と、金融市場規制や金融サービス業者の行為規制・一部業者の健全性規制を担う金融行為規制機構（FCA）に分けられている。アメリカでは、銀行・証券・保険などの業態ごとに金融規制機関は分かれており、証券分野の連邦規制機関としては、証券取引委員会（SEC）がある（連邦の法規制と州の法規制があることに留意されたい）。アメリカは世界最大の金融市場を擁する国であり、SECによる法執行の強力さ（例：ルール10b-5の積極的な活用）など同国から学ぶべきものは多いが、アメリカの金融規制システムの形を真似すればうまくいくという単純な話でもない。そもそもアメリカでは複数の金融規制機関が存在するために、規制の棲み分けや縄張り争いなどの問題が生じやすく、同国の金融規制システムの改革を求める声はアメリカ国内にも存在する。金融規制システムに割けるリソース（資金や人員等）は有限であることも踏まえつつ、どのような金融規制システムが望ましいのか、読者も考えてみてほしい。

和2年6月）等参照。

2　金商法のエンフォースメント

　金商法規制の実効性を確保する手法（エンフォースメントの手法）としては、行政的手法、刑事的手法、民事的手法などがある（自主規制機関によるエンフォースメントも重要であるが、ここでは省略する。また、民事責任は民事上のエンフォースメント手法として重要であるが、これについては本書の関連箇所を参照されたい）。様々な**エンフォースメント**がそれぞれの特徴を活かしながら相互補完的に機能することで、金商法目的が効果的かつ効率的に達成されることが期待される。もっとも、課徴金（後述参照）により国が得た金銭を被害者の損害回復に充てることの当否など、検討すべき課題も残されている。

(1) **業務改善命令・業務停止命令等**　内閣総理大臣は、金融商品取引業者の業務の運営又は財産の状況に関し、公益又は投資者保護のため必要かつ適当であると認めるときは、その必要の限度において、当該業者に対し、業務の方法の変更その他業務の運営又は財産の状況の改善に必要な措置をとるよう命ずることができる（金商51条。登録金融機関に対しては金商51条の2）。内閣総理大臣はまた、金融商品取引業者が所定の事項に該当する場合（金融商品取引に関し、法令等に違反したときや、不正又は著しく不当な行為をしてその情状が特に重いときなど）には、当該業者の金商法29条の登録取消し、金商法30条1項の認可取消し、（6か月以内の）業務の全部・一部の停止を命ずることができる（金商52条1項。2項以下も参照。登録金融機関に対しては金商52条の2）。内閣総理大臣による金融商品取引業者等に対する報告の徴取・検査に関する規定もある（金商56条の2）。

　行政によるエンフォースメントの規定は他にも様々なものがある。例えば、有価証券届出書の虚偽記載等に関する訂正届出書の提出命令や効力の停止命令（金商10条）、有価証券報告書の虚偽記載等に関する訂正報告書の提出命令（金商24条の2）、金融商品取引所に上場している有価証券の売買停止命令や上場廃止命令（金商129条）、法令違反行為を行った者の氏名等の公表（金商192条の2）などがある。課徴金については以下参照。

(2) **課徴金**　2015年12月、金融庁が、東芝に対し、過去最高額となる73億7350万円の課徴金納付命令を出し、世間の注目を集めた。2004年証券取引法改正により導入された課徴金は、その後の改正により対象となる違反行為の拡大や金額水準の引上げなどが行われており、非常に重要なエンフォースメント手段となっている。

　課徴金は、違反行為を抑止し規制の実効性を確保するという行政目的を達成するため、違反者に対して金銭的負担を課す行政上の措置であり、刑事上の罰金とは異なる。それゆえ、刑事罰を併科しても、二重処罰の禁止（憲39条）には違反しないと一般に考えられているが（独占禁止法の課徴金の事案であるが、最判平10・10・13判時1662・83参照）、継続開示書類の虚偽記載等については、課徴金と罰金の調整規定が設けられている（金商185条の7第16項・185条の8第6項）。課徴金とインサイダー取引等における犯罪収益の没収・追徴の調整規定

図表6-5　金商法上の課徴金の対象となる違反行為と課徴金の額（概要）

課徴金の対象となる違反行為	課徴金の額
①有価証券届出書等の不提出・虚偽記載等（金商172条・172条の2）	募集・売出総額の2.25％（株券等の場合は4.5％）
②有価証券報告書等の不提出・虚偽記載等（金商172条の3・172条の4）	不提出：直前事業年度の監査報酬相当額（該当するものがない場合は400万円）（四半期・半期報告書の場合はその2分の1） 虚偽記載等：600万円又は時価総額の10万分の6のいずれか高い方（四半期・半期・臨時報告書の場合はその2分の1）
③公開買付開始公告の不実施・公開買付届出書等の虚偽記載等（金商172条の5・172条の6）	不実施：買付総額の25％ 虚偽記載等：買付株券等の時価合計額の25％
④大量保有報告書等の不提出・虚偽記載等（金商172条の7・172条の8）	対象株券等の発行者の時価総額の10万分の1
⑤特定証券情報の不提供等・虚偽等や発行者等情報の虚偽等（金商172条の9・172条の10・172条の11）	特定証券情報の不提供等・虚偽等：募集・売出総額の2.25％（株券等の場合は4.5％） 発行者等情報の虚偽等：600万円又は時価総額の10万分の6のいずれか高い方
⑥虚偽開示書類等の提出等を容易にすべき行為等（金商172条の12）	当該行為に関し対価として支払われた額等に相当する額
⑦風説の流布・偽計（金商173条）	違反行為終了時点で自己の計算において生じている売り（買い）ポジションについて、当該ポジションにかかる売付け等（買付け等）の価額と当該ポジションを違反行為後1月間の最安値（最高値）で評価した価額との差額等
⑧仮装・馴合売買、現実売買による相場操縦、違法な安定操作取引（金商174条・174条の2・174条の3）	仮装・馴合売買：上記⑦の課徴金と同様の算出方法 現実売買による相場操縦：違反行為期間中に自己の計算において確定した損益と、上記⑦の課徴金と同様の算出方法で計算された額との合計額等 （違法な安定操作取引の課徴金の算出方法については省略）
⑨インサイダー取引（金商175条）	違反行為に係る売付け等（買付け等）（重要事実の公表前6月以内に行われたものに限る。）の価額と、重要事実公表後2週間の最安値（最高値）に当該売付け等（買付け等）の数量を乗じた額との差額等
⑩未公表の重要事実の伝達等（情報受領者等が重要事実公表前に当該違反行為にかかる売買等をした場合に限る。金商175条の2）	違反行為により情報受領者等が行った売買等によって得た利得相当額の2分の1 （その他の場合の課徴金の算出方法については省略）

注：課徴金の額の算出方法は条文で細かく定められているが、この表では基本的に証券監視委のウェブサイト（https://www.fsa.go.jp/sesc/support/kaiji-ihan/seido.htm 及び https://www.fsa.go.jp/sesc/support/hukousei/hukousei.htm）における説明を利用した。

もある（金商185条の7第17項・185条の8第7項）。

　課徴金の対象となる違反行為及び課徴金の額の算出方法は法定されており、これらの概要をまとめたものとして**図表6-5**参照。課徴金の対象となる違反行為については、現在は開示規制違反や不公正取引規制違反などが対象になっているが、金融商品取引業者の行為規制違反も課徴金の対象にすべきであるとの見解もある。

　課徴金の額の算出方法は、違反行為により違反者が得たであろうと一般的・類型的に想定される経済的利得相当額を算出しようとするものであり、違反者が実際に得た経済的利得相当額が課徴金の額となるわけではない。過去5年以内に課徴金の対象となった者が再度違反した場合には、課徴金の額を1.5倍に加算する制度（金商185条の7第15項）や、一定の違反行為につき違反者が当局の調査前に当局に対し報告を行った場合には、課徴金の額を半額に減算する制度（同14項）は既に存在しているが、違反行為の効果的な抑止という観点からは、そもそも課徴金の額を経済的利得相当額プラスアルファの額とすべきであるとの見解も根強い。なお、金商法172条の2第1項の課徴金（本件課徴金条項）が問題となった東京高判平26・6・26LEX/DB文献番号25446877は、「開示制度の実効性を確保するためには、違反者たる発行者が具体的な経済的利得を取得したか否かにかかわらず、開示制度に違反する発行開示書類の提出行為それ自体を抑止することが要請されるということができるから、本件課徴金条項に基づき課徴金を課すに当たり、発行者において具体的な経済的利得があること又は経済的利得が生じる一般的、抽象的な可能性があることは要件とされていないと解するのが相当である」としたほか、「本件課徴金条項に基づく課徴金は、責任非難を基礎とした制裁として科される刑事罰とは、基本的な性格が異なるというべきであるから、虚偽記載につき発行者に故意又は過失のあることは不要であると解すべきである」と判示している。

　課徴金納付命令までの手続の一般的な流れは、①証券監視委が、調査を行い、課徴金の対象となる違反行為があると認めるときは、内閣総理大臣及び金融庁長官に対し、課徴金納付命令を発出するよう勧告する（金商26条・177条・金融庁設置20条等）、②金融庁長官は、審判手続開始の決定を行い、金融庁長官により指定される審判官（原則3名）は、審判手続を経た上で、審判事件につ

図表 6-6　金商法上の主な刑事罰（概要）

197条1項：10年以下の懲役・1000万円以下の罰金（207条1項1号：7億円以下の罰金）
・有価証券届出書、有価証券報告書、公開買付届出書等であって重要事項に虚偽記載のあるものを提出した者（1号・3号） ・不正行為、風説の流布・偽計等、相場操縦行為等の禁止規定に違反した者（5号）
197条2項：10年以下の懲役・3000万円以下の罰金（207条1項1号：7億円以下の罰金）
・財産上の利益を得る目的で、197条1項5号の罪を犯して有価証券等の相場を変動等させ、当該変動等させた相場により当該有価証券等にかかる有価証券の売買等を行った者（1号）
197条の2：5年以下の懲役・500万円以下の罰金（207条1項2号：5億円以下の罰金）
・届出が受理されていないのに有価証券の募集・売出し等をした者（1号） ・有価証券報告書、内部統制報告書、公開買付届出書、大量保有報告書等を提出しない者（5号） ・内部統制報告書、四半期報告書、半期報告書、臨時報告書、大量保有報告書等であって重要事項に虚偽記載のあるものを提出した者（6号） ・登録を受けないで金融商品取引業を行った者（10号の4） ・インサイダー取引の禁止規定に違反した者（13号） ・未公表の重要事実の伝達等の禁止規定に違反した者（当該違反により伝達等を受けた者が重要事実公表前に売買等をした場合に限る。14号・15号）
198条：3年以下の懲役・300万円以下の罰金（207条1項3号：3億円以下の罰金）
・免許を受けないで金融商品市場を開設した者（4号）
198条の3：3年以下の懲役・300万円以下の罰金（207条1項3号：3億円以下の罰金）
・損失補塡等の禁止規定に違反した金融商品取引業者等の代表者等
200条：1年以下の懲役・100万円以下の罰金（207条1項5号：1億円以下の罰金）
・四半期報告書、半期報告書、臨時報告書等を提出しない者（5号） ・損失補塡等の禁止規定に違反した顧客（14号）

いての決定案を作成し、金融庁長官に提出する（金商178条・180条・185条の6等。183条も参照）、③金融庁長官は、当該決定案に基づき、課徴金の対象となる違反行為があると認めるときは、課徴金を国庫に納付することを命ずる旨の決定（課徴金の対象となる違反行為がないと認めるときは、その旨を明らかにする決定）を行う（金商185条の7）。課徴金納付命令までの手続の流れやこれまでの課徴金納付命令の実績などについては、例えば、金融庁「金融庁の1年（2018事務年度版）」（2019年12月）596-605頁等参照。なお、インサイダー取引に関する課徴金納付命令（6万円）が取り消された事案として、東京高判平29・6・29金判1527・36参照。

(3) **刑事罰**　　刑事罰は、通常、非常に強力なエンフォースメントとして機能する。金商法上の主な刑事罰（金商197条等）の概要については**図表6-6**参照。法人の代表者等が、その法人の業務又は財産に関し、金商法197条等の違反行為をしたときは、その行為者を罰するほか、その法人に対し金商法207条1項各号に定める罰金刑が科される（金商207条1項。**図表6-6**参照）。相場操縦やインサイダー取引等の犯罪行為により得た財産や、損失補塡等を受ける顧客の罪における犯人や情を知った第三者が受けた財産上の利益は、没収・追徴の対象となる（金商198条の2・200条の2）。

(4) **裁判所の緊急差止命令（禁止・停止命令）**　　裁判所は、所定の場合（緊急の必要があり、かつ、公益及び投資者保護のため必要かつ適当であると認めるときなど）には、内閣総理大臣又は内閣総理大臣及び財務大臣の申立てにより、法令違反行為等を行い、又は行おうとする者に対し、その行為の禁止又は停止を命ずることができる（金商192条1項。1号のみならず2号も参照）。この**裁判所の緊急差止命令（禁止・停止命令）**は、法令違反行為等を直ちにストップさせ、被害の拡大を防ぐ上で重要な制度である。金商法29条の登録を受けずに未公開株等の取得勧誘等を業として行っている者に対する緊急差止命令が認められた事案として、東京地決平22・11・26判時2104・130。なお、未公開有価証券については、無登録業者による未公開有価証券の売付け等にかかる契約を原則として無効とする規定もある（金商171条の2）。

参考文献一覧

相田洋＝茂田喜郎『マネー革命〔第2巻〕金融工学の旗手たち』（日本放送出版協会・1999）

池田唯一＝大来志郎＝町田行人編著『新しい公開買付制度と大量保有報告制度』（商事法務・2007）

池田唯一ほか『金融商品取引法セミナー——公開買付け・大量保有報告編』（有斐閣・2010）

岩原紳作ほか『金融商品取引法セミナー——開示制度・不公正取引・業規制編』（有斐閣・2011）

上村達男「損失保証・損失補填の法律問題」商事法務1257号（1991）

上村達男「転機に立つ証券取引法3　証券取引法における有価証券」税務弘報37巻8号（1989）

上村達男「証券取引法の目的と体系」企業会計53巻4号（2000）

川口恭弘『金融商品取引法への誘い』（有斐閣・2018）

河内隆史編集代表『金融商品取引法の理論・実務・判例』（勁草書房・2019）

川村正幸編『金融商品取引法〔第5版〕』（中央経済社・2014）

川村正幸＝品谷篤哉＝山田剛志＝芳賀良『金融商品取引法の基礎』（中央経済社・2018）

河本一郎＝大武泰南＝川口恭弘『新・金融商品取引法読本』（有斐閣・2014）

神崎克郎『証券取引法』（青林書院・1980）

神崎克郎『証券取引法〔新版〕』（青林書院・1987）

神崎克郎＝志谷匡史＝川口恭弘『金融商品取引法』（青林書院・2012）

神田秀樹「金融の証券化と有価証券概念」商事法務1187号（1989）

神田秀樹監修・川村和夫編『注解証券取引法』（有斐閣・1997）

神田秀樹＝黒沼悦郎＝松尾直彦編著『金融商品取引法コンメンタール2　業規制』（商事法務・2014）

神田秀樹＝黒沼悦郎＝松尾直彦編著『金融商品取引法コンメンタール3　自主規制機関』（商事法務・2012）

神田秀樹＝神作裕之編『金融商品取引法判例百選』（有斐閣・2013）

岸田雅雄『金融商品取引法』（新世社・2010）

岸田雅雄監修、神作裕之＝弥永真生＝大崎貞和編『注釈　金融商品取引法〔改訂版〕〔第4巻〕不公正取引規制』（金融財政事情研究会・2020）

金融商品取引法研究会編『金融商品取引法制に関する諸問題　上』（日本証券経済研究所・2016）

金融商品取引法研究会編『金融商品取引法制に関する諸問題　下』（日本証券経済研究所・2018）

栗原脩『金融商品取引法入門』（金融財政事情研究会・2013）

黒沼悦郎「証券取引と投資者保護——投資者保護に関する一考察」名古屋消費者問題研究会編『判例消費者取引法』（商事法務・1992）

黒沼悦郎『金融商品取引法』（有斐閣・2016）

黒沼悦郎『金融商品取引法入門〔第 7 版〕』（日経文庫・2018）

黒沼悦郎＝太田洋編『論点体系　金融商品取引法 2・業者規制、不公正取引、課徴金』（第一法規株式会社・2014）

小谷融『金融商品取引法の開示制度—歴史的変遷と制度趣旨』（中央経済社・2010）

近藤光男＝吉原和志＝黒沼悦郎『金融商品取引法入門〔第 4 版〕』（商事法務・2015）

近藤光男＝志谷匡史＝石田眞得＝釜田薫子『基礎から学べる金融商品取引法〔第 4 版〕』（弘文堂・2018）

桜井健夫＝上柳敏郎＝石戸谷豊『新・金融商品取引法ハンドブック〔第 4 版〕』（日本評論社・2018）

宍戸善一＝大崎貞和『ゼミナール 金融商品取引法』（日本経済新聞出版・2013）

鈴木克昌ほか『金融商品取引法—公開買付制度と大量保有報告制度編』（商事法務・2017）

鈴木竹雄＝河本一郎『証券取引法』（有斐閣・1968）

鈴木竹雄＝河本一郎『証券取引法〔新版〕』（有斐閣・1984）

多賀谷充『金融商品取引法 — ディスクロージャー制度を中心として〔新訂版〕』（同文舘出版・2010）

十市崇編『金融商品取引法の諸問題』（商事法務・2012）

長島・大野・常松法律事務所編『アドバンス金融商品取引法〔第 3 版〕』（商事法務・2019）

中村聡『金融商品取引法アウトライン』（商事法務・2017）

中村聡ほか『金融商品取引法－資本市場と開示編〔第 3 版〕』（商事法務・2015）

日野正晴『詳解金融商品取引法〔第 4 版〕』（中央経済社・2016）

松尾直彦『金融商品取引法〔第 4 版〕』（商事法務・2016）

松尾直彦『金融商品取引法〔第 5 版〕』（商事法務・2018）

松尾直彦編著、三井秀範＝池田唯一監修『一問一答金融商品取引法〔改訂版〕』（商事法務・2008）

松岡啓祐『最新金融商品取引法講義〔第 5 版〕』（中央経済社・2019）

峯岸健太郎編著『ポイント解説 実務担当者のための金融商品取引法』（商事法務・2019）

森・濱田松本法律事務所『M&A 法大系』（有斐閣・2015）

森田章『投資者保護の法理』（日本評論社・1990）

柳明昌編著『金融商品取引法の新潮流』（法政大学出版局・2016）

山下友信＝神田秀樹編『金融商品取引法概説〔第2版〕』（有斐閣・2017）

若杉敬明『企業財務』（東京大学出版会・1988）

Eugene F. Fama, "Efficient Capital Markets : A Review of Theory and Empirical Work," 25 J. Finance（1970）

事項索引

あ行

アームズ・レングス・ルール……………… 129
安定操作……………………………………… 169
意見表明報告書……………………………… 70
委任状勧誘…………………………………… 59
違法な表示を伴う勧誘の禁止……………… 113
インサイダー取引（内部者取引）………… 151
　　──自体を禁ずる規定…………………… 152
　　──を行った者に対する民事責任の追及
　　　………………………………………… 162
　　──を助長したり潜脱したりする行為を
　　　禁ずる規定………………………………162
　　──を防止するための規定……………… 164
売出し…………………………………… 29, 32
営業保証金…………………………………… 91
エクスチェンジ・オファー（交換買付け）…… 70
エンフォースメント………………………… 199
応募株主等…………………………………… 75
オプション契約……………………………… 18
オプション取引……………………………… 19
親会社等状況報告書………………………… 46

か行

会員金融商品取引所………………………… 178
外国証券業者………………………………… 106
買付条件等の変更…………………………… 74
買付け等……………………………………… 62
外務員………………………………………… 133
　　──の登録………………………………… 134
価格優先の原則……………………………… 144
確認書………………………………………… 51
仮装取引……………………………………… 166
課徴金………………………………………… 200
過当取引……………………………………… 120
株券等所有割合……………………………… 65
株券等保有割合……………………………… 81
株式会社金融商品取引所………… 142, 178

株主コミュニティ…………………………… 150
株主コミュニティ制度……………………… 190
空売り………………………………………… 164
川上連結……………………………………… 105
川下連結……………………………………… 103
ガン・ジャンピング………………………… 35
監査証明……………………………………… 51
監査報告書…………………………………… 52
間接金融……………………………………… 1
企業行動規範………………………………… 184
偽　計………………………………………… 172
急速買付け等………………………………… 67
業績予想等の修正…………………………… 154
競争売買（オークション）………………… 144
共同保有者…………………………………… 80
　　形式基準の──…………………………… 81
業務改善命令………………………… 101, 200
業務停止命令………………………………… 200
虚偽記載等と因果関係のある損害・損害額
　………………………………………………… 58
金融ADR（Alternative Dispute Resolution）
　………………………………………………… 192
金融指標……………………………………… 20
金融商品……………………………………… 20
金融商品会員制法人………………… 141, 178
金融商品市場………………………… 143, 177
金融商品仲介業……………………………… 107
金融商品仲介業者…………………………… 107
金融商品取引業……………………………… 85
金融商品取引業協会………………… 188, 194
金融商品取引業者等………… 85, 113, 124
金融商品取引所……………………… 141, 177
　　──に対する監督………………………… 138
金融商品取引所持株会社…………… 141, 178
金融商品取引責任準備金…………………… 95
金融商品取引法……………………………… 1
金融庁………………………………………… 197
クーリングオフ……………………………… 119

組入方式‥‥‥‥‥‥‥‥‥‥‥‥‥‥37
クラウドファンディング‥‥‥‥‥‥39, 150
グリーンシート銘柄‥‥‥‥‥‥‥149, 189
グループ規制‥‥‥‥‥‥‥‥‥‥‥102
継続開示‥‥‥‥‥‥‥‥‥‥‥‥‥41
継続開示書類等の虚偽記載等に関する
　　民事責任‥‥‥‥‥‥‥‥‥‥‥57
決算短信‥‥‥‥‥‥‥‥‥‥‥‥‥47
決定事実‥‥‥‥‥‥‥‥‥‥‥‥153
公開買付け（TOB〔Tender Offer/Takeover Bid〕）
　‥‥‥‥‥‥‥‥‥‥‥‥‥‥60, 61
　　──の撤回等‥‥‥‥‥‥‥‥‥74
　　──の目的の達成に重大な支障となる事情
　　‥‥‥‥‥‥‥‥‥‥‥‥‥‥‥74
公開買付開始公告‥‥‥‥‥‥‥‥‥68
公開買付期間‥‥‥‥‥‥‥‥‥71, 73
　　──の罰則・課徴金制度等‥‥‥77
公開買付結果公告・公表‥‥‥‥‥‥71
公開買付説明書‥‥‥‥‥‥‥‥‥‥71
公開買付通知書‥‥‥‥‥‥‥‥‥‥72
公開買付届出書等‥‥‥‥‥‥‥‥‥68
公開買付報告書‥‥‥‥‥‥‥‥‥‥71
高速取引行為‥‥‥‥‥‥‥‥‥‥111
公　表‥‥‥‥‥‥‥‥‥‥‥‥‥157
効率的資本市場仮説‥‥‥‥‥‥‥‥3
コーポレート・ガバナンスに関する報告書
　‥‥‥‥‥‥‥‥‥‥‥‥‥‥‥48
コーポレートガバナンス・コード‥‥184, 185
5％ルール‥‥‥‥‥‥‥‥‥‥66, 79
コンプライ・オア・エクスプレイン
　（comply or explain）‥‥‥‥‥184, 185

さ行

裁判所の緊急差止命令（禁止・停止命令）
　‥‥‥‥‥‥‥‥‥‥‥‥‥‥‥204
財務諸表‥‥‥‥‥‥‥‥‥‥‥‥‥44
財務報告‥‥‥‥‥‥‥‥‥‥‥‥‥50
最良執行方針等‥‥‥‥‥‥‥‥‥119
先物取引‥‥‥‥‥‥‥‥‥‥‥‥‥15
作為的相場形成の禁止‥‥‥‥‥‥123
サステナビリティ‥‥‥‥‥‥‥‥186
参照方式‥‥‥‥‥‥‥‥‥‥‥‥‥37
3分の1ルール‥‥‥‥‥‥‥‥‥‥66

時間優先の原則‥‥‥‥‥‥‥‥‥144
事業報告書‥‥‥‥‥‥‥‥‥‥‥‥94
自己株券買付状況報告書‥‥‥‥‥‥46
自己執行義務‥‥‥‥‥‥‥‥‥‥126
自己資本規制比率‥‥‥‥‥‥‥‥‥95
自己資本比率‥‥‥‥‥‥‥‥‥‥‥91
自己責任‥‥‥‥‥‥‥‥‥‥‥‥124
自社株公開買付制度‥‥‥‥‥‥‥‥75
自主規制委員会‥‥‥‥‥‥‥‥‥183
自主規制業務‥‥‥‥‥‥‥‥143, 182
自主規制法人‥‥‥‥‥‥‥‥‥‥183
市場開設の免許制‥‥‥‥‥‥‥‥137
私設取引システム（PTS）‥‥‥93, 149
実質基準の共同保有者‥‥‥‥‥‥‥81
指定親会社‥‥‥‥‥‥‥‥‥‥‥104
指定紛争解決機関‥‥‥‥‥‥‥‥193
四半期決算短信‥‥‥‥‥‥‥‥‥‥47
四半期報告書‥‥‥‥‥‥‥‥‥‥‥44
四半期レビュー報告書‥‥‥‥‥‥‥52
私　募‥‥‥‥‥‥‥‥‥‥‥‥‥‥30
ジャスダック‥‥‥‥‥‥‥‥‥‥189
集団投資スキーム（ファンド）持分‥‥7, 131
重要事実‥‥‥‥‥‥‥‥‥‥‥‥153
重要提案行為等‥‥‥‥‥‥‥‥‥‥83
重要な事情の変更‥‥‥‥‥‥‥‥‥75
受託契約準則‥‥‥‥‥‥‥‥‥‥146
少額募集‥‥‥‥‥‥‥‥‥‥‥‥‥37
証券・金融商品あっせん相談センター
　（FINMAC）‥‥‥‥‥‥‥‥‥192
証券取引所持株会社‥‥‥‥‥‥‥141
証券取引等監視委員会‥‥‥‥‥‥198
証券保管振替機構‥‥‥‥‥‥‥‥147
上　場‥‥‥‥‥‥‥‥‥‥‥‥‥139
上場基準‥‥‥‥‥‥‥‥‥‥‥‥139
上場廃止‥‥‥‥‥‥‥‥‥‥‥‥186
少人数私募‥‥‥‥‥‥‥‥‥‥‥‥31
信用格付け‥‥‥‥‥‥‥‥‥109, 115
スキャルピング‥‥‥‥‥‥‥‥‥‥98
スチュワードシップ・コード‥‥‥185
スワップ取引‥‥‥‥‥‥‥‥‥‥‥19
誠実・公正の原則‥‥‥‥‥‥‥‥113
セキュリタイゼーション‥‥‥‥‥‥16
説明義務‥‥‥‥‥‥‥‥‥‥‥‥117

説明書類‥‥‥‥‥‥‥‥‥‥‥‥‥94
全部勧誘義務・全部買付義務‥‥‥‥73
増資インサイダー‥‥‥‥‥‥‥‥162
相場操縦‥‥‥‥‥‥‥‥‥‥‥‥166
　現実の取引による――‥‥‥‥‥167
損失補てん約束‥‥‥‥‥‥‥‥‥122

た行

第一種金融商品取引業‥‥‥‥‥‥86
待機期間‥‥‥‥‥‥‥‥‥‥‥‥34
対象議決権保有届出書‥‥‥‥‥‥96
第二種金融商品取引業‥‥‥‥‥‥86
大量推奨売買の禁止‥‥‥‥‥‥117
大量保有者‥‥‥‥‥‥‥‥‥‥‥79
大量保有報告制度‥‥‥‥‥‥‥‥79
　――の罰則・課徴金制度等‥‥‥83
他者の公開買付期間中における買付け等‥‥67
立会外取引‥‥‥‥‥‥‥‥‥‥‥67
帳簿書類‥‥‥‥‥‥‥‥‥‥‥‥94
直接金融‥‥‥‥‥‥‥‥‥‥‥‥ 1
適格機関投資家‥‥‥‥‥‥30, 129
適格機関投資家等‥‥‥‥‥‥‥‥87
適格機関投資家等特例業務‥‥‥‥132
適合性の原則‥‥‥‥‥‥‥‥‥116
適時開示（タイムリーディスクロージャー）
‥‥‥‥‥‥‥‥‥‥‥‥‥‥47, 184
適用除外買付け等‥‥‥‥‥‥‥‥63
デリバティブ取引‥‥‥‥‥‥‥‥15
電子募集取扱業務‥‥‥‥‥‥‥151
店頭デリバティブ取引‥‥‥‥‥127
店頭取扱有価証券‥‥‥‥‥‥‥191
店頭売買有価証券市場‥‥‥‥‥148
店頭有価証券‥‥‥‥‥‥‥‥‥191
統合開示制度‥‥‥‥‥‥‥‥‥‥37
投資運用業‥‥‥‥‥‥‥‥87, 125
投資運用業に関する特則‥‥‥‥‥98
投資者に不適合な勧誘の禁止‥‥‥116
投資者保護基金‥‥‥‥‥‥‥‥195
投資助言・代理業‥‥‥‥‥‥‥‥87
投資助言業務‥‥‥‥‥‥‥‥‥124
投資助言業務に関する特則‥‥‥‥97
登　録‥‥‥‥‥‥‥‥‥‥‥‥‥90
登録拒否事由‥‥‥‥‥‥‥‥‥134

登録拒否要件‥‥‥‥‥‥‥‥‥‥90
登録金融機関‥‥‥‥‥‥89, 127, 145
登録制‥‥‥‥‥‥‥‥‥‥‥‥124
特定買付け等‥‥‥‥‥‥‥‥‥‥63
特定主要株主‥‥‥‥‥‥‥‥‥‥96
特定組織再編成‥‥‥‥‥‥‥‥‥40
特定投資家‥‥‥‥‥‥‥‥‥‥129
特定取引所金融商品市場‥‥‥‥178
特定有価証券‥‥‥‥‥‥‥‥‥‥40
特別関係者‥‥‥‥‥‥‥‥‥‥‥65
特別金融商品取引業者‥‥‥‥‥101
特例報告制度‥‥‥‥‥‥‥‥‥‥83
ドッド＝フランク法‥‥‥‥‥‥108
届出制‥‥‥‥‥‥‥‥‥‥‥‥133
取引参加者‥‥‥‥‥‥‥‥‥‥145
取引所金融商品市場‥‥‥‥143, 178
取引所取引許可業者‥‥‥‥‥‥145

な行

内部統制‥‥‥‥‥‥‥‥‥‥‥‥50
内部統制監査報告書‥‥‥‥‥‥‥53
内部統制報告書‥‥‥‥‥‥‥‥‥50
馴合取引‥‥‥‥‥‥‥‥‥‥‥167
日本証券クリアリング機構（JSCC）‥‥147
認可金融商品取引業協会‥‥‥‥188
認定金融商品取引業協会‥‥‥‥188
認定投資者保護団体‥‥‥‥‥‥194
ネッティング‥‥‥‥‥‥‥‥‥148

は行

買収防衛策‥‥‥‥‥‥‥‥‥‥‥70
発行開示書類の虚偽記載等に関する民事責任
‥‥‥‥‥‥‥‥‥‥‥‥‥‥‥‥54
発行市場‥‥‥‥‥‥‥‥‥‥‥‥27
発行登録制度‥‥‥‥‥‥‥‥‥‥38
発生事実‥‥‥‥‥‥‥‥‥‥‥154
半期報告書‥‥‥‥‥‥‥‥‥‥‥44
引受リスク‥‥‥‥‥‥‥‥‥‥‥86
ファイアー・ウォール‥‥‥‥‥128
風説の流布‥‥‥‥‥‥‥‥‥‥171
フェア・ディスクロージャー・ルール
‥‥‥‥‥‥‥‥‥‥‥‥‥‥46, 165
フェニックス銘柄‥‥‥‥‥‥149, 189

不公正取引等の規制‥‥‥‥ 151, 165, 170, 174
不招請勧誘・再勧誘の規制‥‥‥‥‥‥‥ 118
不正行為‥‥‥‥‥‥‥‥‥‥‥‥‥‥‥ 174
普通取引約款‥‥‥‥‥‥‥‥‥‥‥‥‥ 146
ブックビルディング‥‥‥‥‥‥‥‥‥‥ 29
部分的公開買付け‥‥‥‥‥‥‥‥‥‥‥ 73
プロ私募‥‥‥‥‥‥‥‥‥‥‥‥‥‥‥ 30
フロントランニング‥‥‥‥‥‥‥‥‥‥ 121
分別管理義務‥‥‥‥‥‥‥‥‥‥‥‥‥ 126
別途買付け等の禁止‥‥‥‥‥‥‥‥‥‥ 73
変更報告書‥‥‥‥‥‥‥‥‥‥‥‥‥‥ 82
変動取引‥‥‥‥‥‥‥‥‥‥‥‥‥‥‥ 169
包括（バスケット）条項‥‥‥‥‥‥‥‥ 155
包括的・横断的かつ柔軟な法制の構築‥‥ 131
ポートフォリオ‥‥‥‥‥‥‥‥‥‥‥‥‥ 1
募　集‥‥‥‥‥‥‥‥‥‥‥‥‥‥‥‥ 29
保有者‥‥‥‥‥‥‥‥‥‥‥‥‥‥‥‥ 80

ま行

見せ玉‥‥‥‥‥‥‥‥‥‥‥‥‥‥‥‥ 169

みなし共同保有者‥‥‥‥‥‥‥‥‥‥‥ 81
みなし有価証券‥‥‥‥‥‥‥‥‥‥ 14, 131
みなし有価証券届出書制度‥‥‥‥‥‥‥ 40
迷惑時間勧誘の禁止‥‥‥‥‥‥‥‥‥‥ 118
目的を持った対話（エンゲージメント）‥‥ 186
目論見書‥‥‥‥‥‥‥‥‥‥‥‥‥‥‥ 34

や行

誘引目的‥‥‥‥‥‥‥‥‥‥‥‥‥‥‥ 168
有価証券‥‥‥‥‥‥‥‥‥‥‥‥‥‥‥ 11
有価証券関連業‥‥‥‥‥‥‥‥‥‥‥‥ 88
有価証券等管理業務‥‥‥‥‥‥‥‥‥‥ 126
　　──に関する特則‥‥‥‥‥‥‥‥‥ 100
有価証券届出書‥‥‥‥‥‥‥‥‥‥‥‥ 33
有価証券報告書‥‥‥‥‥‥‥‥‥‥‥‥ 43

ら行

ライツ・オファリング‥‥‥‥‥‥‥‥‥ 36
臨時報告書‥‥‥‥‥‥‥‥‥‥‥‥‥‥ 45

判例索引

大審院

大判大 4 ・12・24民録21・2182‥‥‥‥‥‥ 146

最高裁判所

最判昭37・ 2 ・ 6 裁判集民58・513‥‥‥‥ 146
最判昭38・12・ 3 民集17・12・1596
　　〔百選42〕　　　‥‥‥‥‥‥‥‥‥ 135
最決昭40・ 5 ・25裁判集刑155・831‥‥‥ 175
最決平 6 ・ 7 ・20刑集48・ 5 ・201‥‥‥‥ 168
最判平10・10・13判時1662・83‥‥‥‥‥ 200
最判平11・ 2 ・16刑集53・ 2 ・ 1 ‥‥‥‥ 155
最判平11・ 6 ・10刑集53・ 5 ・415‥‥‥‥ 153
最判平15・ 4 ・18民集57・ 4 ・366
　　〔百選33〕　　　‥‥‥‥‥‥‥‥‥ 122
最判平15・12・ 3 判時1845・147‥‥‥‥‥ 157
最判平17・ 7 ・14民集59・ 6 ・1323
　　〔百選18〕　　　‥‥‥‥‥‥‥‥‥ 116
最判平18・ 7 ・13民集60・ 6 ・2336‥‥‥ 196
最判平20・ 2 ・15民集62・ 2 ・377
　　〔百選 3 〕　　　‥‥‥‥‥‥‥‥‥‥ 57
最判平22・10・22民集64・ 7 ・1843‥‥‥‥ 64
最決平23・ 6 ・ 6 刑集65・ 4 ・385‥‥‥‥ 161
最判平23・ 9 ・13民集65・ 6 ・2511
　　〔百選 4 〕　　　‥‥‥‥‥‥‥‥‥‥ 58
最判平24・ 3 ・31民集66・ 5 ・1957
　　〔百選 5 〕　　　‥‥‥‥‥‥‥‥‥‥ 58
最判平28・11・28刑集70・ 7 ・609‥‥‥ 156, 158
最判平30・10・11民集72・ 5 ・477‥‥‥‥‥ 55

高等裁判所

東京高判昭38・ 7 ・10東高刑時報14・ 7 ・116

‥‥‥‥‥‥‥‥‥‥‥‥‥‥‥‥‥‥ 174
大阪高判平元・ 3 ・30判タ701・265‥‥‥ 191
大阪高判平12・ 9 ・29判タ1055・181
　　〔百選38〕　　　‥‥‥‥‥‥‥‥‥ 120
東京高決平17・ 3 ・23判時1899・56‥‥‥‥ 67
東京高決平22・ 8 ・ 6 金法1907・84‥‥‥ 187
東京高判平25・ 7 ・24判時2198・27‥‥‥ 179
東京高判平26・ 6 ・26
　　LEX/DB 文献番号25446877‥‥‥‥‥ 202
東京高判平29・ 6 ・29金判1527・36‥‥‥ 203
東京高判平30・ 3 ・23判時2401・32‥ 56, 180

地方裁判所

東京地判平 2 ・11・26判時1399・88‥‥‥‥ 99
東京地判平 3 ・10・29金法1321・23‥‥‥ 162
東京地判平 4 ・ 9 ・25判タ814・237‥‥154, 155
東京地判平 8 ・ 3 ・22判時1566・143‥‥‥ 171
東京地判平 8 ・12・24判タ937・268
　　〔百選34〕　　　‥‥‥‥‥‥‥‥‥ 122
東京地判平15・ 5 ・ 2 判タ1139・311‥‥‥ 156
東京地決平18・ 7 ・ 7 判タ1232・341‥‥‥ 187
東京地判平18・ 8 ・10判例集未登載‥‥‥ 156
東京地判平18・12・25判例集未登載‥‥‥ 156
東京地判平22・ 2 ・18判タ1330・275‥‥‥ 173
東京地決平22・11・26判時2104・130‥‥10, 204
札幌地判平23・ 5 ・13判タ1362・203‥‥‥‥ 10
東京地判平24・ 9 ・24判タ1385・236‥‥‥ 187
東京地判平25・12・18
　　LEX/DB 文献番号25503061‥‥‥‥‥‥ 88
東京地判平26・10・21ウエストロー・ジャパン
　　文献番号2014WLJPCA10218008‥‥‥‥ 58
東京地判平28・12・20判時2401・45‥‥‥ 180

■執筆者紹介（＊執筆順、※は編者）

※德本 穣（とくもと みのる）　九州大学大学院法学研究院教授　　　　　1章1節
　　　　　　　　　　　　　　筑波大学大学院客員教授

前越 俊之（まえこし としゆき）　福岡大学法学部教授　　　　　　　　　1章2節、5章1節

柿﨑 環（かきざき たまき）　明治大学法学部教授　　　　　　　　　2章1節〜2節

藤林 大地（ふじばやし だいち）　西南学院大学法学部准教授　　　　　　2章3節〜5節

松本 真輔（まつもと しんすけ）　中村・角田・松本法律事務所弁護士　　2章6節

今川 嘉文（いまがわ よしふみ）　龍谷大学法学部教授　　　　　　　　　3章1節〜5節

久保 寛展（くぼ ひろのぶ）　元福岡大学法学部教授　　　　　　　　3章6節〜11節

宮崎 裕介（みやざき ゆうすけ）　日本大学法学部准教授　　　　　　　　4章1節〜3節

伊達竜太郎（だて りゅうたろう）　沖縄国際大学法学部准教授　　　　　　4章4節〜7節

萬澤 陽子（まんざわ ようこ）　筑波大学ビジネスサイエンス系准教授　5章2節〜6節

河村 賢治（かわむら けんじ）　立教大学法務研究科・法学部教授　　　6章

Horitsu Bunka Sha

スタンダード商法Ⅳ 金融商品取引法

2021年2月15日 初版第1刷発行

編 者　德本　穰

発行者　田靡純子

発行所　株式会社 法律文化社

〒603-8053
京都市北区上賀茂岩ヶ垣内町71
電話 075(791)7131　FAX 075(721)8400
https://www.hou-bun.com/

印刷：中村印刷㈱／製本：㈲坂井製本所
装幀：白沢　正

ISBN978-4-589-03974-3

Ⓒ2021　Minoru Tokumoto Printed in Japan

乱丁など不良本がありましたら、ご連絡下さい。送料小社負担にて
お取り替えいたします。
本書についてのご意見・ご感想は、小社ウェブサイト、トップページの
「読者カード」にてお聞かせ下さい。

スタンダード商法
【全5巻】

───〈本書の特長〉───

・基本事項に重点を置いた標準テキスト
・丁寧な解説で商法の基本と全体像，およびリーガルマインドを修得できる
・理解を促すために，適宜，図解を用いる
・コラムにて重要判例，学説上の論点を解説し，知識の定着と応用を可能にする
・平成30年商法改正・平成29年民法改正に対応
・法学部をはじめ，経済学部・経営学部・商学部の講義に最適
・Ⅰ～Ⅳは基礎から発展レベル，Ⅴは入門書

スタンダード商法Ⅰ　商法総則・商行為法
北村雅史編　　　　　　　　　　　　　A5判・254頁・2500円

スタンダード商法Ⅱ　会社法
徳本　穰編　　　　　　　　　　　　　A5判・330頁・3000円

スタンダード商法Ⅲ　保険法
山下典孝編　　　　　　　　　　　　　A5判・290頁・2600円

スタンダード商法Ⅳ　金融商品取引法
徳本　穰編　　　　　　　　　　　　　A5判・226頁・2500円

スタンダード商法Ⅴ　商法入門
高橋英治編　　　　　　　　　　　　　A5判・214頁・2200円

───────法律文化社───────

表示価格は本体（税別）価格です